Rolf Riesebieter

Meine Zeit in Salzwedel

Erlebnisse als Lehrling, Arbeitsmann und Soldat im Kriege und danach

1941 - 1948

Roman

Bibliografische Information der Deutschen Nationalbibliothek

Die Deutsche Nationalbibliothek verzeichnet diese Publikation in der Deutschen Nationalbibliografie; detaillierte bibliografische Daten sind im Internet über www.dnb.de abrufbar.

© 2002 Germania-Verlag
Postfach 10 11 17, D-69451 Weinheim
www.Germania-Verlag.de

Alle Rechte vorbehalten.

ISBN 978-3-934871-02-1

Inhalt

Teil 1
Beim Jagdgeschwader 3 Udet (1941-1945)　　　　　5

Teil 2
Die letzten Tage des Krieges (1945)　　　　　115

Teil 3
Die Nachkriegszeit (1945-1948)　　　　　177

*„Wenn keine Zwietracht mehr die Menschen trennt,
dann ist das Gestern endlich ganz besiegt;
wenn die Geschichte keinen Krieg mehr nennt,
dann ist der Völkerfrieden fest gefügt;
wenn wir nur Mensch sein wollen und das Leben lieben,
dann wird das Buch der Menschheit neu geschrieben!"*

Johanna Kraeger

Teil 1 – Beim Jagdgeschwader 3 Udet (1941-1945)

Es war eine alte Stadt in der Altmark mit schönen Fachwerkhäusern und vielen Türmen an der Stadtmauer. Die Marienkirche mit ihrem schiefen Turm schaute als Wahrzeichen auf die Stadt hernieder und blickte weit über das Land mit seinen Wiesen, Äckern und Zuckerrübenfeldern. In der Ferne schimmerte die dunkle Wand der Schwarzen Berge. Über den Gipfeln der Kiefern winkte der Bismarckturm herüber.

Mit dem Turm der Marienkirche hat es eine besondere Bewandtnis. Bei der Hochzeit eines schönen Paares verneigte er sich, als das Brautpaar nach der Trauung die Kirche verließ, so tief, daß er sich nicht mehr gerade aufrichten konnte. Seit dieser Zeit ist der Turm schief.

Es würde aber ein Buch für sich ergeben, wollte man von allen Schönheiten und Sagen dieser Stadt, deren Neustadt im Jahre 1247 entstanden ist, während die Altstadt auf eine noch weit längere Zeit des Bestehens als befestigte Siedlung zurückblicken kann, erzählen.

Salzstraße - Marienkirche

An einem sonnigen Tag im April des Kriegsjahres 1942 ging der 14jährige Rolf durch die Straßen seiner Heimatstadt, durch das Steintor, am Ulanendenkmal und dem Rathausturm vorbei bis zum Neuperver Tor. Hier stieg er in den Bus und fuhr zum Fliegerhorst hinaus. Als er durch das Tor der Hauptwache schritt, donnerte eine Staffel Ju 52 wie zur Begrüßung über ihn hinweg.

Beim Posten mußte Rolf seinen Passierschein vorzeigen. Der Soldat studierte das Papier sehr aufmerksam, musterte den Jungen mit seinem Koffer und meinte mit der Stimme eines Feldwebels: „Na, Kleiner, sollst du auch zu einem vernünftigen Menschen gemacht werden?"

Rolf stutzte, dann sagte er schlagfertig: „Nee, ich will die Maschinen, die Ihr zu Schrott fliegt, wieder in Schwung bringen."

Das war zu diesem Zeitpunkt natürlich ganz gewaltig aufgetragen; aber der Posten grinste und meinte: „Wenn man dich an die Flugzeuge heranläßt, wird sicher kein Pilot jemals mehr starten können. Aber mach, daß du zu deinem Haufen kommst, du wirst schon erwartet!"

Das hatte seine Richtigkeit. Rolf kam gerade von einem Funkerlehrgang in Magdeburg und sollte jetzt seine Lehre als Metallflugzeugbauer beginnen.

Von der Wache ging es quer über den „Blutacker" – er hieß so, weil er mit rotem Schotter ausgelegt war und die jungen Soldaten hier die ersten Schritte ins Soldatenleben lernten –, an der Turnhalle vorbei zur Lehrlingsunterkunft.

Von weitem sah Rolf schon, wie seine neuen Kameraden ihn musterten. Als er nahe genug heran war, hörte er einen Jungen sagen: „Da kommt Jesus", und schon hatte der Ankömmling seinen Spitznamen weg.

Wie sich herausstellte, war es Hans, der diesen Spruch von sich gegeben hatte. Hans war der Längste der Mannschaft und konnte Adolf Hitler imitieren, was die Lehrlinge später noch oft bewundern konnten.

Erst einmal gab es aber eine große Begrüßung.

Bevor der „Neue" etwas sagen konnte, schwirrten ihm schon große Reden entgegen: „Wo kommst du denn jetzt schon her?" „Hat dich Mutti nicht weggelassen?" „Oder hattest du Angst zu kommen?"

Rolf hatte keine Gelegenheit sich vorzustellen.

Der Lehrmeister machte diesem Spektakel ein Ende: „Jetzt aber Ruhe, Jungens! Das ist euer neuer Kamerad Rolf. Er kommt später, weil er noch einen Lehrgang beenden mußte." – „Ich gratuliere dir zu der bestandenen Prüfung", wandte er sich freundlich an den Neuen. Rolf merkte gleich, daß der Meister die Bande fest im Griff hatte.

Meister Paul machte die Lehrlinge miteinander bekannt. „Ich hoffe und wünsche, daß Ihr euch gut vertragt", sagte er dann und zeigte Rolf anschließend die Unterkunft.

Rolfs Stubenkameraden waren Heinz, Wolfgang und Bodo. Lassen wir es bei den Vornamen. Wer kennt schon die Nachnamen? Man vergißt sie im Laufe der Zeit. Ein Tagebuch schildert Tatsachen. Unser Held hat einige ehemalige Kameraden später einmal getroffen. Mit dem Lehrmeister Paul kam nach 23 Jahren noch ein freundschaftliches Verhältnis zustande. Ebenso mit dem damaligen Gesellen Hans. Leider sind beide inzwischen gestorben.

Die Unterkunftsbaracke, die jetzt für $3\ ^1/_2$ Jahre das Zuhause der Lehrlinge sein sollte, war blitzsauber. Die Lehrlinge mußten alles selbst sauberhalten. Es klappte auch bestens. Die Werkstattbaracke lag auf der gegenüberliegenden Straßenseite. Umgeben war diese kleine Welt von einem Kiefernwäldchen. Die Werkstatt war noch nicht vollständig eingerichtet. Einige Maschinen standen noch in dem späteren Unterrichtsraum.

Am Dienstag, dem 6. April, wurden die Lehrlinge vom Kommandeur der Fliegerhorstgruppe, Major Müller, begrüßt. Danach gab es eine große Fliegerhorstbesichtigung. Mit einem Bus ging es los – vorbei am Vermittlungsbunker, der Post und den Unterkünften der Luftnachrichtenhelferinnen. „Daß Ihr nicht in diese Blocks geht", ermahnte der Major die Jungens.

Weiter ging die Fahrt, vorbei an der Kommandantur und den Unterkünften der Soldaten, zum Kasino. Von dort aus wurden die angehenden Lehrlinge zum Sanitätsrevier gefahren, denn vor ihrer Einstellung mußten sie sich natürlich nicht nur einer fachlichen, sondern auch einer gesundheitlichen Prüfung unterziehen; der öffentliche Dienst ist nun einmal sehr genau. Alle Jungen waren gesund.

Inzwischen war es Mittag geworden, und es ging zur Kantine hinter der Werfthalle. Als alle saßen, gab Meister Paul ihnen einige Verhaltensmaßregeln. Da die jungen Menschen Mitglieder einer Eliteeinheit geworden waren, verstand sich ein gutes Benehmen eigentlich von selbst.

„Jungens, ich möchte, daß jeder von euch der Reihe nach an meiner Seite sitzt. Ich möchte euch möglichst schnell kennenlernen. Heute abend setzen wir uns noch zu einem Gespräch in unserem Gemeinschaftsraum zusammen. Jetzt wünsche ich euch einen guten Appetit!"

Alle hatten großen Hunger und ließen sich die Erbsensuppe gut schmecken. Auch wenn Krieg war, war das Essen doch gut und reichlich.

Nach dem Mittagessen besichtigten die Lehrlinge die Flugzeugwerft, in der sie eines Tages – nach der Facharbeiterprüfung als Metallflugzeugbauer – arbeiten wollten. Viele Flugzeuge standen in der großen Halle, und die Jungens hätten sie am liebsten gleich gestürmt, aber so ging es natürlich nicht.

„Da kommen unsere neuen Meister!" – „Wann kommen eure neu konstruierten Maschinen?" So schwirrten die Rufe der Soldaten, die mit der

Reparatur der Flugzeuge beschäftigt waren, durcheinander. Die Lehrlinge waren vom Anblick der großen Vögel überwältigt.

Zunächst ging es aber über die eiserne Leiter auf die Galerie. Dort befanden sich die Büros. Der Meister öffnete eine Tür und meldete die Jungen dem Leiter der Werft, Oberingenieur Wendt, und dem Ingenieur Brand, seinem Stellvertreter.

„Herzlich willkommen in der Werftabteilung! Ihr sollt auf diesem Fliegerhorst eine Lehre als Flugzeugbauer machen und später in dieser Halle die Flugzeuge warten und reparieren. Einige von euch werden auf Lehrgänge gehen und Ingenieure oder Konstrukteure werden. Ihr könnt stolz darauf sein, aus der großen Zahl der Bewerber ausgewählt worden zu sein! Die Vorprüfung hat gezeigt, daß Ihr das Zeug habt, gute Fachkräfte zu werden. Ich kann euch versprechen, daß die Ausbildung hart sein wird. Das zu erlernende Pensum ist hoch gesteckt. Viel Freizeit werdet Ihr nicht haben. Aber das ist euch ja bekannt. Wir werden noch öfter Gelegenheit zu Gesprächen haben. Für eure Ausbildung wünsche ich euch viel Erfolg!"

Nun wurden die jungen Leute von einem Büro in das andere weitergereicht. Den Abschluß bildete die Werkzeugausgabe unten in der Halle. Der Herrscher war Feldwebel Saß, ein Original, von dem später noch zu berichten sein wird.

Jetzt wurden die Flugzeuge gestürmt. Die Lehrlinge wurden auf fünf Maschinen eingeteilt, damit es kein Gedränge gab. Der jeweilige Unteroffizier erklärte den zukünftigen Flugzeugbauern das Flugzeug vom Schwanz bis zur Schnauze.

Es muß gesagt werden, daß jede Gruppe eine besondere Aufgabe hatte. Das Flugzeug besteht aus verschiedenen Bestandteilen, angefangen vom Motor, der Zelle mit dem Rumpf und der Tragfläche, dem Fahrwerk und der elektrischen Anlage.

Rolf und seine Kameraden besetzten natürlich gleich den Pilotenraum.

„Mensch, Heinz, wenn wir erst einmal hier sitzen und die neuen Maschinen einfliegen können", schwärmte Rolf.

„Na, Kleiner, bis du Testpilot bist, ist es noch ein weiter Weg. Zuerst mußt du jedes einzelne Teil der Flugzeuge kennenlernen", stoppte Unteroffizier Martens Rolfs Höhenflug.

Heinz machte sich gleich über die Instrumente her. „Wie soll man nur alle diese Instrumente beim Flug im Auge behalten? Das ist ja toll!"

Unteroffizier Martens erklärte die Funktion der Instrumente mit kurzen Worten. „Im Laufe eurer Ausbildung werdet Ihr auch das lernen. Wenn man es kann, wundert man sich, daß man früher dachte, es nie zu kapieren", war sein Kommentar. Wir sollten wissen, daß unsere Freunde in einer Ju 52 saßen, genannt „Tante Ju".

„Jungens, es wird Zeit, daß Ihr euch dünne macht! Eure Kameraden warten schon", mahnte Unteroffizier Martens. So war es auch. Rolf und Heinz kletterten aus der Maschine und gesellten sich zu ihren Kameraden.

Als die Fahrt auf der Rollfeldringstraße zur Unterkunft ging, beobachteten die Jungen einen Gruppenfallschirmabsprung der Fallschirmspringer aus der Ju 52; dieser Anblick würde nun für einige Zeit zum täglichen Bild gehören. An dieser Stelle muß gesagt werden, daß auf dem Fliegerhorst dieser Kleinstadt in der Altmark zu jener Zeit eine Fallschirmspringerschule beheimatet war. Gesprungen wurde aus der Ju 52 (Junkers), der He 111 (Heinkel) und einem dreimotorigen „Leukoplastbomber" aus Italien.

Am Abend des ersten Tages gab es ein großes Erzählen. Jeder mußte einen kurzen Lebenslauf von sich abgeben. Auch der Meister schloß sich nicht aus. So schmolz die kleine Schar junger Menschen zu einer Gemeinschaft zusammen. Von jedem dieser Jungen wird noch zu berichten sein.

Um 21.30 Uhr beendete der Meister die Gespräche. „So, Jungens, jetzt aber schnell in die Betten! Morgen beginnt der Ernst des Lebens. Wie Oberingenieur Wendt schon sagte, werdet Ihr viel zu lernen haben. Es wird aber immer Zeit zu einem Gespräch zwischen uns sein. Wenn Ihr ein Problem habt, wendet euch vertrauensvoll an mich oder an einen der Gesellen! Ich wünsche euch eine gute Nacht!" Meister Paul war immer für seine Lehrlinge zu sprechen.

Trotz großer Müdigkeit konnten die jungen Leute nicht gleich einschlafen. Das Erlebte mußte erst verarbeitet werden, begann doch ein neuer Lebensabschnitt. Bis spät in die Nacht ging ein Raunen durch die Baracke, dann erst trat nach und nach Ruhe ein.

„Das nächste Ziel mit Lust und Freude
und aller Kraft zu verfolgen,
ist der einzige Weg,
das Fernste zu erreichen."

Am Mittwoch wurden die Helden unsanft aus ihren Träumen gerissen. Der Dienst begann erst einmal mit einem gewaltigen Wasserplanschen. In kurzer Zeit schwamm der Waschraum.

Der Meister machte diesem Spaß ein Ende. „Jetzt ist es aber genug", rief er, „ich will euch in einer halben Stunde im Vorraum sehen!"

Nun ging es rund! Pünktlich standen die Lehrlinge vor der Meisterstube. „Morgen, Jungens, ich hoffe, Ihr habt gut geschlafen. Der Tag beginnt ab morgen nach dem Wecken mit Frühsport; danach Waschen und Aufräumen der Zimmer und der anderen Räume. Es wird ein Revier- und Stubendienst eingeteilt. Morgens und abends muß ein Essendienst Kaffee und

Brot aus der Kantine holen. Ich habe einen Plan ausgearbeitet, der ab morgen in Kraft tritt. Heute gehen Karl Heinz und Fritz zum Kaffeeholen. Die anderen machen Revierdienst. Um 8 Uhr sehen wir uns im Unterrichtsraum wieder!"

Damit waren die Jungen entlassen. Es gab ein großes Durcheinander. Jetzt rächte sich die Wasserschlacht. Die Stuben mußten aufgeräumt, die Betten gebaut werden. Bei den meisten der Jungen klappte es schon. In Zeltlagern und Lehrgängen hatten sie es gelernt. Aber wie überall, gab es auch hier Schlote.

„Mensch, ist das ein Laden, alles muß man selber machen", rief Heinz.

„Du Blödmann hast ja am meisten mit dem Wasser gespritzt", konterte Wolfgang.

„Sabbelt nicht so viel dummes Zeug, sondern macht euch auf die Strümpfe, damit wir rechtzeitig fertig werden", rief Helmut.

Recht hatte er. War das ein Gerenne und Geschubse! Aber es klappte dann doch einigermaßen.

Nach dem Frühstück ging es in den Unterrichtsraum. Als alle versammelt waren, kam der Meister. „So, Jungens, zunächst einmal zum Tagesablauf! Für jeden Tag haben wir einen Dienstplan."

Es würde zu weit führen, wollten wir uns mit diesem Dienstplan genauer befassen. In jeder Gemeinschaft muß man sich nach Regeln richten. Das ganze Leben ist eine Regel. Der Mensch sollte sich danach richten. Einer tut es, der andere nicht. Horst beispielsweise genügte den Anforderungen nicht. Doch darauf kommen wir noch zu sprechen.

Nach der Vorstellung der Gesellen Hans und Otto ging es in den Werkstattraum. Die Werkstatt war nur provisorisch eingerichtet. Später wurde sie in einen Anbau mit einer Schmiede verlegt.

Zunächst mußten die Lehrlinge ihr Werkzeug in Empfang nehmen und in der zugewiesenen Werkbank unterbringen. Dann ging es an die erste Arbeit: Der Umgang mit der Feile wurde geübt. Das sah leichter aus, als es war. Nach kurzer Zeit stöhnte Christoph auch schon: „Da kriege ich nie eine gerade Fläche hin!"

„Nur keine Angst, alles kann man erlernen! Übung und Geduld ist alles", tröstete der Geselle Hans.

Nach und nach wurden die Lehrlinge mit allen Arbeiten vertraut gemacht. Hinzu kamen Arbeiten an der Bohrmaschine und der Drehbank, und da die Jungen ja Metallflugzeugbauer werden wollten, standen neben der Werkstattarbeit auch Rechnen, Werkzeugkunde, Zeichnen, Berufskunde, Sport und andere Fächer auf dem Stundenplan.

Am Dienstag war Berufsschule. In der ersten Zeit hatten die Jungen dort ein faules Leben. Die gestellten Aufgaben lösten sie ohne lange Überlegung. Die gute Ausbildung in der Lehrlingswerkstatt zeigte die ersten Früchte. Die Mitschüler aus der Stadt waren lange nicht so gut. Der Berufsschullehrer, Herr Kamprad, bemerkte diesen Vorteil aber sehr bald, und wenn er seine Aufgaben stellte, fügte er noch an: „Die Fliegerhorstleute bekommen andere Aufgaben." So fiel das Schmökerlesen weg.

Einen Spruch hatten die Jungens schnell gefunden: „Vorne ein Rad, hinten ein Rad, in der Mitte ein Trampelrad, und obenauf sitzt Kamprad." – Herr Kamprad, der so viel Ärger mit seiner Klasse hatte, ist kurz vor Kriegsende gefallen.

Es versteht sich von selbst, daß die Lehrlinge nach der Schule nicht gleich an die Arbeit stürzten, sondern zuvor noch die Stadt unsicher machten.

Gesagt werden sollte auch, daß die Lehrlinge vom Fliegerhorst eine besondere Einheit der HJ waren. Sie waren angehende Flieger und trugen das blaue Tuch. Stillschweigend wurde von der Leitung geduldet, daß die HJ-Armbinde vom linken Ärmel der Uniform entfernt und das Abzeichen an der Mütze durch den Luftwaffenadler ersetzt wurde. So bekam die Sache einen militärischen, sprich älteren Anstrich.

Fliegerhorst Salzwedel
Von oben links nach unten rechts: Krüger, Reppin, Zander,
Kruse, Weil, Gartz, Heinemann, Strunk, Riesebieter, Petersen, Möllmann,
Bowe, Meister Sommerfeld, Pinker, Bohlen, Dölz

Wie alles auf der Welt, hatte auch die strenge Ausbildung zwei Seiten. Bei besonderen Anlässen mußten die Lehrlinge als geschlossene Einheit zeigen, was sie können. Den Stadtjungen war das ein Dorn im Auge. Die Mädchen bekamen blanke Augen, und es wurde manche Freundschaft geschlossen, was auch nicht gerade zur Freude der Stadtjungen beitrug. Verständlich, daß es Reibereien gab. Rolf, Karl Heinz, Hans Joachim und Helmut hatten ihren Heimatwohnsitz in der Stadt und zogen sich zwar die Gunst der Mädchen, aber auch den Neid der anderen Jungen zu.

Mit den Jungen in der Siedlung vor dem Fliegerhorst – Siebeneichenfeld genannt – standen die Lehrlinge besonders auf Kriegsfuß. Wegen einiger tätlicher Auseinandersetzungen gab es Ausgehverbot an Werktagen. Das war ganz schön gemein; aber auf dem Fliegerhorst gab es genug zu erforschen.

Zunächst war da der Kraftfahrzeugabstellplatz. Die Fahrzeuge standen unter einem aus Holz gefertigten, im rechten Winkel um den Exerzierplatz aufgestellten, nach vorne offenen, etwa drei Meter hohen Schuppen. Diese Hallen mußten natürlich von den zwölf Jungen des ersten Lehrjahrs erklommen werden. Als Mutprobe galt ein Sprung aus dieser Höhe; es war ein Sprung in weißen Sandboden. Bis auf eine leichte Fußverstauchung ging alles gut.

Doch nun zum Ausgehverbot.

Eines Abends wollte Wolfgang unbedingt nach Hause.

„Ja, Wolfgang, da stellen wir uns dumm und marschieren durch die Wache", schlug Heinz vor.

„Wie soll das denn gehen", fragte Helmut.

„Ganz einfach, Karl Heinz macht den Lehrling vom Dienst und meldet der Wache, daß wir auf dem Weg zu einer Übung sind", erwiderte Heinz.

So wurde es auch gemacht.

Die Lehrlinge kamen unbehelligt durch die Wache. Wolfgang ging nach Hause; seine Kameraden streiften durch die Stadt. Auf dem Rückweg – Wolfgang hatte sich seinen Kameraden wieder angeschlossen – versperrten die Jungen aus der Siedlung den Weg.

„Das hat uns noch gefehlt!" Karl Heinz war sauer.

„Ohne Ärger kommen wir da nicht vorbei. Oder wollen wir einen Umweg machen", fragte Wolfgang.

Allgemeine Entrüstung. „Wir machen keinen Umweg wegen dieser Knilche", entschied Heinz.

Etwas ramponiert und mit Schrammen kamen unsere Krieger wieder zur Unterkunft und wurden vom Meister empfangen. Gemeinerweise hatte der Wachhabende ihn angerufen. „Wie seht Ihr denn aus? Das gibt natürlich einen Strafdienst! Ich will hoffen, daß die Siebeneichenfelder schlimmer aussehen", waren die Worte des Meisters.

So war es auch.

Die Ausbildung ging weiter. Es mußten Zwischenlehrarbeiten (kleine Zwischenprüfungen) gemacht werden. Über die Prügelei wurde nicht weiter gesprochen. Für einen guten Zweck wurden an drei Abenden nach Feierabend Kunstgegenstände angefertigt. Darüber soll noch an anderer Stelle berichtet werden.

Eines Abends wollte Karl Heinz unbedingt in die Stadt.
„Wir machen es genau wie letztes Mal", schlug Wolfgang vor, „das klappte doch prima!"
Gesagt, getan! Doch als sie an der Wache ankamen, stellte sich ihnen der Wachhabende in den Weg: „Ihr Strategen wollt wohl wieder die alte Masche abziehen? Der Trick war zwar sehr gut, klappt aber nur einmal. Also, kehrt marsch und Richtung Heimat!"
„So 'ne Pleite", maulte Helmut, „was nun?"
„Zunächst einmal zurück zur Baracke! Im Kiefernwäldchen am Zaun halten wir Kriegsrat", empfahl Helmut.
So wurde es auch gemacht.
Sie überlegten hin und her, bis Rolf die Lösung fand: „Seht dort, die beiden Bäume am Zaun!"
„Was soll der Quatsch? Hier stehen genug Bäume herum", wunderte sich Bodo.
„Stell dich nicht so blöd an! Der eine Baum steht auf dieser Seite des Zauns, der andere auf der anderen Seite. Und seht euch einmal den Ast an, der reicht über den Zaun rüber! Wenn wir auf den Baum klettern, brauchen wir nur noch hinunterzusteigen, und wir haben den schönsten Übergang", erläuterte Rolf seinen Plan.
„Du bist eine Wucht, das laß dir patentieren!"
„Nee, lieber nicht, sonst sperren sie uns diesen schönen und geheimen Übergang", sagte Karl Heinz.
Dieser Übergang konnte etwa zwei Monate benutzt werden. Es fiel zwar auf, daß die Lehrlinge den Fliegerhorst auf geheimen Wegen verließen, aber der Durchschlupf wurde trotz intensiven Suchens zunächst nicht gefunden...
Eines Tages, man hatte allgemeine Verabredungen oder sonst etwas zu erledigen, standen Wolfgang, Helmut, Karl Heinz und Rolf am Übergang und waren sprachlos.
„Was soll denn diese Sauerei", beschwerte sich Karl Heinz.
„Die haben unsere schönen Bäume geklaut", stellte Rolf traurig fest.
„So 'n Schiet, jetzt ist es nichts mit unserem Ausflug! Wer mag diese Gemeinheit verbrockt haben", überlegte Helmut.
„Nun ist es aus mit unserem privaten Übergang. Wir müssen uns etwas Neues einfallen lassen", stellte Rolf fest.
„Das dürfte auf erhebliche Schwierigkeiten stoßen; die passen jetzt doch gewaltig auf! Die Wachen sind auch verstärkt worden", erklärte Helmut.

„Aber bestimmt nicht unseretwegen. Wir haben den Schlafmützen jedenfalls gezeigt, wo noch eine Lücke in der Überwachung ist. Eigentlich müßten wir einen Orden bekommen", schloß Karl Heinz dieses Thema ab.

Ein heimliches Verschwinden war nicht mehr möglich.

Inzwischen war der Werkstattneubau fertiggestellt. Jetzt ging es an das Aufstellen der Maschinen und Werkbänke. Von der Halle II wurden Möbel geholt. Ein Umkleideraum wurde eingerichtet. Zwei Drehbänke, eine Hobelbank, zwei Bohrmaschinen und andere Maschinen wurden geholt und aufgestellt. Beim Transport einer Drehbank schrie Heinz plötzlich auf. Sein Fuß war unter ein Rundholz geraten und ein Zeh eingequetscht. Heinz fiel für einige Tage aus.

Als die Werkstatt eingerichtet war, ging die Lehrarbeit weiter.

Wenn die Lehrlinge in die Werkstatt wollten, mußten sie durch einen mit Holz ausgeschlagenen Vorraum. Hier stand eine Führerbüste, umgeben von Blumen. Später brachten die Lehrlinge noch zwei Leuchter an, die sie selbst angefertigt hatten.

Rolfs Werkbank stand vor der Schmiede, mit Blick auf junge Kiefern, die rings um die Werkstatt wuchsen.

Als Rolf nach 23 Jahren seine Heimatstadt besuchte, fand er nur noch die Fundamente der alten Werkstatt am Bahndamm wieder. Die Bäume waren gewachsen, die Blocks der Luftwaffenhelferinnen und der Fliegerhorstabteilung waren zu Wohnungen umgebaut. Sonst hatte sich an dieser Stelle nichts verändert. Es war für ihn ein unbeschreibliches Gefühl, die Stätte seiner Jugend und vieler schöner Stunden nach so langer Zeit wiederzusehen. Erinnerungen wurden wach; er sah sich wieder als Lehrling und hatte den Wunsch, diese Zeit noch einmal zu erleben. Erleben wir in diesem Buch, das dem Meister Paul und den Gesellen Hans und Otto gewidmet sein soll, die Geschichte der Lehrlingswerkstatt!

An der Stirnseite der Werkstatt war in großen Lettern ein Spruch angebracht, der ein Leitspruch der Lehrlinge sein sollte: „Die Leistung allein unterscheidet den einen vom andern."

Die Arbeit durch den Grundlehrgang ging weiter. Der technische Lehrer war der Oberfeldwebel, genannt „Oberfeld". Sein Sohn war Lehrling im zweiten Lehrjahr.

Unsere Lehrlinge hatten sich gut zusammengerauft, bis auf zwei Jungen, die sich nicht anpassen wollten. Mit der Arbeit klappte es auch nicht so recht. Später mußten diese beiden die Lehre abbrechen. Den Grund wollen wir lieber verschweigen.

Die Umgebung der Unterkunft und der Bereich des Fliegerhorstes wurden erforscht, die erste Zigarette heimlich in der Kiesgrube hinter der Preßluftbude geraucht. Preßluftbude deshalb, weil hier die Preßluftflaschen für die Schweißerei gelagert wurden.

Auf dem Fliegerhorst wurden Wildschweine gehalten und mit den Küchenabfällen gefüttert. Diese lieben Tierchen gehörten der Fliegerhorstgruppe. Im August gab es hinter der Werft in einer Lichtung des an den Horst angrenzenden Waldes ein lustiges Wildschweineessen. Auch die Lehrlinge wurden eingeladen.

Es sollte gesagt werden, daß Rolfs Mutter Haupthelferin der Luftnachrichtenhelferinnen war. Somit war Rolf bei den Mädels sehr gut bekannt.

Die Lehrlinge wurden herumgereicht; es wurde ihnen im Laufe des Nachmittags mehr Sekt angeboten als es ratsam gewesen wäre. Rolf und Karl Heinz lernten auf diesem Fest die Töchter des Kommandeurs und des Kreisleiters kennen. Es versteht sich, daß die Paare sich für den Abend verabredeten.

Gemeinsam mit dem Meister und dem technischen Leiter mußten die Lehrlinge zum Abendessen in die Kantine gehen. Es sollte dort weiter gefeiert werden. Jetzt stellte sich die Frage: Durften die Lehrlinge bleiben, oder nicht? Der Meister gab die Erlaubnis bis 21 Uhr.

„Verdammt, wir haben uns doch mit Christa und Helga verabredet!" Karl Heinz war sauer. „Jetzt müssen wir die Mädels versetzen."

Rolf war anderer Meinung: „Wir verkrümeln uns heimlich, still und leise. Das merkt keiner; die sind alle ganz schön angetütert."

So geschah es. Das Fest ging weiter, doch unsere Freunde gingen zu ihrer Verabredung. Daß sie erst weit nach Zapfenstreich in die Unterkunft schlichen, fiel nicht auf.

Die Zeit verging.

Die Kameraden lästerten schon: „Wo schleicht Ihr nur immer hin?"

„Wartet nur, eines Tages erwischen wir euch schon noch!"

Rolf und Karl Heinz wußten Schleichwege, die ihre Kameraden nicht fanden.

Eines Abends kamen unangemeldet der Kommandeur und der Kreisleiter zur Besichtigung der Unterkunft. War das eine Pleite! Zwei Jungen fehlten.

Am anderen Morgen gab es eine große Vernehmung: „Wo wart Ihr?" – „Mit wem wart Ihr zusammen?" – „Nennt die Namen, dann werdet Ihr nicht bestraft!"

Da Rolf und Karl Heinz schwiegen, „durften" sie zwei Wochen Brandwache zusätzlich schieben.

Was sollte nun aus der Verabredung werden?

Heimlich wegschleichen war nicht. Der Meister hätte Ärger bekommen.

„Was machen wir nur", fragte Karl Heinz verzweifelt.

„Wir melden uns bei Meister Paul ab", schlug Rolf vor.

Sie gingen zum Meister, der wieder für diese Woche die Aufsicht hatte. Er und die Gesellen Hans und Otto lösten sich wöchentlich ab.

„Jungens, daß Ihr die Mädchen nicht verraten habt, war großartig! Ich hatte auch nichts anderes erwartet. Der Kommandeur wäre ebenfalls enttäuscht gewesen, wenn Ihr geredet hättet. Für eine Stunde gebe ich euch Urlaub!" – Waren unsere Freunde froh!

Die Mädchen hatten von dem Vorfall gehört.

„Wir haben nicht damit gerechnet, daß Ihr kommt", sagten sie.

„Ihr seid doch dufte Kumpels!"

„Ich glaube, mein Vater hat etwas gemerkt. Als alter Soldat hat er euch durchschaut. Irgendwie freute er sich über euer Verhalten."

Pünktlich meldeten Rolf und Karl Heinz sich beim Meister zurück.

„Glück hat auf die Dauer nur der Tüchtige."

So verging der Sommer.

Die Fallschirmspringer wurden verlegt.

Hier sollte noch ein Erlebnis eingeblendet werden, daß auch die schrecklichen Seiten einer Ausbildung zeigt: Eines Tages sahen die Jungens beim Marsch zur Kantine wieder einmal einen Absprung der Fallschirmspringer. Die Maschinen einer Staffel He 111 flogen genau in Formation. Bei der He (Heinkel) 111 wurde aus der Bodenluke gesprungen. Alle Springer schwebten an ihren Schirmen zur Erde. Plötzlich lösten sich aus der vorletzten Heinkel zwei Punkte.

„Mensch, wo kommen die denn noch her", wunderte sich Helmut.

Dann waren die beiden Punkte verschwunden.

„Die sind genau in die Propeller der letzten Maschine gesprungen", rief Hans.

So war es auch.

Die Flaggen vor der Kommandantur gingen auf Halbmast.

Auf den Fliegerhorst in der Altmark kam eine Flugzeugführerschule.

Ende November fertigten die Lehrlinge von Meister Paul entworfene Preßkohlenzangen an. Im Dezember wurden Weihnachtssachen angefertigt: Kerzenhalter und Brieföffner aus Plexiglas sowie Kunstschmiedearbeiten. Diese Arbeiten wurden auf einem Weihnachtsbasar im Kinosaal verkauft und der Erlös für wohltätige Zwecke verwendet.

Ins Kino gingen die Lehrlinge natürlich auch. Bei Filmen mit Jugendverbot wurden sie gleich an der Tür zurückgeschickt. Sie fanden aber immer eine Möglichkeit, dennoch hineinzukommen.

Nun war es aber so, daß noch andere Jugendliche das Kino besuchten, Kinder von Angestellten und Offizieren. Waren alle Hindernisse überwunden, schallte es aus dem Lautsprecher: „Jugendliche raus!"

Alle gingen, nur die Lehrlinge nicht. Wieder ertönte die Lautsprecherstimme: „Auch die Lehrlinge raus!" Und nach einer Weile: „Ich lasse den Film erst anlaufen, wenn Ihr verschwunden seid!"

Was sollte man da machen? Sie mußten also verschwinden.

An der Seite des Kinos befand sich in etwa drei Metern Höhe ein Toilettenfenster. Hilfreiche Soldaten reichten die Jungens zum Fenster hinauf, wo sich den Fassadenkletterern Hände entgegenstreckten und sie hinaufzogen. Im Dunkeln schlichen die Burschen ins Kino. Das konnte sich aber nur das erste Lehrjahr herausnehmen. Später ging es nicht mehr. Aus Rücksicht auf die jüngeren Kameraden. Man war jetzt Vorbild!

Aber auch in der Stadt fanden Rolf und seine Freunde Einlaß, wo andere vor der Tür blieben. Das kam so: Rolf wollte mit seiner Freundin Hannelore – sie kannten sich von der Schule – ins Kino.
Diese Freundschaft bahnte sich im letzten Schuljahr an. Hannelores kleiner Bruder ging in das erste Schuljahr. Rolf und einige Mitschüler hatten mitunter Aufsicht in dieser Klasse. Rolf schmuggelte kleine Liebesbriefchen in die Griffeltasche des Bruders seiner Angebeteten.
An der Kinokasse war bei einem Film mit Jugendverbot kein Weiterkommen. Doch Rolf hatte eine Idee. „Ich ziehe meine Uniform an, dann wird es bestimmt klappen", verkündete er.
„Ach Rolf, das geht doch nicht", meinte Hannelore ängstlich.
Und ob das ging: Rolf kam als Soldat sogar zum halben Preis hinein!
Dieser Trick klappte etwa sechs Monate lang, dann schaltete sich der Streifendienst der HJ ein, und der Traum war aus.
Der Gebietsführer stand an der Kasse: „Wie ich gesehen habe, fühlt Ihr Leute vom Fliegerhorst euch sehr stark und allen Anforderungen gewachsen. Ausgebildet seid Ihr auch gut. Ich werde euch in Zukunft bei besonderen Anlässen anfordern!"
„Das kann ja heiter werden", maulte Rolf, „wir haben schon genug Dienst, und jetzt das!"
Hannelore freute sich: „Dann sehen wir uns doch öfter!"
„Na, siehst du, so hat die Sache auch noch eine gute Seite für euch", stellte der Gebietsführer fest.
So kam es, daß die Lehrlinge bei allen möglichen Anlässen in die Stadt kamen. Als das zweite und dritte Lehrjahr auch noch dazukam, waren die Lehrlinge vom Fliegerhorst eine Eliteeinheit. Von einigen Einsätzen werden wir noch hören.

Die Werkstatt und die Unterkünfte waren mustergültig. Darum kamen auch oft Gäste aus Politik und Wirtschaft. Für die Lehrlinge war das natürlich nicht gerade angenehm.
Die Gesellen bemerkten, daß die Jungens sich nicht gerne bestaunen ließen. Eines Tages holte der Geselle Hans, ein kleiner, aber zäher Bursche, die Lehrlinge in die Schmiede. Hans machte ein Stück Eisen im Schmiedefeuer warm – warm heißt in diesem Falle, daß das Stück Eisen weißglühend war –, faßte es mit der Zange an und legte es auf den Am-

boß. Vorher hatte er mit einem Lappen Wasser aus dem Kühlbecken auf den Amboß geträufelt.

„So, Heinz, jetzt schlage einmal kräftig mit dem Hammer zu!"

Ein kräftiger Schlag und ein lauter Knall dröhnten durch die Schmiede.

„Das ist ja ein prima Trick, unerwünschte Gäste zu vertreiben", war Joachims Kommentar.

So kam es, daß die Lehrlinge alle Gäste mit lautem Salut empfingen, wenn diese die Schmiede betraten. Die Damen der Offiziere und Politiker kreischten meistens auf und verließen fluchtartig den Ort des Geschehens. Später kam noch der Trick mit dem Schweißgerät hinzu.

Wie wir wissen, mußten die Lehrlinge zum Mittagessen zur Kantine marschieren. Auf der Rollfeldringstraße kam ihnen immer ein Zug der Werftabteilung singend entgegen.

Die Lehrlinge marschierten auch mit Gesang. Die zwölf Jungen sangen so kräftig, daß die Soldaten der Werftabteilung geschlagen wurden.

Die Lehrlinge bekamen Singverbot, wenn die Werftabteilung in Sicht kam. Diese Abmachung wurde auch eingehalten, bis Rolf eines Tages wieder einmal Lehrling vom Dienst war und die Gruppe kommandierte.

Als die Werftabteilung in Sicht kam, hieß es: „Lied aus!"

Helmut hatte eine gute Idee: „Laß uns doch einen schmettern! Mal sehen, ob die Brüder besser sind als wir!"

„Das gibt wieder Ärger", bremste Heinz ab.

„Ach was, wir zeigen denen, was wir können", entschied Karl Heinz.

„Ein Lied!" kommandierte Rolf.

„Märkische Heide" schallte es aus lauten Kehlen über den Fliegerhorst.

„Märkische Heide, märkischer Sand
Sind des Märkers Freude,
Sind sein Heimatland.
Steige hoch, du roter Adler,
Hoch über Sumpf und Sand.
Hoch über Zuckerrübenfelder!
Heil dir, mein Altmärker Land!

Uralte Eichen, dunkler Buchenhain,
Grünende Birken
Umrahm' den Wiesenrain!
Steige hoch, du roter Adler,
Hoch über Sumpf und Sand!
Hoch über Zuckerrübenfelder!
Heil dir, mein Altmärker Land!

Märkische Bauern von märkischem Geschlecht
Hielten stets zur Heimat
In märkischer Treue fest.
Steige hoch, du roter Adler,
Hoch über Sumpf und Sand.
Hoch über Zuckerrübenfelder!
Heil dir, mein Altmärker Land!"

Die zwölf jungen Leute brachten es tatsächlich fertig, dreißig ausgewachsene Soldaten zu überstimmen.

Am Nachmittag kam Major Müller, und es gab ein gewaltiges Donnerwetter. „Es war eine glatte Befehlsverweigerung, zu singen! Einsperren kann ich euch nicht. Zur Strafe werdet Ihr am Sonnabendnachmittag mit einer Mannschaft der Werftabteilung ein Fußballspiel durchführen!"

Im Weggehen lächelte der Major und murmelte: „Das habt Ihr gut gemacht! Wir machen die Sache jetzt umgekehrt: Die Werftabteilung wird nicht mehr singen. Ich will *euren* Gesang bei jedem Marsch hören!"

„Mensch, der Major ist klasse", stellte Hans fest.

„Na, wir sind aber auch nicht schlecht", antwortete Fritz.

Somit hatten die Lehrlinge einen Sieg errungen. Dieses Ereignis sprach sich natürlich herum. Unsere Freunde wurden zu Feiern auf dem Fliegerhorst und in der Stadt zum Singen eingeladen.

Bei dem Fußballspiel umsäumten alle dienstfreien Soldaten die Sportanlage. Dieses hochaktuelle Spiel hatte sich auch in der Stadt herumgesprochen, so daß die Stadtjugend ebenfalls gekommen war.

Schiedsrichter war Oberfeldwebel Wolf von der Luftnachrichtenstelle.

Es herrschte eine Stimmung wie bei einer Meisterschaft.

Die Mannschaft der Werftabteilung legte gleich zu Anfang ein enormes Tempo vor. In der zehnten Minute stand das Spiel 1:0 für die Soldaten. Die anderen Soldaten feuerten ihre Kameraden auf dem Spielfeld lautstark an. Mit 2:0 für die Werftabteilung ging es in die Pause.

„So 'n Mist! Wenn die uns schlagen, sind wir blamiert bis in die Steinzeit", schimpfte Hans.

„Was sollen wir machen? Die Soldaten sind eben stärker als wir", stellte Helmut klar.

„Ihr müßt nicht nur verteidigen, sondern mehr angreifen! Rolf und Helmut bleiben hinten! Alle anderen greifen an! Wolfgang und Karl Heinz gehen an den Flanken vor! Dann nichts wie auf das Tor ballern! Bringt die Freunde von der Werftabteilung ins Schleudern! Ihr schafft es", war die Meinung des Gebietsführers, der sich auch eingefunden hatte.

Das Spiel ging weiter. Das Stadion glich einem Hexenkessel.

Jetzt feuerten die Jungen aus der Stadt ihre Kameraden gewaltig an. „Lehrlinge vor, schießt ein Tor!" schallte es über den Platz.

Hans machte den Anstoß. Der Ball wurde von Werner, dem alten Brasilianer (seine Eltern kamen aus Brasilien und wanderten nach dem Krieg wieder aus), aufgenommen und zur linken Flanke an Wolfgang weitergegeben. Wolfgang umspielte zwei Gegenspieler und schoß den Ball Karl Heinz genau vor den Fuß. – Ein Schuß... und Tor!

War das ein Jubel! In der zweiten Halbzeit drehten die Lehrlinge zur Hochform auf. Nach hartem Kampf konnten sie das Spiel mit 4:2 gewinnen.

Major Müller sprach allen Spielern seinen Dank für das gute Spiel aus: „Jungens, Ihr habt euch tapfer geschlagen, und ich beglückwünsche euch zu dem Sieg!"

Abends gab es in der Kaserne der Werftabteilung eine knallharte Siegesfeier. Die Lehrlinge bekamen natürlich nur Brause.

„Habe die Ehre, haben unsere Lausejungen ein Spielchen gezeigt! Da können wir alten Knaben uns eine Scheibe abschneiden", stellte Obergefreiter Schönhuber fest. „Der Oberschnepfer" war Friseur und kam aus Wien. Bei jeder Gelegenheit sagte er: „Habe die Ehre!"

Major Müller

Abends saßen die jungen Leute oftmals im nett eingerichteten Aufenthaltsraum und erzählten sich Erlebnisse, oder sie spielten Schach.

Meister Paul war ein Künstler auf dem Gebiet des Erzählens. Eines Abends berichtete er über seinen Einsatz als Agent. Es war eine ungeheuer spannende Geschichte. Mit roten Ohren hörten die Jungen zu...

„Auf großen Umwegen konnte ich mich in mein Zimmer schleichen. Erschöpft fiel ich in mein Bett und schlief gleich ein. Plötzlich schreckte ich auf. Was war das? Ich hörte Geräusche auf der Treppe. Verdammt, dachte ich, jetzt haben sie mich! Doch einen Ausweg gibt es noch: Ich zerreiße mein Bettlaken in Streifen, verknote die Streifen und befestige das so entstandene Seil am Fensterkreuz. Jetzt wurde es aber Zeit! Meine Gegner versuchten bereits, die Tür aufzubrechen. Ich schwang mich auf das Fensterbrett und ließ mich von der zweiten Etage am Bettlaken hinabgleiten. Als die Zimmertür krachend aufbarst, war ich am Ende des Lakens angelangt. Es war zu kurz! Drei Meter fehlten bis zum Erdboden! Das ging ja noch, aber genau unter mir grinsten mir die Spitzen eines Eisengitters entgegen. Über mir sahen meine Gegner aus dem Fenster. Es gab nur eins: Ich mußte springen! Würde ich über das Gitter hinwegkommen? Ich stieß mich von der Wand ab, ließ los und fiel. Der Schwung war zu kurz; ich fiel genau auf die Eisenspitzen zu. Sie bohrten sich in meinen Körper... – Da wachte ich auf."

Meister Paul zeigte den Jungen auch die Spielregeln des königlichen Spiels Schach. Es kam vor, daß eine Partie zwei Abende dauerte.

Aber auch die Lehrlinge konnten über Erlebnisse berichten.

Rolf erzählte von einem Zeltlager an einem großen See in der Altmark.

„Die Zeit im Zeltlager war prima. Nachdem wir uns in den Zelten eingerichtet hatten, konnten wir erst einmal auf Erkundung gehen. Am See auf der Stadtseite hatte sich ein Einsiedler ein tolles Haus und einen Tempel gebaut. Dieser Mann fühlte sich als Jesus. Sein Name war Gustav Nagel. Er war verheiratet und taufte seine drei Söhne gleich nach der Geburt im See. Was aus der Frau geworden ist, weiß ich nicht. Die Söhne sind Offiziere geworden. Einer hat schon das Ritterkreuz.

Arendsee ist das alte, saubere Städtchen noch mit seinen hübschen Häusern und Straßen; es ist der ewig junge und strahlende See, umkränzt von herrlichem Wald; es ist unverändert das liebliche Bild des Fischerdörfchens Ziesau drüben am anderen Ufer, das mitunter ganz nah auf dem stillen Wasser zu schwimmen scheint. Man muß einmal eine halbe Stunde auf der hohen Uferböschung am See sitzen und über das weite Wasser schauen, gleichsam wie am Bug eines Schiffes. Es ist merkwürdig, wie die paar Meter Höhenunterschied das Bild plastisch verändern, die Sicht erweitern, umfassender gestalten. Still ziehen Segel- und Ruderboote vorüber, besonders still, wenn drüben bei Ziesau die Sonne in herrlichen Farben untergeht.

Für unsere Zeltstadt wurde zwischen den Kiefern Raum geschaffen.

Es ist schön am Arendsee. Man freut sich der gesunden, kraftstrotzenden Jugend, der vielen netten Mädchen in ihren hübschen Kleidern. Man genießt nicht nur die unerschöpflich ihre Gaben ausstreuende Natur ringsum, sondern vor allem das frohe und unbeschwerte, ungezwungene und dabei doch manierliche Zusammenleben einer sich neu bildenden Generation, die sich des kostbaren Besitzes freut, den sie selbst sich erschaffen hat.

Unser Tagesplan begann mit einem Waldlauf zum See, wo es ein lustiges Waschen gab. Wir machten Geländespiele, legten um die Zelte Gärten an. Eines Nachts kam ein Zeltkamerad auf die Idee, die Fahne des Nachbarlagers zu erobern. Dieses Lager lag etwa drei Kilometer entfernt im Wald. Wir weckten unseren Lagerleiter und erklärten unseren Plan.

„Jungens, die Idee ist gut. Wir können aber nicht das ganze Lager alarmieren, das fällt auf. Weckt noch zwei Zeltbelegschaften! Wir treffen uns in dreißig Minuten am Hügel."

Wie besprochen, trafen wir uns am Hügel. Mit dreißig Mann schlichen wir durch die Nacht. Nach zwei Kilometern teilten wir uns in drei Gruppen. Zwei Gruppen machten einen Scheinangriff, die dritte konnte die Fahne erobern, die im Wachzelt von sechs Jungen bewacht wurde.

Am anderen Tag brachten wir die Fahne wieder zurück, damit sie pünktlich gehißt werden konnte. Wir mußten jetzt aber doppelte Wachen stellen. Die Kameraden vom anderen Lager versuchten vergebens, unsere Fahne zu erobern.

Zum Ende der Lagerzeit machten wir am Hügel ein großes Lagerfeuer. Natürlich haben wir sorgsam darauf geachtet, daß kein Brand entsteht. Unser Lagerführer war Oberleutnant der Infanterie und hatte einen Arm verloren. Als wir uns alle um das Feuer versammelt hatten, berichtete der Oberleutnant über seine Fronterlebnisse. Wir hörten gespannt zu. Später sangen wir einige Lieder.

Durch unser Lagerfeuer wurden die Mädels vom BdM-Lager, das nicht weit entfernt, dicht an der Stadt lag, angelockt. Wir gruppierten uns um das Feuer herum bis auf den Hügel und sangen Volkslieder. Es war ein unvergeßlicher Abend und ein würdiger Abschluß des Zeltlagers.

Am anderen Tag packten wir unsere Tornister und wurden in die Heimatstädte entlassen."

An dieser Stelle sollte angemerkt werden, daß Rolf später noch einmal diese Stadt am See besucht hat. Gustav Nagel war inzwischen verstorben, sein Haus zerstört. Auch die genaue Stelle des Lagers fand Rolf nicht wieder, doch der Wald und der See waren genauso schön wie damals.

Die Zeit verging mit viel Arbeit. Neben dem Grundlehrgang mußten Zwischenlehrarbeiten gemacht werden. Es kam die Ausbildung an der Drehbank, der Hobelmaschine, der Bohrmaschine und allen Geräten, die ein Metallflugzeugbauer beherrschen muß. Für die Junker (Ju) 88 fertigten die Lehrlinge Zellenteile an.

An einem Tag besuchten sie die sogenannte Instrumentenbude. Das war natürlich keine Bude, sondern ein richtiges Haus. Es stand zwischen der Werfthalle und der Feuerwache. In diesem Gebäude wurden die Instrumente – Höhenmesser, Drehzahlmesser, Geschwindigkeitsmesser usw. – geprüft und repariert.

Hier gab es auch eine Unterdruckkammer. Sie war klein und für die Instrumente gedacht. Der Werkmeister erklärte den Lehrlingen alles. Als sie vor der Unterdruckkammer standen, fragte Heinz: „In dem Kasten kann man doch einen Höhenflug simulieren?"

„Ja, klettere hinein, und ich drücke die Luft heraus. Dann hast du das Empfinden, als würdest du immer höher steigen", erklärte der Meister.

Heinz zwängte sich in den Kasten und wurde so auf die dünne Luft gebracht, die in eintausend Metern Höhe herrscht. Jetzt wurde ganz langsam wieder Luft in die Kammer gelassen.

Heinz kletterte heraus und schwärmte: „Das war ganz große Klasse!"

Einer nach dem anderen kletterte jetzt in den Kasten. Karl Heinz wurde bis auf dreitausend Meter gebracht.

Als letzter war Rolf an der Reihe. Das Los hatte so entschieden. Er wollte auch bis dreitausend Meter hinauf. Bevor der Kasten geschlossen wurde, fragte er noch: „Man kann doch auch das Gefühl eines Sturzfluges vermitteln?"

„Ja, wenn du willst, kannst du einen Sturzflug bis auf eintausend Meter erleben", schlug der Meister vor.

Rolf war einverstanden. So wurde es gemacht. Nachdem die Höhe erreicht war, ließ der Meister die Luft mit großer Geschwindigkeit in den Kasten einströmen.

„Mensch, der wird ja ganz blaß", stellte Helmut fest.

„Gleich fängt er an zu kotzen", kommentierte Hans.

Benommen kletterte Rolf aus der Unterdruckkammer heraus. Helmut mußte ihn stützen, sonst wäre der Sturzflieger in den Knien eingeknickt.

„Für die Ju 87, den Stuka, bin ich nicht geeignet. Mir dröhnt der Kopf, und in den Ohren habe ich ein Sausen", stammelte Rolf.

Der Meister beruhigte ihn: „Nach zwei Tagen hört das Sausen in den Ohren auf."

„Das ist ein schwacher Trost! Toll war es schon. Aber noch einmal klettere ich da nicht rein", sagte Rolf mit Nachdruck.

Wie wir wissen, war zu dieser Zeit eine Flugzeugführerschule auf dem Fliegerhorst stationiert. Die Jungens turnten mal wieder auf der Kraftfahrzeughalle herum. Die Flugzeuge, es waren Messerschmidt (Me) 109, starteten und landeten. Die Luft war angefüllt mit dem Gedröhne der Motoren. Plötzlich horchte Christoph auf. Da war doch ein Knattern in der Luft! Auch die anderen Jungen wurden aufmerksam. Sie sahen zwei Flugzeuge auf sich zukommen.

„Verdammt, die fliegen einen falschen Kurs", rief Hans.

„Wenn die nicht an Höhe gewinnen, rammen die Blödmänner uns!"

Schon donnerten die beiden Flugzeuge dicht über die Lehrlinge hinweg.

„Die fliegen zu dicht hintereinander", schrie Rolf, als ob es der Pilot hören könnte. „Der Hintermann zerhackt seinem Vordermann das Leitwerk!"

Kaum ausgerufen, zersplitterte auch schon das Leitwerk der vorderen Maschine. Beide Flugzeuge stürzten ab und zerschellten mit lautem Knall kurz hinter der Siedlung auf freiem Feld. Eine riesige Rauchsäule stand über der Absturzstelle. Mit Blaulicht und Martinshorn kamen Feuerwehr und Sanka (Sanitätskrankenwagen) angefahren.

„Da gibt es nichts mehr zu retten", befürchtete Bodo.

Die Flagge vor der Kommandantur ging wieder auf Halbmast.

Prügeleien im allgemeinen und unter den Lehrlingen im besonderen waren verboten. Es ließ sich aber nicht immer vermeiden. Eines Morgens hatten Helmut und Werner eine Meinungsverschiedenheit. Danach war Unterricht.

Der Oberfeldwebel – der technische Lehrer – sah Helmut überrascht an.

„Was ist denn mit deinem Auge geschehen?" fragte er.

Rolf drehte sich erstaunt um. Helmuts linkes Auge schillerte in allen Regenbogenfarben und war stark angeschwollen.

„Ich bin gegen einen Schrank gelaufen", war Helmuts Antwort.

„Paß besser auf, wo du hinläufst", meinte der Oberfeldwebel und konnte ein Grinsen nicht unterdrücken.

Die Lehrlinge hatten mit den Soldaten der Werftabteilung auch die Unterkunft der Luftnachrichtenhelferinnen zu bewachen, und mit denen bestand ein freundschaftliches Verhältnis.

Wie wir wissen, war Rolfs Mutter die Vorgesetzte der Mädchen und führte ein strenges Regiment. Die Kameradschaft wurde auf diesem Fliegerhorst sehr ernst genommen. Die Lehrlinge „gehörten" dazu.

Rolf und Karl Heinz waren mit zwei Mädchen gesehen worden. Es war bereits kurz vor 22 Uhr. Als Kavaliere brachten die beiden die Mädchen natürlich nach Hause und kamen erst nach Zapfenstreich zur Unterkunft. Man hätte diesen Ausflug wahrscheinlich nicht einmal bemerkt, wenn, ja, wenn ein junger Offizier nicht ein Auge auf eines der Mädchen geworfen und sich unseren Freunden in den Weg gestellt hätte.

„Ich befehle euch, sofort zu verschwinden, sonst könnt Ihr was erleben", spielte er sich auf.

„Wir bitten, an Herrn Leutnant vorbeigehen zu dürfen", sagte Karl Heinz höflich.

Die Jungen trugen keine Uniform. Der Herr Leutnant ließ sie nicht vorbeigehen. Die Lehrlinge brachten ihre Mädchen nach Hause. Der Leutnant war ein schlechter Verlierer und rief den wachhabenden Meister an.

„Ihr kommt etwas spät", stellte Geselle Otto fest.

„Kein blaues Auge, keine Schramme? Dann war wohl nichts!"

„Keine besonderen Vorkommnisse", meldete Karl Heinz.

Am anderen Morgen kam hoher Besuch. General Freiherr von Biedermann, der Fliegerhorstkommandant, und Oberstleutnant Greifert – die Väter der Mädchen – besichtigten die Lehrwerkstatt und ließen sich die Lehrlinge vorstellen.

Bei Karl Heinz und Rolf meinte der General: „Ach, Ihr seid die Helden von gestern nacht?"

„Mensch, haben wir ein Schwein gehabt", sagte Rolf erleichtert, als der Besuch gegangen war.

„Ich habe noch eine besondere Aufgabe für euch: Eine kleine Säge- und Feilübung", schmunzelte Meister Paul.

Rolf und Karl Heinz kamen ins Schwitzen.

Jetzt muß man natürlich wissen, worin das Besondere lag. Ein fünfzig Millimeter starkes Rundeisen mußte durchgesägt werden. Mit einem stumpfen Sägeblatt. Dann mußte ein Würfel gefeilt werden. Auch mit einer stumpfen Feile. War das eine saublöde Arbeit! Aber was sollte man machen? – Der Offizier wurde übrigens versetzt. Die Lehrlinge waren im allgemeinen sehr beliebt, auch wenn sie manchen Streich auf Lager hatten.

Ende März 1943 wurden Werkbänke vom Hauptlager geholt.

„Was sollen wir denn damit", fragte Bodo.

„Du Blödmann, große Ereignisse werfen ihre Schatten voraus", wußte Heinz. „Die 'Neuen' kommen!"

Die Werkbänke wurden aufgestellt, ebenso Betten, Spinde, Tische und Stühle. Inzwischen war das erste Lehrjahr vorüber.

An dieser Stelle soll noch vermerkt werden, daß der Schlüssel für die Wohnbaracke verlorenging. Ein neuer wurde angefertigt. Rolf aber fand den alten Schlüssel eines Tages wieder. Er hat ihn heute noch.

„Wir sind nicht in der Welt,
um glücklich zu sein
und zu genießen,
sondern um unsere Schuldigkeit zu tun."

Friedrich der Große

Im April 1943 kamen die „Neuen" und wurden den „Alten" vorgestellt. Es wiederholte sich bei diesen jungen Leuten, was wir mit Rolf und seinen Kameraden zu Anfang der Lehre erlebt haben.

An dieser Stelle sollte gesagt werden, daß die Lehrwerkstatt eine eigene Werkzeugausgabe hatte; aber Spezialwerkzeuge mußten von der Werft geholt werden. Herrscher in diesem Reich war Feldwebel Saß, unverkennbar an seinen Goldplomben im Gebiß. Dieser Feldwebel war ein Original, zu jedem Spaß bereit.

Nach einigen Tagen der Eingewöhnung kam Hans Joachim auf eine gute Idee. Er hatte gerade ein großes Werkstück im Schraubstock und meinte: „Jetzt ist es an der Zeit, die Kleinen zur Werft zu schicken!"

„Wie willst du das machen?" fragte Heinz.

„Ganz einfach! Klaus, komm doch mal her!"

Die Werkbänke waren in zwei Reihen aufgestellt. Das erste Lehrjahr hatte die Plätze unter den Fenstern. Zur Straßenseite standen die Drehbänke und die Bohrmaschine. Die Hobelbank stand am Eingang zur Werkstatt; in der Mitte standen noch eine Schlagschere und weitere Geräte.

Klaus kam um die Werkbank herum und fragte: „Was soll ich?"

Hans Joachim antwortete: „Ich komme mit meiner Arbeit nicht weiter; hole mir bitte von der Werftausgabe die Zwölfmännerfeile!"

Klaus trabte los. Bis zur Werft brauchte er etwa fünfzehn Minuten. Nach einer Stunde kam er mit einem fest verschnürten Paket zurück.

„Das hast du gut gemacht", lobte Hans Joachim, „aber wir haben die Arbeit inzwischen anders hingekriegt. Bringe das gute Stück gleich wieder zurück!"

Klaus machte sich wieder auf den Weg. Später stellte sich heraus, daß Feldwebel Saß schnell geschaltet hatte. Er gab dem jungen Lehrling ein großes, langes Bleistück gut verpackt mit. – Es gab noch mehr ausgefallene Sachen, die unsere „Alten" gebrauchen konnten. So zum Beispiel Amboßfett, das vernickelte Augenmaß oder die Feierabendschablone.

Nach einiger Zeit machte Meister Paul diesem Treiben ein Ende. „Jungens, kommt einmal her!" An die neuen Lehrlinge gewandt, fuhr er fort: „Eure älteren Kameraden haben euch hereingelegt, so wie wir – die Gesellen und ich als Meister – das erste Lehrjahr gefoppt haben. Jetzt ist es aber genug. In Zukunft gibt es keine Laufburschen mehr! Jeder, der ein Werkzeug braucht, holt es sich selbst!"

Nach einem Jahr wiederholte sich das Spiel mit dem dritten Lehrjahr.

„Ich habe mich immer bemüht,
meine Pflicht zu tun.
So bin ich erzogen,
und so bleibe ich."

Friedrich der Große

Wie es sich für ein gutes Regiment gehört, das etwas auf sich hält, hatte der Fliegerhorst auch ein Orchester. Es wurde von Obermusikmeister Fürst geleitet.

Zur Freude der Angestellten spielte das Orchester in kleiner Besetzung bei schönem Wetter mittags vor der Kantine. An einem Tag im Mai war ein Orchesterabend angesagt. Auf dem Programm standen Märsche und leichte Unterhaltungsmusik.

Karl Heinz fragte seine Freunde: „Gehen wir da hin oder verkrümeln wir uns in die Stadt?"

Hans Joachim war auch der Meinung und sagte: „Was die spielen, haben wir doch schon oft genug gehört."

„Wißt Ihr noch, wie der Fürst die Musiker gedrillt hat? Im Stechschritt mußten die Jungens Märsche spielen! Mann, hat das hingehauen", stellte Hans fest.

„Laßt uns ruhig hingehen! Ich glaube, es kann doch ganz gut werden", meinte Rolf. „Ihr wißt doch, daß der Fürst auch was anderes auf Lager hat. Es gibt bestimmt eine Verlängerung."

„Wir sind überredet! Gehen wir also hin", entschied Helmut.

Das erste Lehrjahr ging geschlossen los. Einige Jungen des zweiten Lehrjahrs schlossen sich an und wurden in die Gemeinschaft aufgenommen. Auf dem Weg zum Kinosaal wurden die „Neuen" gleich in die Geheimnisse des Horstes eingeweiht.

Der Kinosaal war brechend voll. Unsere Jungens fanden an der rechten Seite auf den Fensterbänken gute Plätze.

Wie vorgesehen, spielte das Luftwaffenorchester Märsche. Die Soldaten stampften nach kurzer Zeit den Takt mit den Füßen. Einige Märsche wurden mitgesungen. Die Stimmung war enorm.

Ganz allmählich leitete der Stabführer seine Musiker zur leichten Muse über. Von der „Fledermaus" ging es über die „Maske in Blau" zur „Gräfin Mariza" und anderen Operetten. Den Abschluß bildeten Schlager, die jeder kannte. Um 22 Uhr sollte das Konzert beendet sein, doch der Applaus nahm kein Ende. Was blieb dem Obermusikmeister anderes übrig – es gab eine Zugabe.

„Verdammt, wir hauen kräftig über den Zapfen", stellte Hans nach dem Blick auf seine Uhr fest. Er wollte damit sagen, daß sie zu spät in die Unterkunft kämen.

„Da vorne sitzt Major Müller, den bitte ich um Urlaubsverlängerung", fand Rolf die Lösung. Also nichts wie hin! Neben dem Major saßen der General und der Oberstleutnant mit Familie.

„Verdammt, was nun", dachte Rolf. „Kneifen geht nicht; was sollen die Mädchen von mir denken?" Er legte eine zackige Meldung hin und bat den General, Major Müller sprechen zu dürfen. Diesem trug er die Bitte um Urlaubsverlängerung vor.

„Na klar, Ihr könnt bis zum Schluß bleiben. Morgen sage ich dem Meister bescheid. Eine Ordonnanz ruft gleich in eurer Unterkunft an, damit der diensthabende Meister keine weiteren grauen Haare euretwegen bekommt", gab der Major seine Einwilligung.

Rolf bedankte sich. Im Weggehen zwinkerte er den beiden Schönen noch verstohlen zu.

„Na, was ist?" wurde er bestürmt. „Dürfen wir bleiben?"

„Dank meiner guten Führung dürfen wir bleiben", gab Rolf an. „Nach Schluß treffen wir uns links neben dem Ausgang an der Straße. Wir gehen geschlossen zur Unterkunft. Gebt das an alle weiter!"

Inzwischen hatten die Musiker sich erholt, und das Konzert ging weiter. Obermusikmeister Fürst hatte kurz mit dem General gesprochen. – Was war denn das? Die Soldaten trauten ihren Ohren nicht. Es erklangen Glenn-Miller-Melodien! War das eine Stimmung! Die meisten Melodien waren bekannt und konnten mitgesummt oder -gepfiffen werden.

Es ging dann mit Benny-Goodman-Melodien und anderen heißen Sachen weiter. Nach diesem Höhepunkt leitete der Obermusikmeister die aufbrausenden Stimmungswellen mit Schlagern wieder in etwas ruhigere Bahnen. Den Abschluß bildete das Lied der Lilli Marlen.

Man kann sich denken, daß es beim Verlassen des Saales zu einem Gedränge kam und so manche Familie auseinandergerissen wurde. Plötzlich standen zwei Mädchen etwas verloren inmitten der Menge. Es war gut, daß Karl Heinz und Rolf zufällig in der Nähe waren. Sie geleiteten die Mädchen sicher durch das Gedränge hinaus. Damit sie nicht auseinandergerissen wurden, faßten die Jungen die Mädchen bei der Hand. Und natürlich ging es nur sehr langsam voran... Die Eltern standen schon am Ausgang.

„Ich danke euch, daß Ihr die Mädchen begleitet habt. Die beiden waren plötzlich verschwunden", sagte der Oberstleutnant.

„Na, Ihr Poussierstengel, kommt Ihr auch endlich", wurden sie von den Kameraden empfangen.

Dann ging es zur Unterkunft. Es war 1 Uhr.

Eines Morgens wurden die Lehrlinge in den Unterrichtsraum beordert, und der Oberfeldwebel teilte ihnen mit: „Euer ehemaliger Gebietsführer Werner Bockelmann ist nach einer schweren Verletzung im Lazarett gestorben. Um 14 Uhr ist die Trauerfeier und Beisetzung. Ihr bildet die Ehrenformation. Karl Heinz, Helmut, Heinz, Hans Joachim, Rolf und Werner tragen den Sarg und halten die Ehrenwache. Macht euch stadtfein! Ein Bus fährt euch in die Stadt."

Das war ein trauriger Anlaß, in die Stadt zu kommen. Für die Jungen aus der Stadt war Werner ein guter Kamerad gewesen. Sein Tod traf sie hart.

„Das ist der Krieg", kommentierte Helmut diese Nachricht.

Pünktlich trafen sie am Friedhof ein. Die Abkommandierten postierten sich rechts und links neben dem mit der Gebietsfahne und Blumen geschmückten Sarg. Dann kamen die Trauergäste. In der ersten Reihe in der Kapelle saß die Familie. Auch Werners Schwester Christa, mit der Rolf und seine Kameraden befreundet waren.

Der Pastor der Marienkirche hielt die Trauerpredigt. Danach ging es zur Beisetzung. Dieser Teil des Friedhofs war neu angelegt. Werners Grab lag auf einem Hügel. Ringsum standen Kiefern. Es war ein sonniger Tag.

Rolf und seine Freunde trugen den Sarg auf den Hügel und stellten ihn ab. In strammer Haltung blieben sie stehen. Der Stadtkommandant und der Gebietsführer hielten eine Ansprache. Ein Fanfarenzug spielte, die Fahnen senkten sich, und der Sarg mit dem Freund wurde in die Gruft gesenkt. Den Jungen liefen die Tränen über das Gesicht, doch sie schämten sich dieser Tränen nicht.

Nach vielen Jahren besuchte Rolf noch einmal diesen Friedhof. Seine Mutter hatte hier die letzte Ruhestätte gefunden. Aber Werners Grab fand er nicht.

„Wenn alle untreu werden,
So bleiben wir doch treu,
Daß immerdar auf Erden
Für euch ein Fähnlein sei.
Gefährten unsrer Jugend,
Ihr Bilder bess'rer Zeit,
Die uns zu Männertugend
Und Liebestod geweiht."

Wie wir wissen, bekamen die Lehrlinge in der Berufsschule von ihrem Lehrer immer besondere Aufgaben. Verständlicherweise waren die Jungen aus der Stadt etwas neidisch auf die besseren Leistungen der Fliegerhorstleute. Bei einer Prüfungsarbeit, die beide Gruppen gemeinsam schreiben sollten, gab es Streit.

„Es ist eine Gemeinheit, daß die Fliegerhorstleute die gleiche Arbeit schreiben wie wir! Sie wissen doch, daß diese Brüder jeden Tag Unterricht haben und besser sein müssen als wir", beschwerte sich Herbert beim Klassenlehrer.

Der Lehrer war anderer Meinung: „Ihr habt dieses Thema gemeinsam bearbeitet", sagte er. „Wenn Ihr zu faul zum Lernen seid, kann ich das nicht ändern. Eure Meister sollen euch mehr heranziehen!"

Ein allgemeines Gemurmel ging durch die Klasse. Rolf stieß seinen Nachbarn Wolfgang an und meinte: „Herbert hat recht. Wir sind viel besser ausgebildet und hauen die Arbeit doch im Schlaf hin!"

Inzwischen teilte der Lehrer die Fragen aus. „Kein Palaver! Jetzt könnt Ihr zeigen, was Ihr könnt!"

Plötzlich stand Wolfgang auf: „Herr Lehrer (Der Name ist uns bekannt, tut aber nichts zur Sache. Bleiben wir bei der Bezeichnung 'Lehrer'.), wir wollen eine andere Arbeit schreiben! Es ist wirklich ungerecht, wenn wir diese für uns leichten Fragen beantworten sollen."

„Bravo", ertönte es. „Ihr Fliegerhorstleute seid doch dufte Kameraden!"

„Ruhe, hier bestimme ich", rief der Lehrer in die aufgeregte Klasse. „Gerade Ihr Halbsoldaten solltet wissen, daß ein Befehl befolgt werden muß!"

„Aber ein derart ungerechter Befehl nicht!" rief Rolf.

„Keine Widerworte, die Arbeit wird geschrieben!"

Jetzt wurde Wolfgang, der eigentlich ein Musterschüler war, aber böse: „Wir schreiben die Arbeit, sind aber unter Garantie schlechter als unsere Kameraden!"

„Solltet Ihr eine schlechte Arbeit schreiben, werde ich euch dem Gebietsführer melden", schimpfte der Lehrer.

„Sie mit Ihrem Rettungsring können uns nicht schrecken", konterte Wolfgang.

„Das gibt gewaltigen Ärger", flüsterte Rolf. – Man muß wissen, daß mit Rettungsring das Parteiabzeichen gemeint war.

„Ihr schreibt jetzt die Arbeit, und wenn Ihr fertig seid, geht Ihr nach Hause!" Wutentbrannt verließ der Lehrer die Klasse.

Schweigend machten die Jungens sich an die Arbeit. Die Lehrlinge wußten, daß diese Episode ein Nachspiel haben würde. Ohne ein Wort zu sagen, verließen die Schüler nach der Arbeit gemeinsam die Klasse. Die Stadtjungen reichten ihren Kameraden die Hand.

Wie zu erwarten war, kam am anderen Morgen ein großes Donnerwetter. Major Müller, der Kreisleiter und der Gebietsführer verdonnerten die Lehrlinge, daß sie immer kleiner wurden. Der Kreisleiter war über Wolfgangs Äußerung empört und verlangte eine Bestrafung. Wolfgang sollte die Lehre abbrechen. Dem Gebietsführer war gar nicht wohl in seiner Haut.

Karl Heinz meldete sich zu Wort: „Herr Kreisleiter, wir wollen alle bestraft werden! Wir haben Wolfgang unterstützt. Ohne unsere Anstiftung wäre er nicht so wütend geworden."

„Ich kann keine Kollektivstrafe verhängen, aber ich werde eure Bestrafung Major Müller, als eurem Vorgesetzten, übertragen", zog sich der Kreisleiter aus der Schlinge. „Ich habe eine Sitzung und kann mich nicht länger hier aufhalten." Und schon war er verschwunden.

„Was mache ich nur mit euch? Ihr seid schon eine verdammte Bande! Wolfgang ist etwas zu weit gegangen. Daß der Kreisleiter die Meldung nicht weitergegeben hat, ist Wolfgangs Glück. Aber wo kann ich euch nützlich einsetzen?" überlegte der Major.

„Wie ist die Arbeit denn ausgefallen", fragte der Gebietsführer. „Sicher doch sehr gut?"

„Nee, ich glaube, wir hatten einen schlechten Tag und haben die Arbeit total in den Sand gesetzt", tat Rolf enttäuscht.

„Ich habe auch nichts anderes erwartet, Ihr seid eben gute Kameraden. Ich bin stolz auf euch", lobte der Gebietsführer.

„Damit ist die Frage der Bestrafung aber noch nicht gelöst. Das war ja fast das Gegenteil", schmunzelte Major Müller.

„Wir werden den Auftrag der Junkers-Werke für die Herstellung von Zellenersatzteilen annehmen. Die Jungens werden sich freuen, einen so wichtigen Rüstungsauftrag nach der Dienstzeit und Sonnabendnachmittag auszuführen", schaltete sich Meister Paul ein.

„Genehmigt! Ich melde der Kreisleitung von diesem zusätzlichen Rüstungsauftrag. Das gibt wieder Pluspunkte für euch!"

Der Major und der Gebietsführer verabschiedeten sich. Im Weggehen ermahnte der Major die Jungens: „Macht keine Dummheiten mehr; immer geht es nicht so glimpflich ab!"

„Mann, das hätte gewaltig ins Auge gehen können! Der Major ist ein Pfundskerl", atmete Heinz auf.

„Daß der Kreisleiter die Meldung nicht weitergeleitet hat, war auch nicht schlecht", kommentierte Helmut.

„Beim Gebietsführer sind wir aber gut angeschrieben. Beim Meister müssen wir uns auch für die Hilfe bedanken", schloß Rolf dieses Kapitel.

Über Wolfgang ist noch zu berichten, daß er gut zeichnen konnte. An ein Bild erinnert sich der Chronist noch besonders gut. Es war der „Postillon von Longjumeau".

„Wollt nimmer von uns weichen,
Uns immer nahe sein,
Treu wie die deutschen Eichen,
Wie Mond und Sonnenschein.
Einst wird es wieder helle
In aller Brüder Sinn –
Sie kehren zu der Quelle
In Liebe und Treue hin."

Im Oktober 1943 wird Meister Paul Soldat. Die Lehrlinge konnten es nicht fassen. „Warum müssen die uns unseren Meister wegnehmen", wunderte sich Hans.

„Wer weiß, wen die uns bringen! Besser als Meister Paul ist der Neue bestimmt nicht", zweifelte Fritz.

„Abwarten, vielleicht ist alles halb so schlimm", glättete Heinz die Wogen.

Karl Heinz war ganz anderer Meinung: „Unser Meister war klasse, wir mochten ihn. Der Neue muß entweder viel älter sein, oder er ist ein Drückeberger und Parteifreund. Na, dann viel Spaß!"

Der neue Meister war jünger. Die Jungen mochten ihn nicht, und er fand auch nicht ihr Vertrauen. Hinzu kam ein neuer Geselle, der ebenso unbeliebt war. Es gibt halt Menschen, die man mag, und andere, die man nicht mag. Die Lehrlinge mußten sich mit dieser Tatsache vertraut machen.

Major Müller kommentierte es Rolf gegenüber so: „Meister Paul war euer Freund; zu ihm hattet Ihr Vertrauen. Den Wechsel kann ich mir auch nicht erklären. Ich vermute, daß Meister Ochs gute Beziehungen hat. Richtet euch danach und macht keine Dummheiten! Ich kann euch nicht immer heraushauen." Dieses Gespräch fand im Büro von Rolfs Mutter in der Kommandantur statt.

„Herr Major, die Jungens werden schon mit der neuen Situation fertig", meinte Oberfeldwebel Wolf. „Sie haben das Zeug zu guten Facharbeitern, und Meister Paul hat ihnen Selbstvertrauen beigebracht. Kriecher werden das bestimmt nicht! – Macht eure Arbeit, wie Ihr es gewohnt seid", riet er den Lehrlingen eindringlich. Oberfeldwebel Wolf war Ausbilder in der Nachrichtentruppe mit Fronterfahrung – EK I und Verwundetenabzeichen.

Unteroffizier Witt zog an seiner Pfeife, daß sie schmorgelte, und meinte: „Macht den Jungens keine Angst! Die sind goldrichtig und werden es schon meistern. Aber was anderes: Was machen wir am Sonntag? Ich schlage vor: Treffen um 13 Uhr bei Haupthelferin Gertrud (Rolfs Mutter) und Abmarsch nach Cheine zu Lampe!"

„Abgemacht", stimmte Major Müller zu.

Plötzlich ertönte Maschinengewehrfeuer. Dumpfe Abschüsse von Bordkanonen mischten sich in dieses Konzert der Vernichtung.

„Hinrotzen!" rief Unteroffizier Witt, und schon lagen alle auf dem Fußboden. Keinen Augenblick zu früh! Die Fensterscheiben zersplitterten, und die Geschosse platzten in die den Fenstern gegenüberliegende Wand.

Der Putz flog den Liegenden um die Ohren. Mit lautem Getöse donnerten die feindlichen Flugzeuge über das Gebäude.

„Verdammt, das war knapp, wie leicht hätte das ins Auge gehen können! Meine Pfeife ist auch ausgegangen", beschwerte sich Unteroffizier Witt über diesen Zwischenfall. „Alles aufstehen, die kommen nicht wieder!"

„Warum hat die Flugleitung keine Meldung gemacht? Haben die Brüder geschlafen?" wunderte sich Major Müller.

„Der Einflug wurde gemeldet", verteidigte Oberfeldwebel Wolf seine Kameraden von der Flugleitung.

„Na gut! Wir treffen uns also am Sonntag um 13 Uhr bei unserer Haupthelferin. Jeder bringt eine Kleinigkeit mit! Wir wollen uns mal wieder einen gemütlichen Nachmittag machen! Hoffentlich ist schönes Wetter! Wolf, entsprechenden Auftrag bei Petrus erteilen! So, und schon geht es wieder an die Arbeit", verabschiedete sich der Major.

Pünktlich trafen sich Major Müller mit seiner Frau, Hauptmann Geiger, der Leiter der LN-Stelle, Oberfeldwebel Wolf, Unteroffizier Witt, Herta Gelzenleuchter und Irmgard Schuster bei Rolfs Mutter. Gertrud und Rolf waren inzwischen vom Nordbockhorn in die Neutorstraße umgezogen.

Wie befohlen, war herrlicher Sonnenschein. Frohgemut wanderte die Gruppe die Neutorstraße bis zum Altstadtbahnhof. Von dort ging es auf dem Radweg weiter bis zur Warthe. Hier kreuzte die Bahnlinie nach Diesdorf den Weg.

„Leute, wir kürzen den Weg ab und wandern auf den Schienen weiter", schlug Major Müller vor.

Von Schwelle zu Schwelle ging es, von lustigen Gesprächen begleitet, weiter. Nach eineinhalb Stunden trafen die Wanderer bei Gastwirt Lampe in Chemnitz ein.

„Hallo Lampe, schmeiß eine Schaufel Kohlen auf den Herd und setze einen Kessel mit Wasser auf!" rief Unteroffizier Witt.

„Habe ich einen Kaffeedurst! Das Laufen auf den Schwellen strengt doch an", meinte Frau Müller.

„So dollen Appetit auf Muckefuck (Kaffee-Ersatz) habe ich nun auch wieder nicht", wandte Oberfeldwebel Wolf ein.

„Na, was würdet Ihr müden Krieger ohne Unteroffizier Witt machen? Als guter Organisator habe ich natürlich einige echte Böhnchen besorgt!"

Rolfs Mutter hatte einen Kuchen gebacken. „Oh, ist das ein himmlischer Duft", schwärmte Helga, als Frau Lampe mit dem Kaffee in die Stube kam.

Es wurde eine gemütliche Kaffeerunde. Natürlich nahmen die Lampes daran teil.

„Lampe, hol die Flasche und die Gläser", schlug Oberfeldwebel Wolf vor. Ein guter Tropfen kam auf den Tisch. Frau Müller setzte sich ans Klavier und spielte lustige Weisen. Es wurde kräftig mitgesungen.

In einer Pause zum Luftholen sagte Hauptmann Geiger beiläufig: „Nächste Woche kommt wieder Leben auf den Platz!"

„Was soll denn das heißen?" fragte Major Müller.

„Das Jagdgeschwader 3 Udet wird auf unseren Platz verlegt", antwortete Hauptmann Geiger.

„Die Nachrichtenleute hören eben das Gras wachsen und die Flöhe husten", sagte Unteroffizier Witt. „Die Sturmstaffel soll uns auch beehren. Mein lieber Mann, da kommt Leben in die Bude!"

„Mein Verlobter ist Pilot bei der Sturmstaffel, dann sind wir endlich länger beisammen", freute sich Irmgard Schuster.

„Beim Jagdgeschwader Udet war ich bis zu meiner Verwundung Staffelkapitän. Vielleicht kann ich bald wieder fliegen", überlegte der Major.

Seine Frau war damit natürlich nicht einverstanden: „Nur das nicht!"

„Es ist Krieg. Ob wir wollen oder nicht, wir müssen unser Vaterland verteidigen. Aber laßt uns den Krieg noch für eine Stunde vergessen!"

Eine gedrückte Stimmung blieb. Nach einem leckeren Abendessen ging es wieder zur Stadt. Es war eine klare, kalte Nacht. Die Sterne funkelten. Am Himmel zogen die viermotorigen Feindbomber einer deutschen Stadt entgegen, um ihre tödliche Last abzuladen.

Es sollte gesagt werden, daß Major Müller Ritterkreuzträger war.

„Es haben wohl gerungen
Die Helden dieser Frist,
Und nun der Sieg gelungen,
Übt Satan neue List.
Doch wie sich auch gestalten
Im Leben mag die Zeit:
Du sollst mir nicht veralten,
O Traum der Herrlichkeit."

Uffz Lampe, Haupthelferin Gertrud, Frl. Gelzenleuchter, Hptm. Geiger

Hauptmann Geiger behielt recht. Das Bodenpersonal kam mit Sack und Pack angereist. Es herrschte ein emsiges Treiben. Bei der Verlegung eines Geschwaders gab es immer viel Unruhe. Alles mußte schnell gehen. Die Unterkünfte mußten belegt, Abstellplätze für die Flugzeuge geschaffen und die Halle hergerichtet werden. Große Tankfahrzeuge füllten die Tankanlagen.

An einem Vormittag lag ein Dröhnen in der Luft.

„Was liegt an?" fragte Rolf.

„Hörst du es nicht? Das ist Motorengeräusch!"

Inzwischen waren die anderen Kameraden aufmerksam geworden.

„Mensch, das Geschwader kommt!" rief Fritz. „Das müssen wir sehen!"

Wolfgang fragte den Meister, ob sie Urlaub bekämen, und der erteilte seine Genehmigung. So schnell waren die Lehrlinge noch nie am Rollfeld!

Das Motorengeräusch schwoll immer mehr an. Die Luft vibrierte.

„Da kommen sie", rief einer.

Die Rollfeldringstraße war voller Menschen. Jeder Soldat oder Angestellte, der es ermöglichen konnte, wollte sich dieses Schauspiel nicht entgehen lassen.

„Was meinst du, was passiert, wenn jetzt der Tommy kommt", unkte Werner.

„Die hätten eine gute Ernte!"

„Das fehlte noch. Sehr euch das an! Wie wollen die hier alle Platz finden", fragte Bodo.

Das Geschwader mit seinen Me 109 (Messerschmidt) überflog den Platz. In einer weiten Schleife zog es sich auseinander und die Maschinen landeten nacheinander und rollten, geleitet von Einweisern, in die Boxen.

Zwei Tage später fiel die Sturmstaffel mit ihren FW 190 (Focke Wulf) in den Platz ein. Im Tiefflug rasten die Flugzeuge über das Rollfeld. Vor der Kommandantur zogen die Piloten ihre Maschinen hoch und flogen eine große Schleife, bevor sie landeten. Unsere Freunde standen natürlich wieder am Rollfeld.

Rolf stand neben Irmgard, die sich auch eingefunden hatte. Mit strahlenden Augen sah sie zu den Flugzeugen auf.

„Mein Werner ist auch dabei", freute sich das junge Mädchen.

„Komm, wir begrüßen deinen Schatz", schlug Rolf vor.

Irmgard zögerte: „Das dürfen wir doch nicht! Du kennst doch auch nicht seinen Liegeplatz."

„Holzauge, sei wachsam", gab Rolf an. „Ein Lehrling hat Beziehungen und weiß fast alles!"

Natürlich hatten die Lehrlinge sich schon mit den Soldaten vom Bodenpersonal angefreundet. Somit wußte Rolf auch den Liegeplatz der Sturmstaffel.

Sie kamen gerade an, als die Flugzeuge ausrollten.

„Jetzt müssen wir warten, bis die Piloten ausgestiegen sind. Ich kann Werner nicht erkennen!"

„Ich weiß, welche Nummer seine Maschine hat. Es ist die '9', also meine Maschine."

Oberleutnant Karsten kletterte aus dem Pilotensitz und stand staunend vor seiner Braut. Mit Tränen der Freude in den Augen umarmte sie ihren Werner.

„Dies ist mein Freund und Beschützer Rolf."

So entstand eine Kameradschaft zwischen dem Piloten und dem Lehrling.

Eines Tages bekam Rolf Zahnschmerzen. Also marschierte er in die Stadt zum Zahnarzt, dessen Praxis gleich in dem Haus war, in dem er und seine Mutter wohnten.

„Na, mein Junge, wo ist denn dein Wehwehchen? Ach, herrje! Da müssen wir gleich einmal bohren", meinte der alte Herr.

Also Kopf an die Nackenstütze, der Zahnarzt setzte den Bohrer an. – Nichts!

„Verdammt, der Strom ist ausgefallen! Aber macht nichts. Nebenan habe ich noch eine alte Maschine mit Fußantrieb aus dem Ersten Weltkrieg. Mal sehen, ob die noch funktioniert!"

„Ausgerechnet bei mir wollen Sie das ausprobieren? Ich komme lieber morgen wieder."

„Stell dich nicht so an! Alles halb so wild, es wird schon gehen."

Mit schlotternden Beinen ging Rolf in das Nebenzimmer und setzte sich in den Behandlungsstuhl. Wenn das nur gutgeht, dachte er und schloß die Augen. – Herr Schramm setzte den Bohrer an. Es ging. Ein paarmal blieb der Bohrer allerdings im Zahn stecken, aber nach einigen Mühen war das Loch wieder geschlossen.

„Na bitte, das klappt doch bestens", sagte der Arzt und lachte.

Unserem Freund war gar nicht zum Lachen zumute, aber wenigstens ließen die Zahnschmerzen nach.

Inzwischen war es Zeit zum Abendessen geworden. Eine Tür weiter saß Rolfs Mutter am Tisch.

„Prima", sagte Rolf, als er eintrat, „da kann ich ja gleich mitessen. Habe ich einen Kohldampf!"

„Du weißt doch, daß du zwei Stunden nichts essen darfst", entgegnete seine Mutter. „Mach dich auf den Weg, damit du zum Zapfenstreich in der Unterkunft bist!"

„Bei dem Regen bleib' ich lieber zu Hause. Meinen Mantel habe ich auf dem Fliegerhorst gelassen."

„Zieh meinen Mantel an! Morgen bringst du ihn mir in die Kommandantur."

So wurde es gemacht. Über seine Uniform zog Rolf den Dienstmantel seiner Mutter. Etwas klein war er ja. Aber in der Dunkelheit fiel es nicht auf. An den Ärmeln waren zwei silberne „Kolbenringe" angebracht, die die Kompaniefeldwebel – genannt Spieße – trugen.

Rolf marschierte also los. Durch den Nieselregen ging es zur Stadt hinaus. Mürrisch machte der Wachtposten das Tor auf, als Rolf angetrottet kam, beide Hände in den Manteltaschen vergraben. Stramm grüßte der Posten, als er die Ärmelstreifen sah. Wie gesagt, es regnete und war sehr ungemütlich. Ein kurzer Blick auf den Dienstausweis, und Rolf konnte passieren.

„Na, Kumpel, saublödes Wetter, was? Da werden uns die Kameraden von der anderen Feldpostnummer in Ruhe lassen. Schlaf schön weiter", frotzelte Rolf.

„Du verdammter Lümmel", fluchte der Posen, „mich so zu veräppeln! Zieht der Knabe den Mantel seiner Mutter an und mimt den Spieß! Bursche, an diesem Streich wirst du noch zu knabbern haben!"

„Stell dich nicht so an! Bei dem Regen wollte ich nicht ohne Mantel losziehen. Hättest ja die Augen aufmachen können! Schlafen auf Wache ist verboten!"

„Auch noch frech werden, was? Bist du aus Zucker? Das bißchen Regen kann dir doch nichts anhaben! Ihr Lehrlinge habt doch sonst eine große Klappe! Ab heute bist du ein Blitzmädel! Und jetzt mach, daß du in dein Bett kommst! Schlaf schön, mein Mädchen!"

„Blödmann", murmelte Rolf und ging zur Unterkunft. Der Soldat machte seine Drohung wahr. Von jetzt an war unser Freund für die Werftabteilung und die Fliegerhorstgruppe ein „Blitzmädchen".

Jede freie Minute waren die älteren Lehrlinge bei ihren Piloten und deren Betreuer. Sie wollten ja selbst einmal Piloten werden. Die Bordwarte hatten viel Geduld und beantworteten viele Fragen.

Es wurde an diesen Herbsttagen schon früh dunkel, und so blieb nach Feierabend nicht viel Zeit für lange Gespräche. Die Soldaten waren auch froh, wenn sie sich verziehen konnten.

Täglich wurden Einsätze geflogen. Wieder war die Sturmstaffel gestartet. Ein Bomberpulk war mit Kurs auf Berlin gemeldet. Er würde die kleine Stadt am Rande der Schwarzen Berge überfliegen.

Die Staffel war auf Höhe gegangen und wartete über dem Pulk Viermotz (viermotorige Bomber) auf eine günstige Angriffsposition. Plötzlich stürzten die FW 190 in den Pulk hinein. Die Bordwaffen sprachen ihre tödliche Sprache.

„Ist das eine Freude!"

„Gut so, Jungens!"

„Die purzeln wie reifes Obst herunter!"

Einige Bombenflugzeuge stürzten brennend ab und zerschellten mit gewaltigem Krach am Boden. Angeschossene Flugzeuge warfen im Notwurf ihre Bomben und versuchten zu entkommen.

„Da, eine FW brennt!" rief Joachim. „Sie stürzt!"

„Steig aus, du schaffst es noch!"

Der Pilot schaffte es nicht mehr.

„Wer mag das gewesen sein?" fragte Helmut.

„Wir werden es nachher schon erfahren", antwortete Hans.

„Mensch, was macht der Blödmann denn? Der Knabe fliegt doch viel zu dicht heran! Gleich rammt er den großen Vogel!" rief Rolf.

Und so geschah es auch. Eine FW 190 hatte sich an einen vom Pulk abgedrängten Feindbomber, der sehr an Höhe verloren hatte, herangepirscht. Mit seiner Luftschraube zerhackte der Pilot das Seitenleitwerk des Bombenflugzeugs.

„Wieder einer weniger! Das war eine Meisterleistung", lobte Karl Heinz.

„Aber verdammt leichtsinnig! Wie hat die Luftschraube diese Belastung nur überstanden? Dem Piloten werde ich mal eine gehörige Standpauke halten!"

„Aber Rolf, die Luftschraube ist doch verstärkt", belehrte Joachim seinen Freund. „Aber gib es deinem Freund Werner nur! Irmgard wird es dir danken." – Tatsächlich: Die große '9' am Rumpf war jetzt deutlich zu erkennen. Klar, daß Rolf „seinem Piloten" die Meinung sagte.

„Rolf, ich danke dir für deine Fürsorge. Aber ich hatte keine Munition mehr, und der Vogel flog mir gerade vor die Flinte. Was sollte ich da machen? Also ran und rammen! Sage aber Irmgard nichts!"

„Ehrensache", versprach Rolf.

Irmgard hat es aber doch erfahren. Eine große Leistung spricht sich schnell herum.

Der abgestürzte Pilot war Oberfeldwebel Hintze, Werners Pilot.

„Es kam eine neue Maschine.
Es kam ein neuer Pilot.
Scheiß Krieg!

Sei tapfer im Leben,
tu deine Pflicht;
zeige dem Tag kein Sorgengesicht.
Über den Sternen hält einer die Wacht,
der fügt es oft anders,
als du dir's gedacht."

Wie wir wissen, machten die Lehrlinge auch Schweißarbeiten. Die Preßluftflaschen mußten natürlich ausgetauscht werden, ebenso die Gasflaschen. Meister Ochs schickte Rolf und Karl Heinz mit der Karre los, neue Preßluftflaschen zu holen.

„Verdammt kalt heute", sagte Rolf schlotternd.

„Stell dich nicht so an! Gelobt sei, was hart macht", konterte Karl Heinz.

„Prima Flugwetter! Sind schon Einflüge gemeldet?" fragte Rolf.

„Klar, eine Staffel FW 190 ist schon gestartet", antwortete Karl Heinz.

Der Weg der beiden führte von der Werkstatt in östlicher Richtung am Rande eines Kuschelgeländes auf der rechten Seite und an einer Kiesgrube auf der linken Seite vorbei zur Preßluftbude, die hundert Meter vor der Halle II stand.

Rolf und Karl Heinz tauschten die Flaschen aus und wollten sich auf den Rückweg machen. Da ertönte plötzlich Flugzeuglärm.

Die beiden Jungen sahen nach oben. Im glasklaren Himmel tummelten sich drei Flugzeuge. Eine FW 190 verfolgte eine englische Maschine. Der Rottenkamerad des Engländers versuchte, hinter die Focke Wulf zu kommen.

„Der geht aber dicht ran", stellte Karl Heinz fest.

„Gleich hat er ihn, aber der andere Tommy hängt sich hinter die FW!"

Bordwaffenfeuer durchdrang den Wintermorgen. Aus der Feindmaschine schlugen Flammen, das Flugzeug trudelte und stürzte ab.

Inzwischen saß die zweite Mustang der FW im Nacken.

„Mensch, das ist ja meine Maschine!" rief Rolf. – Die große '9' am Rumpf war zu sehen.

„Drück weg, Junge!"

Als hätte Oberleutnant Karsten es gehört, stellte er seine Maschine auf den Kopf und raste im Sturzflug auf die Lehrlinge zu. Dicht vor der Halle II zog er das Flugzeug hoch und hüpfte knapp über das Dach. Hinter der Halle drückte der Pilot die Maschine etwas an und gewann dann wieder an Höhe.

Man kann den Vorgang nicht so schnell schildern, wie er sich abspielte.

Die Mustang hinter der FW 190 her.

„Anziehen, du Blödmann!" rief Rolf.

„Der Anfänger knallt voll in die Halle! Volle Deckung!" schrie Karl Heinz. Die beiden Jungen warfen sich an die Wegböschung.

Ein gewaltiger Knall; eine riesige Feuersäule stieg auf, und Einzelteile des Flugzeugs flogen den Freunden um die Ohren.

„Das hätte ins Auge gehen können", stellte Rolf fest.

„Warum zieht der Tommy auch nicht hoch?" fragte Karl Heinz.

„Der hat eben kein vernickeltes Augenmaß", kommentierte Rolf den Zwischenfall.

Die Horstfeuerwehr löschte den Brand. Oberleutnant Karsten überflog wackelnd den Platz und landete.

„Morgen dürfen wir wieder eine Ehrenformation stellen, bloß weil so ein Parteiheini eine Rede halten will", meinte Karl Heinz beiläufig.

„Und das am Sonnabend!" Rolf war nicht begeistert.

„Aber sind bei uns nicht Beförderungen fällig?"

Unsere Freunde brachten die Preßluftflaschen in die Werkstatt.

*„Frei ist nur das Volk,
das stark genug ist,
seine Freiheit zu behaupten."*

Sonnabend. Die Werkstatt und die Unterkunft waren gereinigt, das Mittagessen eingenommen.

„Lehrlinge raustreten!" Die drei Lehrjahre standen in ihren schmucken Uniformen vor der Unterkunftsbaracke.

Scharführer Klaus musterte seine Kameraden. „Na ja, Ihr seht ja ganz ansehnlich aus. Dann kann ich euch auch unbedenklich mit in die Stadt nehmen."

„Gib nicht so an, du willst mit uns doch nur Eindruck schinden bei deiner Hildegard!" – „Hoffentlich dauert die Ansprache nicht so lange!" So schwirrten die Reden durcheinander.

„Können wir gleich in der Stadt bleiben?" fragte Helmut.

„Mal sehen, was der Oberfeldwebel sagt", antwortete Klaus.

„So, Ihr Pfeifen, benehmt euch mal wie ordentliche Leute, auch wenn es schwerfällt!"

„Lehrlinge, stillgestanden!"

„Richt' euch!"

„Augen geradeaus!"

„Zur Meldung an den Oberfeldwebel die Augen links!"

„Herr Oberfeldwebel, ich melde die Lehrlinge zum Abmarsch in die Stadt!"

„Danke. Augen geradeaus; rührt euch! Zeigt euren Kameraden in der Stadt, daß Ihr besser seid, und macht mir keine Schande! Legt euch aber nicht mit ihnen an und verdreht den Mädchen nicht die Köpfe! – Klaus, übernimm den Haufen!"

Klaus fragte den Oberfeldwebel noch, ob sie nach der Veranstaltung gleich in der Stadt bleiben und den Wochenendurlaub antreten könnten.

Die Erlaubnis wurde erteilt.

„Lehrlinge, stillgestanden! Rechts um! Im Gleichschritt marsch!"

Es versteht sich von selbst, daß im Fliegerhorst ein Lied geschmettert wurde.

Auf der Straße zur Stadt wurde die Formation etwas gelockert. Erst am Stadtrand wurde es wieder zackig. Der Marsch ging durch den Perver, durch das Neuperver Tor, am Haus der Jugend vorbei, durch die Adolf-Hitler-Straße zum Gymnasium.

Neupervertor

Die Aula hatte sich bereits gefüllt. Einheiten des BdM (Bund deutscher Mädel) und der HJ saßen neben Beamten der Stadtverwaltung und Offizieren. Auf der Bühne, die mit Blumen geschmückt war, stand eine Fahnengruppe. Die Lehrlinge setzten sich auf ihre Plätze.

Helmut, Karl Heinz und Rolf mußten in der ersten Reihe Platz nehmen.

„Was haben wir denn nun schon wieder ausgefressen, daß wir hier vorne sitzen müssen?" wunderte sich Rolf. Er hatte aber Glück und bekam den Stuhl neben Anneliese, seiner neuen Flamme.

Der Fanfarenzug schmetterte einen Marsch.

Der Kreisleiter würdigte den heldenhaften Kampf der deutschen Wehrmacht und drückte seine Freude aus, daß das Jagdgeschwader Udet und die Sturmstaffel auf dem Fliegerhorst stationiert seien. Einem Sohn der kleinen Stadt in der Altmark war das Ritterkreuz verliehen worden.

„Der kann gut reden; von uns sagt der gar nichts", maulte Karl Heinz.

„Laß nur! Wenn wir erst unsere Orden bekommen, wird er vor Neid erblassen", flüsterte Rolf.

Noch einmal zeigte der Fanfarenzug sein Können.

General Freiherr von Biedermann schilderte die Geschichte des Fliegerhorstes. Neben der Luftwaffe war auch ein Regiment Infanterie – die 93er – am anderen Ende der Stadt stationiert.

Mitten in der Ansprache des Generals kippte ein junger Fahnenträger um. Rolf und Helmut sprangen hinzu und fingen den Jungen und die Fahne auf. Karl Heinz hatte schnell reagiert und trug den Kameraden gemeinsam mit Helmut aus dem Saal, wo Sanitäter sich des Kranken annahmen. Rolf stellte sich mit der Fahne in die Lücke der Fahnenträger. Der General sah kurz zu unseren Freunden herüber und sprach ohne Unterbrechung weiter. Dann kam Anneliese auf die Bühne und sagte ein Gedicht von Martin Lippold auf:

„Der Heimat Duft.
Da, wo der erste Kuß mir ward,
Lag nachtschwarz rings das Land;
Es duftete der Wald so zart
Nach Kiefern, Harz und Sand.

Ein leiser Laut schwang im Gebüsch,
Als Mund und Mund sich fand;
Ihr Atem war so warm und frisch
Wie Kiefern, Harz und Sand.

Lang ist es her; es füllte sich
Das Leben bis zum Rand;
Doch immer wieder zog es mich
Zu Kiefern, Harz und Sand.

Und wo ich seh' in milder Luft
Verliebte Hand in Hand,
Weht wie von fern ein froher Duft
Von Kiefern, Harz und Sand."

Viele Soldaten wurden bei diesem Gedicht, vorgetragen von einem hübschen, jungen Mädchen, an ihre Heimat erinnert.
Jetzt befahl der Gebietsführer Karl Heinz, Helmut und Rolf auf die Bühne. Karl Heinz und Helmut standen in strammer Haltung vor ihrem Gebietsführer. Rolf blieb natürlich mit seiner Fahne stehen.
„Sehr geehrte Damen und Herren, Herr General, meine Herren, liebe Kameraden! Es ist mir eine ganz besondere Freude, diese Jungen auszuzeichnen. Wie viele von ihnen wissen, haben die Lehrlinge vom Fliegerhorst so manchen Streich verzapft, aber auch bei der Arbeit außergewöhnliche Leistungen gezeigt. Die Jungen können gefordert werden, und wir können uns auf sie verlassen. Ich befördere die Kameraden Karl Heinz, Helmut und Rolf zu Kameradschaftsführern!"
Die Urkunden und die rot-weiße Schnur wurden überreicht.
„Ich gratuliere euch recht herzlich. Bleibt so, wie Ihr seid!"
Auch Rolf erhielt auf seinem Posten die Urkunde.
Jetzt sprach der Gebietsführer noch einige Worte über den Wert der Heimat und gratulierte Hauptmann Behlau, seinem Freund, zur Verleihung des Ritterkreuzes. Unseren Freunden war der Pilot und Staffelkapitän gut bekannt. Ein gemeinsamer Gesang des Deutschlandliedes beendete die Feierstunde. Unter dem Spiel des Fanfarenzuges zog die Fahnengruppe aus dem Saal.
Die Lehrlinge sammelten sich auf dem Schulhof.
„Kameraden, wir haben mal wieder alles gerettet", freute sich Klaus.
„General von links!" rief Hans.
„Lehrlinge, Achtung", befahl Klaus.
Der General winkte ab und kam mit dem Kreisleiter, Hauptmann Behlau und dem Gebietsführer auf die Jungen zu. „Jungens, ich bin stolz auf euch! In jeder Situation kann man sich auf euch verlassen!"
„Ich weiß doch, warum ich euch bei besonderen Anlässen anfordere! Ihr seid schon klasse", freute sich der Gebietsführer.
Als die Führungsspitze gegangen war, warf sich Karl Heinz in die Brust: „Na, Jungens, wie stehen wir da? Wenn Ihr uns drei Goldjungen nicht gehabt hättet...!"
„Angeber", frotzelte Werner, „seht zu, daß Ihr Land gewinnt! Eure Liebsten warten schon."
Die Lehrlinge verabschiedeten sich voneinander. Jeder ging seines Weges. Ein Teil ging zum Bahnhof.

Anneliese wartete an der Straße auf Rolf. Inzwischen war es dunkel geworden. Die ersten Sterne funkelten.

„Gehen wir noch durchs Birkenwäldchen?" fragte Rolf schüchtern.

„Ja, gerne. Es ist ein so schöner Tag gewesen. Die Feier für Hauptmann Behlau erinnerte mich daran, daß du auch eines Tages Soldat werden mußt. Der Gedanke macht mich traurig. Ich habe geweint."

„Aber Anneliese, meinetwegen darfst du doch nicht weinen! Es ist ja auch noch etwas Zeit. Wir vom ersten Lehrjahr haben uns zwar freiwillig zum fliegenden Personal gemeldet, aber die wollen uns noch nicht. Wir haben die gute Ausbildung und sollen erst in der Werft zur Reparatur der Flugzeuge eingesetzt werden."

„Hoffentlich ist, bis du eingezogen wirst, der Krieg zu Ende! Es ist schrecklich; so viele Bekannte sind schon gefallen. Denke nur an Werner!"

„Ja, der Krieg ist fürchterlich. Aber wir müssen unser Vaterland verteidigen! Jeder muß bereit sein, seine Pflicht zu erfüllen!"

Inzwischen gingen die beiden durchs Birkenwäldchen. Die Kälte spürten sie nicht. Rolf hatte einen Arm um Annelieses Schulter gelegt.

Plötzlich blieb Anneliese stehen. Die beiden jungen Menschen standen sich dicht gegenüber. Sie sahen sich in die Augen. Trotz der Dunkelheit strahlten sie.

„Wollen wir fest miteinander gehen?" fragte Anneliese leise.

„Ja", antwortete Rolf.

Ein erster, zärtlicher, mehr gehauchter Kuß besiegelte die Freundschaft. Ohne viel zu sagen, ging das junge Paar durch das Steintor, die Reichestraße und die Burgstraße. Rolf brachte seine Freundin bis zur Haustür. Das kleine Haus duckte sich im Schatten der Lorenzkirche.

„Ich hab' dich lieb", hauchte Anneliese.

Glücklich ging Rolf den kurzen Weg nach Hause.

„Ihr Sterne seid uns Zeugen,
Die ruhig niederschau'n,
Wenn alle Brüder schweigen
Und falschen Götzen trau'n:
Wir woll'n das Wort nicht brechen,
Nicht Buben werden gleich!
Wollen predigen und sprechen
Vom heil'gen Deutschen Reich!"

Es war Dezember geworden. Die kleine Stadt hatte ein weißes Kleid angezogen. Hell leuchteten die schneebedeckten Tannen der Schwarzen Berge herüber. Die Lehrlinge hatten wieder schöne Kunstschmiedearbeiten und Kerzenleuchter aus Plexiglas angefertigt.

Major Müller war Kommandeur des Jagdgeschwaders geworden und wurde zum Oberstleutnant befördert. Dem Oberleutnant Werner Karsten wurde das Ritterkreuz verliehen.

Weihnachten war nicht mehr weit.

Am vierten Advent trafen sich Oberstleutnant Müller mit seiner Frau, Hauptmann Geiger, Oberleutnant Karsten, Oberfeldwebel Wolf, Unteroffizier Witt und die kleine Irmgard Schuster bei Frau Gertrud.

Familie Schramm hatte darum gebeten, die kleine Feier ausrichten zu dürfen. Herr Schramm war Zahnarzt und der Hausbesitzer. Frau Schramm verstand es, jedem Beisammensein einen festlichen Rahmen zu geben.

So war auch an diesem Nachmittag der Tisch festlich gedeckt. Ein Kerzenleuchter strahlte eine warme Behaglichkeit aus. Ein aromatischer Kaffeeduft empfing die Gäste; der selbstgebackene Kuchen stand auf dem Tisch.

„Leute, hier sind wir richtig! Das ist ja wie im Frieden", rief Unteroffizier Witt begeistert.

„Es sieht aber nur so aus", dämpfte Oberstleutnant Müller den Übermut des Unteroffiziers.

Nach einer herzlichen Begrüßung genoß man den so selten gewordenen herrlichen Kaffee. Das Gespräch drehte sich um alltägliche Dinge. – Es war eine lustige Gesellschaft.

Nachdem das Kaffeegeschirr abgeräumt war, stellte der Hausherr funkelnde Pokale auf den Tisch. Aus unergründlichen Tiefen des Kellers zauberte er einen alten Wein zutage. Es wurde auf die Beförderung zum Oberstleutnant, die Verleihung des Ritterkreuzes und Rolfs Beförderung zum Kameradschaftsführer angestoßen. Die Herren bekamen Raucherlaubnis.

Als Unteroffizier Witts Pfeife richtig qualmte, kramten die alten Krieger lustige Geschichten aus ihrer Dienstzeit hervor. Herr Schramm war passionierter Jäger und konnte unglaubliche Abenteuer aus der Jägerei beisteuern. Haupthelferin Gertrud wußte witzige Begebenheiten von ihren Lehrgängen zu erzählen.

In einer Gesprächspause – der Hausherr schenkte Wein nach – überlegte Hauptmann Geiger laut: „Wir alten Krieger erhalten Orden. Wir dürfen aber unsere tapferen Frauen nicht vergessen!"

„Es ist mir gar nicht recht, immer wieder auf Lehrgänge geschickt zu werden. Ich nehme einem Mann die Planstelle weg, und der Soldat muß an die Front!"

„Frau Gertrud, so dürfen Sie es nicht sehen! Wenn Sie nicht auf einen Lehrgang gehen, geht eine andere Frau. Die Soldaten werden so oder so da eingesetzt, wo sie gebraucht werden. Wir sind froh, daß wir Sie haben", antwortete Hauptmann Geiger.

„Ich muß den Luftnachrichtenhelferinnen auch meinen Dank und meine Anerkennung aussprechen", lobte Oberleutnant Karsten. „Die Mädchen leisten viel. Sie leiten uns Piloten genau an den Feindverband heran und lotsen uns bei schlechtem Wetter wieder sicher an den Platz zurück."

„Von einem Abschiedsabend eines Lehrgangs möchte ich auch einen Lobgesang auf unsere Frauen aussprechen. Ein Anonymus reichte mir einen Beitrag zur Festzeitung auf die Schreibstube. Damals war ich zu diesem Lehrgang als Ausbilder abkommandiert", wußte Oberfeldwebel Wolf zu berichten. „Ich zitiere:

Penthesilea. (Für Nichtantike: Königin der Amazonen)

Preußens Historia kannte immer schon
Den kämpferischen Wert der Tradition.
Der blutig erworbene Siegeslorbeer
Verpflichtete dann das ganze Heer.
Heut kämpfen auch in allen Gauen
In diesem Heere unsere Frauen.
Unendlich alt ist diese Tradition
Von solchem hehren Frauenbataillon,
Schon drei Jahrtausende strahlt der Ruhm
Von Penthesileas Heldentum.
Sie führte zu Zeiten des alten Homer
Ein riesiges Amazonenheer.
Solch tapfere Frauen schützt immer Nike,
Die Siegesgöttin, heut wie in der Antike.
So sollen die Marsjünger ständig lohnen
Durch Haltung den Dank für die Amazonen.
Und als Penthesilea erkennen wir wieder
Die tapfere kleine Frau Gertrud."

Haupthelferin Gertrud, Rolfs Mutter

Es trat eine kleine Gesprächspause ein. Jeder machte sich seine Gedanken. Man prostete sich zu, sah in den zum Träumen anregenden Kerzenschein, der von dem Kristallspiegel an der Wand reflektiert wurde.

In diese Stille hinein sagte der Hausherr: „Jetzt ist der Nachwuchs an der Reihe! Wir gehen auf das Weihnachtsfest zu. Wir sollten ein Weihnachtsgedicht hören! Bitte, Rolf, trage eines vor!"

Rolf überlegte nicht lange. Von seiner Schulzeit war ihm noch eines von Joseph von Eichendorff in Erinnerung.

Weihnachten.

Markt und Straßen stehn verlassen,
still leuchtet jedes Haus;
sinnend geh' ich durch die Gassen,
alles sieht so festlich aus.

An den Fenstern haben Frauen
buntes Spielzeug fromm geschmückt;
tausend Kindlein stehn und schauen,
sind so wunderstill beglückt.

Und ich wandere aus den Mauern
bis hinaus ins freie Feld.
Hehres Glänzen, heil'ges Schauen!
Wie so weit und still ist die Welt!

Sterne hoch die Kreise schlingen;
aus des Schnees Einsamkeit
steigt's wie wunderbares Singen –
o du gnadenreiche Zeit!

Lange blieb es still. Dann sagte Oberstleutnant Müller: „Ja, eine gnadenreiche Zeit können wir gebrauchen. Wir leben aber in Kriegszeiten; jeden Tag müssen wir wie ein Geschenk Gottes ansehen und auch genießen! Viele Menschen leben in den Tag hinein, ohne an ein Morgen zu denken. Was wird uns der kommende Tag bringen? Hoffen wir, daß es bald Frieden gibt! Wir Soldaten werden in die Welt hinausgeweht; viele kämpfen fern der Heimat. Ich möchte mit einem Vers von Wagner diesen schönen Tag abschließen."

„Laß hinter dir die Heimat, die dich quält
Und nicht den Geist begreift, der dich beseelt!
Laß hinter dir die Arbeit, die dich bückt,
Und deine Frone, die dich niederdrückt!
Laß hinter dir das Dorf, drin du geweilt,
Das nichts mit dir als Irdisches geteilt!
Laß hinter dir das alles! rufet stets
Der Geist in mir, und in die Welt mich weht's."

Die Kerzen waren heruntergebrannt. Draußen rieselte der Schnee.
„Ich wünsche Ihnen allen ein gesegnetes Weihnachtsfest! Möge Gott Sie beschützen", verabschiedete Frau Schramm ihre Gäste.

Das Jahr ging zu Ende. Ein neues Jahr begann.
Ein schicksalsreiches Jahr 1944.

Lebenslied

Tage kommen, Tage gehen,
Freude wechselt schnell mit Leid,
unser Leben ist ein Leben
Gottes – nur für kurze Zeit.

Jedes Jahr halt einmal inne
einen Tag, an dem man frag':
ob das Leben nur so rinne –
ob man neuen Anfang wag'.

Freunde kommen – Freunde gehen,
keiner nimmt das Leben ab,
und im Grund allein wir stehen,
Ich – bin alles, was ich hab.

Erst wenn dieses Ich wir geben
– selbst geliebt – zur Liebe hin,
finden wir erfülltes Leben,
hat das alles seinen Sinn.

Anne-Kathrein Eberlein

Das erste Lehrjahr wurde hart herangenommen. Sogar am Abend hatten die Jungen noch Unterricht. Neben den Lehrarbeiten wurden noch kleine Ersatzteile für Flugzeuge und Maschinenteile für die Munitionsfabrik angefertigt. Die Freizeit war knapp bemessen.

„Die Führung der in Stadt und Land bekannten und bei den Mädchen beliebten Lehrlinge des ersten Lehrjahrs nimmt die armen Jungens aber enorm heran! Wir vom zweiten Lehrjahr werden uns opfern und euch bei den Mädchen würdig vertreten", frotzelte Scharführer Klaus.

Klaus hatte die stattliche Größe von 1,80 Meter.

„Mach keinen Ärger! Wenn wir hier schon doppelte Arbeit leisten müssen, so sollten wir Lehrlinge wenigstens zusammenhalten", antwortete Wolfgang.

Klaus winkte ab: „Es war nicht so gemeint. Ich mache euch den Vorschlag, daß Ihr vom ersten Lehrjahr zum Wochenende keine Brandwache mehr zu schieben braucht. Wir übernehmen das! Mit dem Meister spreche ich."

„Mann, Klaus, du bist in Ordnung", freute sich Karl Heinz.

Der Meister gab seine Genehmigung.

Es muß noch gesagt werden, daß der Segelfluglehrer Peter H. tödlich abstürzte und die Schar vom Fliegerhorst eine Ehrenformation bildete. Rolf und Karl Heinz trugen einen Kranz und marschierten zwanzig Meter vor der Fahnengruppe. Der Marsch im Trauerschritt durch die Stadt zum Friedhof war anstrengend. Wieder einmal mußte von einem Freund Abschied genommen werden.

Die Freundschaft zwischen Anneliese und Rolf festigte sich. Wie wir wissen, hatte Rolf guten Kontakt zu den LN-Helferinnen. Eine besondere Kameradschaft bestand mit Hildegard Flemming aus Halle. Hildegards Freund, Oberfeldwebel Wegner, war Pilot beim Jagdgeschwader Udet. Die Sturmstaffel und das Jagdgeschwader flogen fast täglich Einsätze.

An einem kalten Januarmorgen, Wolken verhängten den Himmel, wurde Rolf zu seiner Mutter gerufen. Haupthelferin Gertrud teilte ihrem Sohn mit, daß Oberfeldwebel Wegner nicht vom Feindflug zurückgekommen sei. „Oberstleutnant Müller meint, daß du Hildegard diese Nachricht überbringen solltest. Du wirst sicher die richtigen Worte finden. Fräulein Flemming hat dienstfrei und befindet sich in der Unterkunft. Es ist eine schwere Aufgabe, die ich dir zumute; aber du mußt auch lernen, schlechte und traurige Nachrichten zu übermitteln."

Auf dem Weg von der Kommandantur bis zur Unterkunft überlegte Rolf sich, was er sagen sollte. Es hatte angefangen zu schneien.

Männern war es verboten, die Unterkunft der Mädchen zu betreten.

„Hallo, Rolf, bist du kein Mann?" lachte Hildegard, als er das Zimmer betrat. „Du weißt doch, daß diese heiligen Hallen für das starke Geschlecht Sperrzonen sind."

„Ach, ich bin eine Ausnahme. Aber zieh dir einen Mantel über, wir gehen etwas spazieren!"

„Du spinnst ja! Was sollen die Leute denken, wenn ich mit dir Jüngling durch die Gegend schleiche? Warum arbeitest du nicht?"

„Stell dich nicht so an. Laß uns etwas durch den Schnee gehen, ich möchte mit dir reden."

„Du machst es aber spannend! Es wird doch nicht etwa ein Heiratsantrag? Na gut, ich komme mit."

Die beiden jungen Leute gingen am Bahndamm entlang zu den Abstellplätzen der Flugzeuge. Die Flugzeuge standen in ihren Boxen; das Bodenpersonal hatte aufgetankt und Munition nachgefüllt. Einsam standen die Flugzeuge im einsetzenden Schneetreiben.

Es wurde Rolf immer unbehaglicher. „Wie soll ich es ihr nur sagen?" dachte er. „Auf dem Weg zur Unterkunft hatte ich mir so schöne Worte zurechtgelegt; jetzt weiß ich gar nichts mehr." Tränen standen in seinen Augen.

„Weinst du?"

„Ach Quatsch, das ist der Schnee."

„Jetzt mach mir schon deinen Heiratsantrag, sonst heirate ich Heinz. Wegner!"

Inzwischen näherten sie sich einem leeren Abstellplatz.

„Da ist wieder einer nicht zurückgekommen."

„Du siehst, Hildegard, es ist Krieg, und für viele Soldaten gibt es kein Zurück. Auch bei den Piloten ist es so. Wieder ist ein Kamerad abgestürzt."

„Wer mag es sein", fragte Hildegard. „Hoffentlich hatte er keine Freundin."

Rolf sah das junge Mädchen in der Uniform der Luftnachrichtenhelferin traurig an.

„Warum hast du mich hierhergeführt?" drängte Hildegard. „Da stimmt doch etwas nicht!"

Rolf druckste herum: „Oberstleutnant Müller meinte, ich solle mit dir reden. Wir sind Freunde, und Freunde sagen sich alles. Wir stehen vor einem leeren Abstellplatz. Ein Pilot ist gefallen; er hatte eine Freundin."

Hildegard stand wie versteinert und starrte in die Ferne. Langsam füllten sich ihre Augen mit Tränen. Sie hatte Rolf verstanden.

Lange standen sie schweigend und blickten auf den verwaisten Platz. In Gedanken sahen sie das Flugzeug; der Pilot stieg aus seinem Pilotensitz und winkte zu ihnen herüber.

„Heinz", flüsterte Hildegard; dann drehte sie sich um und fiel Rolf in die Arme. Ein Schluchzen schüttelte ihren Körper. „Entschuldige, ich bin eine blöde Gans!"

„Wein dich ruhig aus! Ich weiß, wie schwer es für dich ist."

„Es war richtig, daß du mich hierhergeführt hast. Jetzt muß ich dich doch heiraten!" Hildegard lächelte tapfer. „Wollen wir zu deiner Mutter gehen?"

„Ja, sie wartet bestimmt schon."

Auf dem Rückweg begegneten ihnen einige Soldaten vom Bodenpersonal. Schweigend grüßten sie. Sonst hatten sie ein loses Mundwerk und waren zu jedem Streich bereit. Der Absturz des Kameraden war inzwischen allen bekannt.

Die Haupthelferin hatte Kaffee gekocht. Oberstleutnant Müller und der Staffelkapitän Hauptmann Bremer sprachen Hildegard in herzlichen Worten ihr Beileid aus. Die Fahne vor der Kommandantur ging auf Halbmast. Hildegard mußte den Schmerz tragen. Die Arbeit ging weiter.

Was mag aus Hildegard geworden sein? Krieg und Nachkriegszeit haben alle Bande zerrissen.

„Wir wollen friedlich sein,
aber unter keinen Umständen
ehrlos bleiben."

Wie wir wissen, mußten die Lehrlinge zum Essen in die Kantine hinter der Werft marschieren. So auch an einem nebligen, kalten Februartag.

„Das ist ein Wetter, da schickst du keinen Hund vor die Tür", maulte Fritz.

„Konntest ja in der Unterkunft bleiben! Aber wo es etwas zum Futtern gibt, darfst du natürlich nicht fehlen", konterte Werner.

„Dabei ist er so breit wie hoch", stellte Hans fest.

Rolf horchte. „Da krebst eine Mühle durch die Suppe!"

„Die will doch nicht etwa landen?" wunderte sich Christoph.

„Die findet bei dem Nebel den Platz gar nicht."

Inzwischen waren die Jungen dicht vor der Werft.

Das Motorengeräusch ebbte ab.

„Na also, die verkrümeln sich", meinte Heinz.

„Denkste, die kommt wieder", bemerkte Werner.

Leuchtkugeln zischten in den Nebel.

„Die Flugleitung zeigt denen den richtigen Weg. Mehr rechts drehen!"

„Verdammt, der Blindvogel ist zu weit links", bemerkte Rolf.

„Wenn der so weiterfliegt, landet er auf der Werft!"

Sehen konnte man kein Flugzeug, doch am Motorengeräusch hörten die Lehrlinge, daß es eine Ju 52 war. Sie kam bedenklich nahe.

„Die plumpst uns auf den Kopf", rief Karl Heinz. „Volle Deckung!"
Schon krachte es.
Aber nicht auf die Köpfe der Jungen, sondern in die Seitenwand der Werft. Wie sich herausstellte, waren in der Ju junge Piloten. Es gab nur Leichtverletzte. Auf der gegenüberliegenden Seite saß ein Werftarbeiter auf der Toilette. Diesem Mann fiel ein Stein auf den Kopf. – Tot.
Die Insassen des Flugzeuges wurden von der Horstfeuerwehr unter Führung des Oberbrandmeisters Brunkhorst geborgen. Der Oberbrandmeister kam aus der Kleinstadt, in der Rolf geboren wurde.

Es war schon eine harte Zeit. Aber es gab auch Spaß. Die Liebe geriet ebenfalls nicht in Vergessenheit. Kameradschaft und Freundschaft waren nicht nur Worte. Diese Begriffe hatten ihren Wert.
Die Piloten flogen weiterhin ihre Einsätze. Wer würde zurückkommen, welcher Abstellplatz würde verlassen bleiben? Keiner wußte es. Es dachte auch keiner daran. Ein Leben ohne Hoffnung auf eine bessere Zukunft wäre unerträglich gewesen. Die Soldaten des Bodenpersonals warteten (pflegten) die Flugzeuge. Die Sicherheit der Piloten hing von der Zuverlässigkeit der Warte ab.
Viele Planstellen von Soldaten hatten Nachrichtenhelferinnen eingenommen. So auch in der Flugleitstelle. Die Mädchen führten die Flugzeugführer an den Feindverband heran und sicher wieder auf den Heimatplatz zurück. Jeder mußte sich auf den anderen verlassen können. Es war eine große Familie, die zusammenhielt.
Wie wir wissen, hatte Rolf zu dieser Zeit eine Freundin. Mit Anneliese verband ihn eine tiefe und echte Freundschaft. Inzwischen war Frühling geworden. Die ersten Krokusse blühten, die Bäume trugen das erste Grün. Der Schnee war weggetaut.
Auf dem Fliegerhorst gab es jeden Tag etwas Besonderes. Es würde zu weit führen, jede Begebenheit zu berichten. Schon der Einsatz der Sturmstaffel oder des Geschwaders wäre es wert, beschrieben zu werden. Die Ängste und Nöte, die Hoffnungen und Erwartungen der jungen „Blitzmädchen" waren unbeschreiblich. Dies ist aber eine Erinnerung eines Lehrlings. Bleiben wir dabei. Wir würdigen gleichzeitig alle Beteiligten in dieser Zeit auf dem Fliegerhorst der kleinen Stadt in der Altmark. Auch die Kameraden des zweiten und dritten Lehrjahrs wollen wir nicht besonders erwähnen.

Rolf traf sich mit Anneliese im Burggarten. Es war ein sonniger Sonnabendnachmittag.
„Hallo, Anneliese!" Rolf war noch etwas müde. In der Nacht war Alarm gewesen; er hatte Brandwache gehabt und nicht ausgeschlafen. Die Arbeit am Morgen schmeckte nicht. Aber was soll's!

„Nett, daß du mich noch nicht vergessen hast", beschwerte sich Anneliese. „Die Stadtjungen treffen ihre Mädchen jeden Tag. Wir sehen uns so selten. Wenn du schon einmal in der Woche kommst, bist du heimlich abgehauen."

„Ja, mein Kleines, wir Soldaten haben eben unsere Pflichten", gab Rolf an. „Aber wenn ich ehrlich sein soll, ich möchte dich auch öfter sehen. Doch es geht leider nicht. Du weißt es, und ich freue mich, daß du mir treu bleibst."

„Ach Rolf, ich hab' dich doch lieb!"

„Denke daran, daß Krieg ist! Ich werde bald Soldat. Dann findest du einen anderen Jungen und hast mich bald vergessen."

„Ich werde dich nie vergessen! Du darfst kein Soldat werden, du bist doch noch so jung! Versuche, beim Bodenpersonal eingesetzt zu werden! Ich will dich nicht verlieren!"

„Danach wird nicht gefragt. Jeder muß seine Pflicht erfüllen. Hildegard wollte auch ihren Heinz behalten."

„Wie hast du es ihr nur mitteilen können? Es muß für ein Mädchen schrecklich sein, zu hören, daß ihr Ein-und-Alles plötzlich nicht mehr da sein soll. Wenn ich nur daran denke, muß ich weinen!"

„Soweit ist es noch nicht. Erst einmal mache ich im Sommer meine Facharbeiterprüfung. Deswegen arbeiten wir auch soviel. Die schrecklichen Gedanken schlage dir aus dem Kopf! Du bist doch noch viel zu jung, um dich fest zu binden."

„Ich will aber keinen anderen Mann!"

„Ach, Anneliese, in einigen Jahren denkst du anders darüber. Ich verspreche dir, immer dein Freund zu sein. Warten wir erst einmal ab, was uns nach dem Krieg blüht!"

Inzwischen waren die beiden jungen Verliebten vom Burggarten mit dem Ehrenmal und dem alten Turm der Stadtmauer über die Holzmarktstraße in den Schulenburgpark gegangen. Am Eingang zum Park stand das Sinnbild eines Storches als Hinweisschild zum Tierpark. Im Vorbeigehen schielte Anneliese darauf.

„Ob wir später auch einmal Kinder haben werden?" fragte sie schüchtern. Rolf wußte nichts darauf zu antworten. Er überlegte, wie es sein könnte. Anneliese hatte er sehr gern; aber weiter hatte er noch nicht gedacht.

Anneliese und Rolf gingen am Pfefferteich entlang. Es war ein schmaler Weg; auf der linken Seite befand sich ein alter, nicht mehr benutzter kleiner Friedhof mit großen Grabplatten. Sie gingen auf das Schwimmbad zu, ließen es rechts liegen; von links sah der Turm der Marienkirche auf die beiden jungen Menschenkinder herab. Das Schwimmbad wirkte wie ausgestorben. Wer badet auch schon im März?

„Es ist schön, wenn alles anfängt zu blühen. Die Tage werden wieder länger, dann können wir uns sicher auch öfter sehen", hoffte Anneliese.

Rolf mußte sie jedoch enttäuschen: „Die Lehrwerkstatt soll aus Sicherheitsgründen nach Wallstave verlegt werden. Karl Heinz, Joachim, Helmut und ich bilden mit dem Gesellen Otto das Vorkommando. Wir werden nur zum Wochenende in die Stadt kommen."

„Das ist gemein! Meine Wünsche gehen nicht in Erfüllung!"

„Eines Tages wirst auch du dein Glück finden. Sieh, die beiden Schwäne!"

„Ach, Rolf, könnten wir doch auch so glücklich sein!"

„Laß uns zufrieden sein, daß wir uns überhaupt noch sehen können. Viele Soldaten sind jahrelang von ihren Mädchen getrennt. Eines Tages sind wir für immer beisammen!"

„Ich warte auf dich", versprach Anneliese und schmiegte sich eng an Rolf. Eine Amsel sang ihr erstes Frühlingslied.

Frühlingsbotschaft

Hoch oben auf dem Eichenast
eine bunte Meise läutet
ein frohes Lied, ein helles Lied;
ich weiß auch, was das bedeutet.

Es schmilzt der Schnee, es kommt das Gras,
die Blumen werden blühen;
es wird die ganze weite Welt
in Frühlingsfarben glühen.

Die Meise läutet den Frühling ein,
ich hab' es schon lange vernommen;
er ist zu mir bei Eis und Schnee
mit Singen und Klingen gekommen.

Hermann Löns

Mit kleinem Gepäck reisten unsere Freunde mit dem Gesellen Otto in das Dorf, das die Lehrwerkstatt aufnehmen sollte. Der Bürgermeister zeigte den Leuten aus der Stadt ihre Unterkünfte. Rolf bekam ein nettes Zimmer am Dorfeingang beim Bauern Heinemann. Es war ein schöner, großer Hof.

An diesem Nachmittag hatten die Jungen dienstfrei und konnten sich im Dorf umsehen. Sie trafen sich in der Dorfmitte vor der Wirtschaft und dem Bäckerladen. In dem Saal der Wirtschaft wurden später die Betten und Spinde der Lehrlinge aufgestellt.

„Wir werden erst einmal das Gelände erkunden! Nette Mädchen habe ich auch schon gesehen", stellte Karl Heinz fest.

„Mit dem Bäcker müssen wir uns näher befassen", meinte Helmut.

„Seht doch, da ist ein hübsches Mädchen im Laden! Ob da etwas zu machen ist?"

„Die Dorfjungen werden es nicht gerne sehen, wenn wir uns an ihre Mädchen heranmachen", wandte Joachim besorgt ein.

„Wir werden sehen! Laßt uns erst einmal das Dorf besichtigen", schlug Rolf vor.

Unterwegs wurden sie öfter angesprochen: „Seid Ihr die Lehrlinge aus der Stadt?" – Alle Fragen wurden höflich beantwortet. Der erste Kontakt war hergestellt.

Zum Abendessen waren die Jungen wieder bei „ihren Bauern".

Rolfs Zimmer lag in der ersten Etage. Von seinem Fenster aus hatte er einen schönen Blick zum Bahnhof und über die Felder. Morgens grüßte ihn die aufgehende Sonne. Nachdem er sich an diesem ersten Abend frisch gemacht hatte, ging er in die Küche hinunter.

„Hier stelle ich euch unseren neuen Hausgenossen vor", sagte der Bauer. „Dies, lieber Rolf, sind meine Familie und meine Gehilfen. Meine Frau, mein Sohn Albert, meine Tochter Gisela und die fleißigen Helferinnen Maria und Helga. Ich hoffe, es wird dir bei uns gefallen."

Rolf gab allen die Hand. Giselas Hand hielt er einen Augenblick länger fest. Das Mädchen hatte himmelblaue Augen und strahlte wie der Sonnenschein.

Nach dem Abendessen setzten sich der Hausherr, sein Sohn und Rolf in der Stube zu einem Gespräch zusammen. Die Hausfrau und Gisela gesellten sich nach dem Aufräumen der Küche dazu. Herr Heinemann berichtete über die Geschichte des Dorfes. Rolf erzählte von seiner Lehrwerkstatt. Es wurde ein angeregtes Gespräch.

„Träume etwas Schönes", sagte der Bauer später und wünschte ihm eine gute Nacht. Gisela und Rolf lächelten sich an.

Der erste Arbeitstag begann. Der ehemalige Kuhstall des Bauern Stahl wurde zur Werkstatt umfunktioniert. Mauern wurden eingerissen, der Fußboden geebnet, der große Saal der Gastwirtschaft gereinigt. Vom Fliegerhorst kamen Betten und Spinde, die aufgestellt wurden.

Mit dem Mädchen aus dem Bäckerladen freundete sich Helmut schnell an. Der Bäckermeister – Kopf hieß er – hatte immer ein Stück Kuchen für die Lehrlinge. Damit soll aber nicht gesagt werden, daß die Verpflegung nicht gut war. Im Gegenteil! So gut hatten die Jungen selten gegessen; aber junge Leute haben halt immer Hunger.

Wie zu erwarten, bahnte sich zwischen Gisela und Rolf eine Freundschaft an. Sie gingen abends oft spazieren. Es war herrlich, durch die Felder zu wandern!

An einem Abend im April streiften sie durch den nahen Wald.

„Ist es nicht schön hier?" fragte Gisela. „Ihr bleibt doch sicher länger in unserem Dorf? Ich freue mich, daß ich dich kennengelernt habe."

„Weißt du, Gisela, ich freue mich auch über unsere Freundschaft. Wie lange wir hierbleiben, weiß ich nicht. Lange bestimmt nicht. Wir vom ersten Lehrjahr sollen schon in diesem Jahr unsere Prüfung machen, und dann arbeiten wir auf der Werft", antwortete Rolf.

„Ich bin froh, endlich einen Freund gefunden zu haben, auf den ich mich verlassen kann, und nun sagst du, daß ich dich auch wieder verlieren werde!"

„Gisela, binde dich nicht an mich! Du bist eine Bauerntochter und solltest auch später einen Bauern heiraten. Unsere Bekanntschaft ist ein schöner Zufall."

„Ich hab' dich aber liebgewonnen! Den Hof erbt Albert, also brauche ich keinen Bauern zu heiraten."

„Denke daran, daß dein Bruder auch Soldat werden muß. Wer weiß, wie sich alles entwickelt. Vielleicht mußt du doch den Hof übernehmen!"

„Daran wollen wir gar nicht denken, Rolf."

„Einigen wir uns darauf, daß wir Freunde sind. Wer weiß, ob wir uns, wenn ich dein Dorf verlasse, jemals wiedersehen werden. Ich werde dich aber bestimmt in Erinnerung behalten!"

Es soll an dieser Stelle schon gesagt werden, daß Albert Soldat wurde und gefallen ist. Gisela heiratete einen Bauernsohn aus dem Dorf. Rolf hat sie nie wieder gesehen. Auch nicht, als er nach langer Zeit dieses Dorf besuchte. Einige Dorfbewohner, mit denen Rolf sprach, erinnerten sich noch gut an die Lehrlinge und wußten lustige Begebenheiten zu berichten. Was mag aus Gisela geworden sein? Hoffen wir, daß sie glücklich wurde.

Wie Joachim befürchtet hatte, waren die Jungen aus dem Dorf sehr sauer, daß die Lehrlinge so gut bei ihren Mädchen ankamen, und es gab Reibereien.

„Was regt Ihr euch auf? Die Mädchen müssen doch wissen, wen sie wollen", stellte Rolf klar, als wieder einmal eine Keilerei in Aussicht stand.

Ein Junge aus dem Dorf hatte eine gute Idee: „Wir machen einen Wettbewerb um die Mädchen! Von Bäcker Kopf über die Pappelallee zum

Bahnhof und die Dorfstraße zurück bis zum Bäcker. Das sind etwa drei Kilometer. Diese Strecke laufen wir! Immer ein Lehrling und einer von uns! Gewinnt Ihr, gehören euch die Mädchen. Verliert Ihr, laßt Ihr die Finger von unseren Mädchen!"

„Damit bin ich nicht einverstanden", entgegnete Karl Heinz, „die Mädchen haben zu entscheiden!"

„Entweder Ihr macht den Wettkampf, oder es gibt jeden Tag Prügel", lautete die Entscheidung der Dorfjungen.

„Wir nehmen die Herausforderung an! Doch wenn wir verlieren, geben wir die Mädchen nicht frei! Es sei denn, sie wollen es. Für uns ist die Entscheidung der Mädchen maßgebend", schloß Rolf mit Zustimmung seiner Kameraden die Debatte.

„Gut! Wir tragen den Wettkampf unter unseren Bedingungen am Sonnabend aus. Start um 15 Uhr!"

„Damit ist das Wochenende im Eimer", stellte Helmut fest.

„Und ich bin mit Anneliese verabredet", überlegte Rolf.

„Wie stellst du dir das mit zwei Mädchen vor – Anneliese und Gisela? Ist das richtig?" fragte Karl Heinz.

„Ich habe Gisela schon gesagt, sie soll sich nicht an mich binden", gestand Rolf. „Ich werde ihr auch von Anneliese erzählen."

„Aber beim Wettkampf machst du doch mit?" fragte Joachim.

„Klar, ich mache mit", versprach Rolf.

Die Aussprache mit Gisela war nicht einfach. Bei einem Spaziergang durch den herrlich duftenden Kiefernwald – in der Ferne pochte ein Specht – beichtete Rolf, daß er in der Stadt eine Freundin habe.

Wie zu erwarten war, weinte Gisela. „Es ist nicht nett, daß du mir das sagst! Auch habe ich von dem Wettkampf gehört. Es war richtig, daß du uns Mädchen so in Schutz genommen hast. Aber jetzt brauchst du nicht mehr um mich zu kämpfen."

„Ich mache den Wettkampf mit", entschied Rolf, „denn ich möchte deine Freundschaft behalten und kämpfe dafür!"

„Ich danke dir, Rolf. Laß uns gute Freunde bleiben; ein Bauer wärst du doch nicht geworden. Aber ich wäre gerne mit dir in die Stadt gezogen."

„Du bist lieb, Gisela. Später werden wir über diesen Wettkampf lachen. Heute nehme ich ihn sehr ernst. Mir liegt sehr viel an deiner Freundschaft."

Pünktlich trafen sich die Kämpfer am Treffpunkt. Es versteht sich, daß die kräftigsten und sportlichsten Dorfjungen an den Start gingen. Der Wettkampf hatte sich herumgesprochen, und viele Schaulustige standen an der Strecke.

Herr Heinemann, Giselas Vater, hatte am Vorabend noch eine Aussprache mit Rolf. „Diesen Wettkampf halte ich nicht für gut. Angenommen, Ihr verliert, wird es für die Mädchen ein schwerer Stand. Ich weiß, daß Ihr alle

Kraft einsetzen werdet. Gisela hat mir alles erzählt. Wenn du dich beeilst, kannst du den Zug noch erreichen."

„Meine Kameraden lasse ich nicht im Stich! Gisela bin ich es auch schuldig. Ich möchte ihr Freund bleiben", antwortete Rolf.

„Ich wünsche euch viel Erfolg", schloß Herr Heinemann das Gespräch ab.

Am anderen Morgen herrschte eine gedrückte Stimmung. Rolf lief herum wie ein geprügelter Hund. Gisela blieb auf ihrem Zimmer. Nur zum Mittagessen sahen sie sich. Als Rolf im Sportzeug das Haus verließ, drückte Gisela ihm einen zärtlichen Kuß auf die Wange.

„Wir hatten schon Angst, daß du nicht mitmachst", begrüßte Joachim seinen Freund.

„Ich hatte es doch versprochen, Joachim! Mit Gisela habe ich mich ausgesprochen. Es ist alles in Ordnung."

„Prima, daß du trotzdem mitmachst! Wir werden es verdammt schwer haben."

Die Läufer wurden ausgelost. Unsere Freunde liefen in folgender Reihenfolge: Joachim, Helmut, Karl Heinz, Rolf.

Der Bürgermeister gab den Start frei.

Joachim legte eine gute Zeit vor. Jetzt kam Helmut.

Die Dorfstraße war bis zum Bahnhof einzusehen. Der Junge aus dem Dorf kam um die Ecke. Von Helmut war nichts zu sehen.

„Verdammt, wo bleibt Helmut", wunderte sich Karl Heinz.

„Den Rückstand holen wir nie auf!"

„Da kommt er! So 'n Mist, der humpelt ja!"

Mit letzter Kraft schleppte sich Helmut ins Ziel. Seine Knie und Arme bluteten.

„Los, Karl Heinz, das holen wir wieder auf! Wir dürfen nicht aufgeben", rief Rolf.

Karl Heinz machte sich auf die Strecke. Angefeuert von vielen Dorfbewohnern gab er sein Bestes.

Wie Helmut erzählte, hatten einige Jungen aus dem Dorf ein Seil über den Weg gelegt. Als er heran war, zogen sie es an. Helmut stürzte, und sein Gegner konnte ihn überholen. Karl Heinz holte zwar gewaltig auf, kam aber mit fünfzig Metern Rückstand an.

„Rolf, das schaffst du noch", rief Joachim. Und schon ging es los.

Jetzt waren es die Mädchen, die Rolf anfeuerten. Die Gemeinheit mit dem Seil hatte sich herumgesprochen. Bis zum Bahnhof war Rolf bis auf dreißig Meter an seinen Gegner herangekommen.

Jetzt ging es in die Zielgerade.

Gisela stand vor ihrem Elternhaus und zeigte Rolf, wie sie die Daumen drückte.

Noch zwanzig Meter Abstand.

„Ich kann nicht mehr", dachte Rolf. „Mir platzt gleich die Lunge; ich muß es aber schaffen!"

Noch zehn Meter, fünf Meter.

Sein Gegner wurde langsamer; er konnte auch nicht mehr, ließ Rolf aber nicht vorbei.

In letzter Verzweiflung sprang Rolf auf die Fahrbahn und überholte so seinen Gegner. – Hinter der Ziellinie fiel er seinen Freunden erschöpft und ausgepumpt in die Arme. Keiner sagte ein Wort.

„Die Lehrlinge sind in diesem Wettkampf die Sieger! Ich bin stolz, daß Ihr in meinem Dorf arbeitet! Ihr habt aber noch einen Sieg errungen: Die Verteidigung der Ehre der Mädchen rechne ich euch hoch an. Recht herzlichen Glückwunsch!" Der Bürgermeister war von dieser Leistung beeindruckt. Bäcker Kopf spendierte für die Wettkämpfer Brause und Kuchen. Die Dorfjungen entschuldigten sich für die Gemeinheit mit dem Seil.

Der Frieden war hergestellt. Wenigstens in diesem Dorf.

„Wenn du dich beeilst, kannst du den Abendzug noch erreichen", mahnte Karl Heinz.

„Soll ich wirklich fahren?" fragte Rolf.

„Mach, daß du verschwindest, und berichte Anneliese alles", sagte Karl Heinz noch und gab Rolf einen freundschaftlichen Schlag auf die Schulter.

Nachdem Rolf sich gewaschen und umgezogen hatte, ging er nach unten. Von Gisela war nichts zu sehen. Enttäuscht lief er über den Hof.

Aus dem Dunkel der Toreinfahrt trat ein Mädchen. Es war Gisela.

„Rolf", sagte sie, „ich danke dir. Wenn du dich mit Anneliese triffst, erzähle ihr alles! Sie muß das von uns und diesem Wettkampf wissen. Wir bleiben Freunde!" Sie legte ihre Arme um Rolfs Hals und gab ihm einen zärtlichen Kuß. Dann drehte sie sich schnell um und lief ins Haus. Rolf sollte ihre Tränen nicht sehen.

Mit schweren Schritten ging Rolf zum Bahnhof, wo der Zug schon abfahrbereit stand. Im Westen war die Sonne als glutroter Feuerball zu sehen. Noch eine Kurve, und der Turm der Marienkirche winkte vertrauensvoll herüber. „Anneliese – Gisela, Anneliese – Gisela", ratterten die Räder. Wie würde Anneliese die Beichte aufnehmen?

Rolf hatte ein schlechtes Gewissen. Er überlegte, wann er Anneliese näher kennengelernt hatte. Im Grunde kannte er sie ja von der Schulzeit her. (Rolf war mit seiner Mutter 1941 von Oldenburg in diese Stadt gekommen.) Man kannte sich eben.

Nach seinem Umzug in die Neutorstraße wohnte er in Annelieses Nähe. – Bei einer Feierstunde sangen beide im Chor mit. Es war sehr schön. Nach der Feier ergab es sich, daß Rolf das Mädchen nach Hause begleitete. In den Straßen war es dunkel, denn aus den Häusern durfte kein Lichtschein auf die Straße fallen. Keine Straßenlaterne brannte. Verdunklung wurde das genannt. Um sich nicht zu verlieren, nahmen sich beide an die Hand. Dabei mußte ein Funke übergesprungen sein.

Der Zug hielt im Bahnhof Altstadt.

„Wie sage ich es Anneliese?" überlegte Rolf.

Der Zug fuhr weiter.

„Eigentlich hätte ich ja aussteigen müssen", dachte Rolf, doch er fuhr weiter bis zum Bahnhof „Neuperver". Erst dort stieg er aus. Ein schmaler Weg führte durch Gärten zur Neutorstraße. Es war dunkel geworden.

Was mochte Anneliese von ihm denken, daß er nicht zur Verabredung gekommen war? Rolf begrüßte seine Mutter, berichtete ihr kurz und war schon wieder verschwunden.

„Wo soll ich sie suchen?" dachte er. „Vielleicht ist sie bei ihrer Tante, die ein Fahrradgeschäft gegenüber dem Gerichtsgebäude hat."

Klopfenden Herzens stieg er die Treppe hinauf und klingelte.

Frau Müller (nicht verwandt mit Major Müller) öffnete. „Läßt du dich auch noch einmal sehen", war ihre nicht gerade freundliche Begrüßung.

Rolf stotterte einen Gruß und fragte dann: „Ist Anneliese bei Ihnen? Meine Verabredung konnte ich nicht einhalten; etwas Wichtiges mußte erledigt werden!"

„Komm rein, auch wenn du es nicht verdient hast!"

Anneliese zeigte dem Eintretenden die kalte Schulter.

„Bitte entschuldige, daß ich erst jetzt komme; ich habe dir etwas zu beichten."

Langsam drehte Anneliese sich um. „Eigentlich wollte ich dich nie mehr ansehen, aber jetzt bist du wieder bei mir, und ich freue mich auch noch darüber! Ich war furchtbar wütend auf dich!"

Es war schummrig im Raum, Rolf konnte aber sehen, daß das Mädchen geweint hatte.

Frau Müller servierte Limonade. Die drei setzten sich an den Tisch.

„Na, dann fang mal an! Ich bin gespannt, was dabei herauskommt", forderte Frau Müller den Sünder auf.

Rolf holte tief Luft und fing an zu erzählen. Er ließ nichts aus.

Bei der Schilderung des Wettkampfes und Giselas Worten zum Abschied stiegen Anneliese wieder Tränen in die Augen.

„Ich bin froh, daß du mir alles gesagt hast. Verstehen kann ich auch, daß du den Wettkampf gewinnen mußtest. Du hast es doch auch für mich getan!"

„Ist jetzt wieder alles gut?" fragte Rolf hoffnungsvoll.

„Ja, Rolf", sagte Anneliese schlicht und schmiegte sich an ihren Freund.

An einem sonnigen Montagmorgen trafen sich die vier vom Vorkommando mit dem Gesellen Otto auf dem Bahnhof. Das Wochenende war mal wieder viel zu kurz gewesen.
Pünktlich fuhr der Zug ab. Es ging durch Felder, Wiesen, an den Schwarzen Bergen vorbei und wieder durch Felder.
Plötzlich übertönte Maschinengewehrfeuer das Rattern der Räder.
„Verdammt, der Zug wird angegriffen!" rief Helmut.
Drei Jabos (Jagdbomber) griffen den Zug an. Von der Lokomotive ertönte ein schriller Pfiff. Mit einem Ruck blieb der Zug stehen.
„Jetzt aber nichts wie raus und in Deckung!" spornte Karl Heinz seine Kameraden an.
Aus der Lokomotive strömte mit Getöse weißer Dampf.
Inzwischen hatten die Feindflugzeuge gewendet und kamen zurück.
„Jungens, im Zug sind noch Leute!" rief Rolf.
„Los, die müssen wir rausholen", antwortete Helmut.
Unsere Freunde kletterten schnell in den Zug.
„Wir schaffen es nicht mehr! Volle Deckung!" schrie Karl Heinz.
In Keilform jagten die Jabos auf den Zug zu. Wieder knatterten die Maschinengewehre. Die Geschosse fetzten in den Zug.
Verletzte schrieen auf.
Helmut und Rolf hoben eine blutende Frau auf.
Karl Heinz und Joachim sprangen auf den Bahndamm.
„Vorsichtig! Faß zu!"
Helmut und Rolf nahmen eine weitere Frau auf und trugen sie zur Abteiltür. Karl Heinz und Joachim nahmen sie ihnen ab und legten sie auch auf den Bahndamm. Auf diese Weise schleppten die Freunde weitere Verletzte aus dem Zug.
„Die Schweine kommen noch einmal! Wir müssen die Frauen in den Graben legen, sonst liegen die genau in der Schußlinie!"
„Schnell, sonst ist es zu spät!"
Die Sandfontänen der einschlagenden Geschosse liefen genau auf die Jungen zu. Im letzten Augenblick konnten sie sich in den Graben werfen.
Kaum waren die Flugzeuge über sie hinweggedonnert, rief Helmut:
„Rein in den Zug und die letzten Leute herausholen!"
Keuchend kletterten sie in den Zug und bargen noch drei Verletzte: einen kleinen Jungen und zwei junge Mädchen. Und wieder das Gehämmer der Bordwaffen! Diesmal von der anderen Seite. Der Zug bot Deckung.
„Das sind ja Gisela und Waltraud", rief Karl Heinz erstaunt.
Die beiden Mädchen waren am frühen Morgen mit Herrn Heinemann in dessen Wagen in die Stadt gefahren und hatten Ware mitgebracht. Am Hauptbahnhof stiegen sie in den Zug; deshalb hatten die jungen Leute sich nicht vorher gesehen.
„Die Verletzungen sind nicht so schlimm", beruhigte Rolf seinen Freund, obwohl er selbst sehr aufgeregt war.

Notdürftig wurden die Verletzten versorgt, bis Rettungsmannschaften und Krankenwagen aus der Stadt eintrafen. Neben den vielen Verletzten kostete dieser gemeine Angriff zwei Kinder und drei Frauen das Leben.

Der Zug war nicht mehr fahrbereit. Die drei Kilometer bis zum Ort gingen die Unverletzten über die Schwellen auf dem Bahndamm.

„Wenn die Knilche jetzt anfliegen, haben die uns wie auf dem Präsentierteller", stellte Helmut fest.

Es erfolgte aber kein Angriff mehr.

Still und friedlich lag die Landschaft im Sonnenlicht.

Eine Lerche trällerte ihr Lied.

„Es ist ohne Menschenliebe gewiß kein Glück möglich,
und ein so liebloses Wesen wie ein Menschenfeind
ist auch keines wahren Glückes wert."

Heinrich von Kleist

Die Arbeit ging ihrem Ende entgegen. Vom Fliegerhorst kamen die Maschinen und Werkbänke. Lehrlinge des zweiten Lehrjahrs halfen beim Aufstellen. Beim Transport einer Drehbank ereignete sich ein leichter Unfall: Christoph spielte Reiter; er saß auf einer Drehbank, was natürlich verboten war. In einer Kurve kippte die Drehbank zur Seite, und Christoph segelte an die Straßenböschung. Der Fahrer hatte den Zwischenfall nicht einmal bemerkt. Das nachfolgende Fahrzeug sammelte den leicht benommenen Jungen auf.

Zwischen Gisela und Rolf blieb es eine schöne Freundschaft. Die Verletzung nach dem Luftangriff war nur leicht. Karl Heinz und Rolf holten die beiden Mädchen mit einem Blumenstrauß bewaffnet vom Bahnhof ab.

Das zweite und dritte Lehrjahr zog in die neue Unterkunft ein. Das Vorkommando mußte die schönen Zimmer bei „seinen" Bauern aufgeben und zog auch in den Saal.

Nach zwei Wochen nahm der Meister die älteren Lehrlinge beiseite. „Ihr werdet wieder zum Fliegerhorst versetzt", sagte er. „Oberingenieur Wendt hat euch angefordert. Am Montag arbeitet Ihr auf der Werft."

„Ach, du grüne Neune! Wo wir uns so gut eingelebt haben", entfuhr es Karl Heinz enttäuscht.

„Unsere Baracke ist doch von Strippenziehern, ich meine, von einer Nachrichteneinheit besetzt", wußte Helmut.

„Ihr wohnt im alten Unterhaltungsraum. Betten sind schon aufgestellt", entschied der Meister.

Bäcker Kopf spendierte mal wieder Brause und Kuchen für eine Abschiedsfeier.

Am letzten Freitagabend setzten sich die Lehrlinge des ersten Lehrjahrs im Garten mit dem Meister und den Gesellen Hans und Otto zusammen. Man unterhielt sich über die Lehrarbeit und die weitere Ausbildung.

„Es ist geplant, daß Ihr die Facharbeiterprüfung schon in diesem Jahr machen sollt. Das bedeutet natürlich Mehrarbeit. Auch wenn kein Meister die Überwachung übernimmt, habt Ihr mein Vertrauen. Von euren Quartiersbauern habt Ihr Leute vom Vorkommando euch ja schon verabschiedet. Jetzt wollen wir ins Bett gehen! Stört die anderen nicht, es ist schon 22.30 Uhr! Morgen könnt Ihr den Frühzug nehmen. Für die Arbeit in der Werft wünsche ich euch alles Gute!"

Am anderen Morgen schnürten die Jungen ihr Bündel, verabschiedeten sich vom Meister, den Gesellen und ihren Kameraden und marschierten die Dorfstraße entlang zum Bahnhof. Unterwegs grüßten die Dorfbewohner die Reisenden, denn es hatte sich herumgesprochen, daß die Lehrlinge das Dorf verließen.

Karl Heinz und Rolf schielten heimlich zur linken Straßenseite. Dort hatten sie gewohnt. Würden sie die Mädchen noch einmal sehen? Sicher arbeiteten diese im Stall. Da, ein leiser Ruf! Waltraud und Gisela standen in der Toreinfahrt. Schnell liefen die beiden Jungen über die Straße.

„Schön, daß Ihr auf uns gewartet habt! Wir fürchteten schon, euch nicht mehr zu sehen. Es war eine herrliche Zeit in eurem Dorf! Wir werden bestimmt oft an euch denken", verabschiedete sich Rolf.

Waltraud und Karl Heinz standen schweigend aneinandergelehnt.

Gisela sah Rolf in die Augen. „Ich bin traurig, daß Ihr wieder in die Stadt geht. Auch wir werden immer an euch denken! Deine Anneliese ist jetzt sicher glücklich. Für eure Zukunft alles Gute! Laßt uns hier Abschied nehmen! Wir bringen euch noch zum Zug. Es braucht aber keiner zu sehen, wenn wir uns küssen."

Rolf nahm Gisela in die Arme. Ein zärtlicher Kuß sagte mehr als viele Worte.

Gemeinsam gingen die Paare zum Bahnhof. Sie gaben sich noch einmal die Hand. Ein letzter Blick in die Augen. Der Zug setzte sich in Bewegung. Lange waren noch die beiden Taschentücher zu sehen, mit denen die Mädchen winkten.

Der Zug verschwand im Wald und brachte die Jungen wieder in die Stadt.

Eine kurze, schöne Zeit
kann für's ganze Leben
eine Erinnerung bleiben.

Am Montagmorgen trafen sich die Lehrlinge in ihrer neuen Behausung. Mit dem Bus waren sie zum Fliegerhorst hinausgefahren.

„Ach, du meine Güte, wer kommt denn da? Läßt man euch auch wieder auf anständige Menschen los? Jetzt gibt es sicher wieder Aufregung!" So wurden sie vom Wachhabenden empfangen.

„Ohne uns Fachkräfte bricht eben der Laden zusammen", konterte Wolfgang.

Die Jungens fühlten sich gleich wieder wie zu Hause. Mit ihrer Unterkunft waren sie jedoch gar nicht zufrieden.

„Wie sieht denn der Schuppen aus? Der ist ja total versaut", ärgerte sich Joachim.

„Da haben wir aber zu schuften, bis wir die Bude wohnlich haben! Seht euch die Betten an! Das sind ja zusammengeschusterte Holzgestelle", äußerte sich Helmut empört.

„Und Strohsäcke liegen darauf! Oh, heiliger Strohsack, da werden wir aber schön träumen! Was ist aus unserer schönen Baracke geworden? Na, Leute, ran an die Sache, und klar Schiff gemacht!" beendete Rolf die Debatte.

Mit vereinten Kräften räumten die Jungens den Unterhaltungsraum auf, bauten ihre Betten und richteten sich häuslich ein.

„So sieht die Sache doch schon recht ordentlich aus! Aber jetzt machen wir uns auf die Socken, sonst denkt Oberingenieur Wendt, wir kommen überhaupt nicht mehr", sagte Karl Heinz.

Die Lehrlinge gingen zur Werft und meldeten sich beim Oberingenieur.

„Na, Jungens, wie geht es euch? Die Landluft scheint euch ja gut bekommen zu sein! Ich brauch' euch in der Werft. Die Ausbildung ist soweit abgeschlossen. Ihr habt sehr gut mitgearbeitet und mehr geleistet, als im Ausbildungsplan vorgesehen war. Erzählt einmal, wie es euch auf dem Lande ergangen ist!"

Die jungen Lehrlinge hatten viel zu berichten. Danach teilte der Oberingenieur die Jungens den einzelnen Arbeitsgruppen zu.

Vielen Soldaten der Werftabteilung waren die Lehrlinge bekannt. Rolf kam zur Gruppe des Unteroffiziers Martens.

Nach der Vorstellung der neuen Arbeitskameraden erklärte Unteroffizier Martens das Flugzeug. Es war eine Me 109. „Du kannst dir etwas darauf einbilden, gerade an dieser Maschine arbeiten zu dürfen. Sie gehört nämlich dem Kommandeur, Oberstleutnant Müller!"

Rolf kletterte gleich in den Pilotensitz. In Gedanken flog er durch silberne Weiten, selig dem Himmel zugewandt. Ein unbeschreibliches Gefühl durchrieselte ihn.

„Ach, könnte ich doch auch schon selber fliegen", dachte Rolf, als er aus seinen Träumen gerissen wurde. – „Komm wieder runter, Rolf, die Arbeit beginnt!"

Schnell hatten sich die Lehrlinge eingearbeitet. Mit den Soldaten der Werftabteilung bildete sich eine Kameradschaft. Jeder Handgriff wurde den Lehrlingen gezeigt, jede Frage beantwortet. In kurzer Zeit konnten die Jungens selbständig arbeiten und wurden als Soldaten anerkannt.

An der FW 190 wurden Panzerplatten an den Seiten des Pilotensitzes angebracht. Nach kurzer Zeit standen die Maschinen wieder in der Werft.
„Den Schrott wieder abmontieren", kommandierte der Werkmeister.
„Was soll der Quatsch denn?" wunderte sich Karl Heinz. „Erst anbauen, jetzt abbauen – als ob wir sonst nichts zu tun hätten!"
„Das hat alles seine Richtigkeit", erklärte der Werkmeister. „Wir haben die Panzerplatten zum Schutz der Piloten angebracht. Die Idee war auch nicht schlecht. Das Ganze hat nur den Nachteil, daß die Maschine jetzt zu langsam ist. Die Piloten wollen aber lieber eine schnelle und wendige Maschine. Darum werden die Panzerplatten wieder abgebaut!"
„Das leuchtet uns ein", sagte Helmut überzeugt.

Eines Tages kam eine Me 109 in die Werft. Nach dem Start zu einem Einsatz hatte der Pilot einen Schaden in der elektrischen Anlage festgestellt. Also zurück zum Platz!
Kaum stand das Flugzeug in der Halle, kletterte Karl Heinz in „seine" Maschine und setzte sich auf den Pilotensitz; Füße in die Pedale des Seitenleitwerks, rechte Hand am Steuerknüppel. Ein Blick durch das Visier. Ein Druck mit dem Daumen auf den Auslöseknopf für die Bordwaffen. – Die Halle dröhnte von den Schüssen wider; von den Wänden der Büroräume platzte der Putz. Einige Sprenggeschosse gingen durch die Wände hindurch.
Karl Heinz war leichenblaß; vor Schreck konnte er sich nicht bewegen.
Als der Spuk vorüber war, kamen die Büroangestellten verstört auf den Gang. „Karl Heinz, du alte Pflaume! Die Mühle kam doch vom Einsatz, voll bis zur Halskrause mit Munition! Nach der Reparatur geht sie gleich wieder in die Luft!"
Karl Heinz konnte nur mit Hilfe seiner Kameraden aus dem Flugzeug klettern. Es dauerte lange, bis er sich beruhigt hatte. Verletzt wurde niemand.
Es muß zur Entschuldigung gesagt werden, daß sonst nur Flugzeuge in die Werft kamen, bei denen vom Bodenpersonal die Munition herausgenommen worden war. Dies war ein Sonderfall. Aber er zeigt, daß für Sicherheit immer gesorgt sein muß.
Karl Heinz hat aus diesem Vorfall gelernt. Nach der Reparatur ging die Maschine wieder auf Feindflug. Mit zwei Abschüssen kam der Pilot zurück.

Wenn Feindeinflüge gemeldet waren, mußten die Lehrlinge mitunter auf die andere Seite des Rollfelds zum Betanken der Flugzeuge. Es konnte sein, daß Staffeln oder einzelne Flugzeuge von anderen Flugplätzen auf diesem Platz zwischenlandeten und aufgetankt wurden.

Am Ende des Platzes war eine Vierlingsflak-Batterie. Auch dort machten sich die Jungen nützlich. Sie schleppten Munitionskästen oder suchten den Himmel nach Flugzeugen ab. Diese Aufgabe war freiwillig.

An einem schönen Sommertag stand Rolf auf der Tragfläche einer Me 109 und hielt den Benzinschlauch in die Tanköffnung der Me. Der Tankwart sah aus seinem unterirdischen Reich heraus. Die Maschine war aufmunitioniert; die Warte hatten sie durchgesehen. Nach dem Betanken sollte sie wieder starten.

Plötzlich sah der Tankwart eine Maschine in den Platz einschwenken. Sie setzte zur Landung an.

„Was ist mit der los? Der hat ja das Fahrwerk nicht ausgefahren", rief der Tankwart. – Rolf sah sich um. Tatsächlich: Das Flugzeug flog genau die Landebahn an. – „Der fliegt zu schnell! Wenn der so runterkommt, gibt das den besten Bruch!"

„Verdammt, der dreht genau auf uns zu!" schrie Rolf entsetzt und sah plötzlich direkt in das Maschinengewehrfeuer. Die Geschosse platzten in die Maschine, auf deren Tragfläche er stand. – Was nun? Zum Überlegen war keine Zeit mehr!

Mit einem Satz sprang er die 1,50 Meter auf die Betonbahn und gleich weiter drei Meter in den Tankraum. Auf dem Rücken rutschte er die Eisenleiter hinunter. Schnell drehte er den Haupthahn zu.

Der Tankwart lag mit dem Oberkörper aus dem Tank heraus. Rolf zog ihn nach unten; eine schwere Aufgabe. Der Soldat blutete aus einer großen Wunde in der Brust. Er war tot. Das Flugzeug hatte Feuer gefangen.

Rolf kletterte noch einmal die Leiter hinauf, zog den Benzinschlauch, den er vorher auf den Boden geworfen hatte, zu sich heran und warf ihn in den Tank. Na ja, es war natürlich ein Extraraum für die Armaturen.

Im letzten Augenblick konnte er den Tankdeckel schließen, dann gab es ein gewaltiges Feuerwerk. Das vollgetankte Flugzeug brannte, die Munition explodierte. Das Licht im Tankraum war ausgefallen. Rolf kauerte im dunklen Raum – allein mit dem toten Soldaten. Die Feuerwehr konnte natürlich den Brand nicht löschen. Das Flugzeug brannte aus.

Nach zwei Stunden öffnete sich der Tankdeckel. Ein Feuerwehrmann stieg hinab. „Hier sind noch zwei Mann! Ich glaube, einer ist verwundet!"

Zuerst wurde Rolf herausgeholt. Mit dem Sanka (Sanitätskrankenwagen) brachte man ihn in das Sanitätsrevier. Stabsarzt Dr. Müllverstedt untersuchte ihn gründlich. Sein Rücken war total aufgeschrammt.

„Es wird etwas brennen", meinte der Doktor.

Rolf stiegen die Tränen in die Augen, aber er sagte nichts.

„Du hattest einen Schutzengel! Hoffentlich ist die Wirbelsäule heil geblieben! Wir wollen sie demnächst röntgen. Ich habe dich gut verarztet und schreibe dich erst einmal krank."

„Ach was, den kleinen Kratzer verkrafte ich schon", prahlte Rolf, doch er konnte viele Nächte nicht auf dem Rücken liegen.

Als er sich am nächsten Tag zur Arbeit meldete, fragte der Werkmeister: „Na, du Held, was macht dein Rücken? Der Stabsarzt meldet mir, daß du nicht krankfeiern willst. Hast du denn keine Schmerzen?"

„Alles halb so schlimm; diese Kleinigkeit haut doch einen Lehrling nicht gleich um", gab Rolf an.

„Rolf, zum Oberingenieur Wendt", rief in diesem Moment ein Soldat von der Galerie.

Der Lehrling meldete sich bei seinem Oberingenieur.

„Ich gratuliere dir zu deinem Einsatz", sagte dieser. „Du hast riesiges Glück gehabt und richtig gehandelt, als du den Tankdeckel geschlossen hast. Der Kommandeur spricht dir durch mich seine Anerkennung aus!"

Später stürmten die Kameraden auf Rolf ein: „Junge, du kannst heute Geburtstag feiern! Wie leicht hätte das ins Auge gehen können!"

„Da wird deine Anneliese aber stolz auf dich sein!"

„Jetzt bekommst du sicher einen Orden!"

„General wirst du aber nicht gleich!"

„Zur Schonung darfst du dich in den nächsten Tagen in der Flakstellung ausruhen."

„Leute, haltet keine Volksreden! Morgen besichtigt Hermann Meyer, will sagen Göring, unser Dienstherr, unseren Laden. Also ran und bestens aufgeräumt! Die Maschine unseres Herrn und Gebieters kommt in die Werft zur Durchsicht. Wenn Ihr die Mühle besichtigen wollt, wascht euch vorher die Füße! Ab an die Arbeit!" – Der Werkmeister hatte eine besondere Art, seine Leute zur Arbeit anzuregen. Es herrschte ein emsiges Treiben.

„So 'n Blödsinn, noch mehr aufzuräumen! Die Halle ist doch sonst auch sauber! Ich befehle: Flugzeuge, richt' euch!" motzte Joachim.

Und er hatte recht. Die Werfthalle hätte wirklich jederzeit besichtigt werden können. Aber es war nun einmal so: Kommt hoher Besuch, mußte alles noch besser gemacht werden.

Abends hatten die Jungen Stadturlaub. Anneliese hatte schon erfahren, was auf dem Fliegerhorst geschehen war. So etwas sprach sich in der kleinen Stadt schnell herum. Stolz war das Mädchen nicht gerade. Es war besorgt. „Rolf, du mußt besser auf dich achtgeben! Ich will keinen Helden! Bleibe gesund, dann freue ich mich viel mehr!"

„Ihr Mädchen seht die Sache ganz anders. Zum Überlegen hatte ich keine Zeit. Ich habe so gehandelt, wie es sein mußte. Morgen besucht uns Hermann Göring. Er kommt natürlich nicht meinetwegen. Aber laß uns von etwas anderem reden! Es ist schön, bei dir zu sein."

Die Lehrlinge standen mit den Soldaten der Werft vor der Halle.
Das Flugzeug flog eine Runde um den Platz und landete.
„Der kommt ja ohne Begleitschutz", wunderte sich Helmut.
„Warum sollte er auch, es überfliegt doch kein feindliches Flugzeug das Reichsgebiet", wußte Rolf zu berichten.
„Du Schlauberger! Und warum starten unsere Piloten täglich?" fragte Hans.
„Keine Ahnung, frag doch Hermann!"
(Zum besseren Verständnis sollte gesagt werden, daß Reichsmarschall Hermann Göring einmal sagte: „Wenn ein feindliches Flugzeug die Reichsgrenze überfliegt, will ich Meyer heißen.")
Inzwischen war die Maschine gelandet und rollte vor die Halle II, wo eine Abordnung zum Empfang stand. Nachdem der Reichsmarschall mit seiner Begleitung ausgestiegen war, rollte die He 111 zur Werft. – Die Tore waren geöffnet und ein Platz frei gemacht. Auf dem Hallenvorfeld stellte der Pilot die Motoren ab, und mit vereinten Kräften wurde die Maschine in die Werft geschoben. Die Lehrlinge umstellten gleich das Flugzeug; sie konnten es nicht erwarten, es zu stürmen.
„Mal langsam, Leute, immer mit der Ruhe! Jeder kann das Schmuckstück besichtigen. Es ist eine Heinkel wie jede andere. Der Unterschied besteht nur darin, daß diese Maschine keine Bewaffnung und keinen Bombenschacht hat. Dafür hat die gute He eine gemütliche Einrichtung", erklärte der Werftleiter, Oberingenieur Wendt.
Die Jungens kletterten durch die Bodenluke hinein.
„Mein lieber Schwan, ist das eine Kiste", schwärmte Christoph.
Der Innenraum des Flugzeugs war gemütlich eingerichtet mit Sesseln und Tischen. Einfach, aber gemütlich.
Rolf zwängte sich gleich auf den Pilotensitz. Karl Heinz spielte den Copiloten. „Diese Maschine möchte ich auch fliegen! Mann, Karl Heinz, wenn wir es erst soweit geschafft haben, bin ich froh!"
„Ich habe so das dumme Gefühl, als solle dieser Wunsch nicht in Erfüllung gehen. Wer weiß, was uns noch alles blüht!"
„Du bist ein alter Miesmacher! Bald machen wir unsere Prüfung, und dann werden wir weitersehen!"
„Zunächst geht es zum RAD (Reichsarbeitsdienst)! Helmut hat schon seine Einberufung."
„Karl Heinz hat recht, nach der Prüfung kommt Ihr wieder zur Werft. Was dann wird, wer weiß? Ich wünsche euch, daß Ihr nicht eingezogen werdet. Ihr beide solltet bereits jetzt zum RAD. Ich habe euch zurückbehalten. Es war nicht einfach. Aber erst sollt Ihr die Facharbeiterprüfung machen, und dann möchte ich auch noch etwas von euch als Facharbeiter haben", griff Oberingenieur Wendt in das Gespräch ein.

„So, Ihr Piloten, und jetzt laßt einmal die Kameraden an die Steuersäulen! Wir machen es uns noch für einen Augenblick in den Sesseln gemütlich." Der Pilot erklärte die Maschine und berichtete über seine Flüge mit dem Reichsmarschall.

Plötzlich ein Ruf: „Leute, Hanna Reitsch schwebt mit der V1 in den Platz ein!" – Wie von einer Tarantel gestochen, sprangen die Jungens durch die Bodenluke und rannten zum Rollfeld. Eine He 111 hatten sie schon oft gesehen, eine V1 noch nicht.

Die V1 war eine durch ein Düsentriebwerk angetriebene Rakete mit kurzen Stabilisierungsflächen. Hanna Reitsch flog diesen Flugkörper ein. Natürlich war diese Erprobungsrakete nicht mit Sprengstoff gefüllt.

Nach einer glatten Landung wurde der Flugkörper von Soldaten vor die Halle II gerollt. Die Pilotin stieg aus und wurde vom Reichsmarschall begrüßt.

Die Lehrlinge rannten quer über das Rollfeld, was natürlich verboten war. Prompt wurden sie auch vom Fliegerhorstkommandanten in Empfang genommen: „Ihr Lausejungen, soll ich euch einsperren?"

Nach einem Blick auf die V1 meinte er: „Na, ich will mal beide Augen zudrücken. Kommt mit!"

Die Soldaten bildeten eine Gasse und ließen die jungen Leute hindurch gehen. Hermann Göring und Hanna Reitsch sahen der Gruppe entgegen. Der Fliegerhorstkommandant stellte die Lehrlinge vor. Mit roten Ohren und sehr aufgeregt gaben sie dem Reichsmarschall die Hand.

„Ihr seid also die junge Generation Flieger", sagte Göring. „Oberstleutnant Müller hat mir schon von euch und euren Schandtaten berichtet. Aber er wußte auch Gutes zu sagen. Laßt euch von Frau Reitsch die V1 erklären! Ich wünsche euch viel Erfolg im Leben!"

Einige Fragen wurden von den Lehrlingen mehr gestottert als beantwortet; dann ging es an den Flugkörper. Hanna Reitsch erklärte alles sehr genau. Die Jungens waren Feuer und Flamme.

„Leute, wenn wir das später erzählen, glaubt uns das keiner!" Joachim war ganz aufgeregt.

„Ich habe gehört, wie Oberstleutnant Müller Rolfs und Karl Heinz' Namen dem Reichsmarschall genannt hat. Der Adjutant hat sie aufgeschrieben", wußte Hans zu berichten.

„Haben wir etwas ausgefressen", fragte Rolf. „Ich kann mich nicht erinnern."

„Weißt du das so genau?"

„Nee, aber in letzter Zeit waren wir doch sehr artig! Vor lauter Arbeit hatten wir auch keine Zeit, etwas anzustellen."

Die Offiziere waren in das Kasino gefahren; die Soldaten gingen in ihre Unterkünfte.

„Na, Jungens, diesen Augenblick werdet Ihr sicher nicht so schnell vergessen." Oberingenieur Wendt war natürlich mitgekommen. Er war stolz auf seine Jungens. Dieses Ereignis fand an einem Freitag statt.

Der Werftleiter sah auf seine Uhr. „Es ist jetzt 16 Uhr. Ich befehle: Ab in die Unterkunft, waschen, rein in die guten Klamotten und ab nach Hause! Montag sehen wir uns in alter Frische wieder!" Mit einem fröhlichen Lied auf den Lippen marschierten die Lehrlinge in die Unterkunft.

„Was ist denn mit euch los, habt Ihr euch verdünnisiert?" fragte der Wachhabende.

„Wegen guter Führung wurden wir vorzeitig entlassen", konterte Werner. Eigentlich dauerte die Arbeitszeit nämlich bis Sonnabend.

Im Bus in die Stadt wurde das Erlebnis noch einmal durchgesprochen. Die Jungens waren sehr beeindruckt; die Aufregung legte sich aber langsam wieder.

Das Wochenende war mal wieder viel zu kurz. Aber das ist wohl immer so. Am Montag waren die Lehrlinge wieder pünktlich an ihrem Arbeitsplatz.

Eine Focke Wulf (FW) 190 wurde in die Werft gerollt.

„Donnerwetter, hat die Löcher im Rumpf! Die sieht ja aus wie ein Schweizer Käse", staunte Heinz.

„Die Latte (Luftschraube) hat auch etwas abbekommen. Wie hat der Pilot die Kiste nur runtergekriegt ohne Bruchlandung? Das Fahrwerk ist auch beschädigt", stellte Rolf fachmännisch fest.

Wegen der schweren Beschädigungen sollten zwei Gruppen an diesem Flugzeug arbeiten. Der Pilot wurde bei dem Luftkampf schwer verletzt.

Heinz war gleich – wie üblich – in den Pilotensitz geklettert. Rolf stand unter der Tragfläche und besah sich den Schaden am Fahrwerk, das er reparieren sollte.

Das Fahrwerk wurde zur Mitte in die Tragfläche eingezogen. Rolf stand genau unter dem Kasten, der das Rad aufnehmen sollte, als ein Schütteln und Rucken durch die Maschine ging. Die Räder rappelten über den Beton des Werftbodens. Das Fahrwerk knickte ein, und die Maschine senkte sich. Das Rad hatte Rolfs Beine zur Seite gedrückt; mit den Händen hielt er sich an der Tragfläche fest.

„Verdammt, die Maschine sackt weg!" rief Unteroffizier Martens.

Im letzten Moment konnte der auf der Fläche stehende Elektriker den Knopf zum Ausfahren des Fahrwerks drücken. Das Flugzeug richtete sich wieder auf. „Du verdammter Knilch! Fährt der Blödmann das Fahrwerk ein, und der Vogel ist noch nicht abgestützt!"

An dieser Stelle muß gesagt werden, daß ein Flugzeug, wenn es in die Werft kommt, als erstes gesichert wird. Unter die Tragflächen werden stabile Stützen gestellt.

Heinz war zu voreilig gewesen. Kaum saß er im Pilotensitz, drückte er den Knopf zum Einfahren des Fahrwerks. Rolfs Fehler war es, daß er zu früh unter das Flugzeug ging.

„Rolf, du hast aber enormes Glück gehabt! Ich sah dich schon platt wie eine Flunder", beglückwünschte Unteroffizier Martens den blassen Lehrling.

„Da kann man mal sehen, wie schnell ein Unglück passieren kann! Eine Unaufmerksamkeit kann schlimme Folgen haben! Sicherheit ist das Wichtigste", mahnte der Werkmeister.

„Der Strippenzieher hat rasant schnell reagiert. Noch zwanzig Zentimeter weiter und die Maschine wäre weggesackt, und keiner hätte Rolf herausgeholt", lobte der Unteroffizier den Elektriker.

„So, Leute, der Schrecken ist überwunden! Jetzt die Maschine sichern und wieder ran an die Buletten! Die Kiste muß schnell wieder einsatzbereit sein", bestimmte der Meister. „Na, Rolf, noch weiche Knie, oder geht es wieder?"

„Alles klar, die Kleinigkeit verkraften wir spielend", prahlte Rolf.

Die Arbeit ging weiter.

Auf dem Heimweg zur Unterkunft liefen unsere Freunde mal wieder auf verbotenen Wegen den Bahndamm entlang auf einem Trampelpfad hinter den beiden Blocks der Fliegerhorstkompanie und der Unterkunft der Luftnachrichtenhelferinnen. Als sie um die Ecke bogen, sahen sie die Mädchen und Soldaten der Nachrichtenstelle um einen Springbrunnen sitzen. Auf dem Rasen standen Tische, beladen mit leckeren Sachen. – Wo die herkamen, wer weiß? Organisation ist alles. Fragen wir nicht weiter danach.

„Seht, unsere Kleinen, die schleichen sich von hinten durch die Büsche an", wurden die Lehrlinge von Unteroffizier Witt begrüßt.

„Ich schlage vor, die Jungens nehmen an unserer Feier teil", schlug Hauptmann Geiger vor.

„Na klar, die Jünglinge wollen doch auch einmal aus ihrem Schuppen heraus! Was haben sie schon für Abwechslung? Immer nur Arbeit und Dienst, das schadet nur!"

„Ihr habt gehört! Fräulein Herta hat Geburtstag. Schmeißt euch in eure Uniform! In einer halben Stunde meldet Ihr euch bei mir", gab Oberstleutnant Müller seine Anordnung.

„Trabt an, Kerls, sonst essen wir alles alleine auf", trieb Unteroffizier Witt die Jungens an.

Und schon waren die Lehrlinge verschwunden.

„Das ist eine unverhoffte Einladung", freute sich Joachim.

„Wir sind eben nette Jungen und bei den Mädchen beliebt", gab Helmut großspurig an.

„Los, Leute, in die Klamotten, sonst futtern die Landser noch alles auf", ermahnte Karl Heinz seine Kameraden.

In Windeseile duschten die Lehrlinge und zogen sich um. Nach zwanzig Minuten standen sie bereits vor der Unterkunft.

„Rolf, du mußt Fräulein Herta gratulieren", schlug Helmut vor.

Rolf sah sich um, ging über die Straße und verschwand hinter der ehemaligen Unterkunftsbaracke.

„Was will der Dussel denn da? Wir müssen doch in die andere Richtung! Total die Orientierung verloren", wunderte sich Joachim.

Mit einem Feldblumenstrauß aus dem Garten der Nachrichtenleute erschien Rolf wieder bei seinen Kameraden.

„Der Kerl denkt auch an alles", lobte Helmut.

Mit „Hallo" wurden sie empfangen.

Rolf ging auf Fräulein Herta zu, machte eine formvollendete Verbeugung und überreichte seine geklauten Blumen: „Im Namen meiner Kameraden gratuliere ich Ihnen recht herzlich zum Geburtstag und wünsche für die Zukunft alles Gute!"

„Herzlichen Dank, Rolf! Es ist nett, daß du mit deinen Kameraden an meiner kleinen Feier teilnimmst."

„Rolf kann gleich seinen Geburtstag mitfeiern", sagte Hans.

„Was soll denn das heißen?" wollte der Oberstleutnant wissen.

Karl Heinz erzählte die Begebenheit mit der FW 190.

„Mein lieber Mann, da hat der Junge aber Glück gehabt! Also zwei Geburtstage!"

„Rolf hat es mit seinen Geburtstagen; dies ist in diesem Jahr schon sein zweiter zusätzlicher."

„Jetzt langt es aber! In Zukunft mußt du besser auf dich achtgeben", ermahnte ihn seine Mutter. „Die Sache beginnt aber ernst zu werden!"

Unteroffizier Witt sagte: „Leute, redet nicht so viel! Die leckeren Speisen warten auf uns. Ran an die Kanonen!"

Es schmeckte allen enorm gut.

Nach dem Essen setzte man sich in gemütlicher Runde um den Springbrunnen. Er war nicht angestellt. Viele lustige Geschichten wurden erzählt.

Die Sonne ging zur Ruhe. Die „Strippenzieher" hatten einige Lampen aufgehängt, die einen warmen Schein verbreiteten.

Feldwebel Steiger packte sein Akkordeon aus und spielte alte Weisen. Bald sangen alle mit. Zwischendurch erzählten die Soldaten von ihren Fronterlebnissen; aber nur lustige Begebenheiten. Die gab es auch im Krieg.

Der Abend war schon weit fortgeschritten. Die Sterne funkelten.

Eine bekannte Melodie erklang:

Heimat, deine Sterne,
Sie strahlen mir auch am fernen Ort.
Was sie sagen, deute ich ja so gerne
Als der Liebe zärtliches Losungswort.
Schöne Abendstunde,
Der Himmel ist wie ein Diamant.
Tausend Sterne stehen in weiter Runde,
Von der Liebsten freundlich mir zugesandt;
In der Ferne träum' ich vom Heimatland.

Stand ich allein in der dämmernden Nacht,
Hab' ich an dich voller Sehnsucht gedacht.
Meine guten Wünsche eilen,
Wollen nur bei dir verweilen.
Warte auf mich in der Ferne,
Heimat.

Heimat, deine Sterne,
Sie strahlen mir auch am fernen Ort.
Was sie sagen, deute ich ja so gerne
Als der Liebe zärtliches Losungswort.
Schöne Abendstunde,
Der Himmel ist wie ein Diamant.
Tausend Sterne stehen in weiter Runde,
Von der Liebsten freundlich mir zugesandt;
In der Ferne träum' ich vom Heimatland.

Das Licht war erloschen. Viele sahen in die Sterne und hatten Tränen in den Augen. Waren sie doch schon lange vor ihren Lieben getrennt. Es stellte sich eine Heimwehstimmung ein.

Dieser Zustand mußte beendet werden! Unteroffizier Witt, der immer einen Ulk wußte, verschwand unauffällig. Das Licht ging wieder an. Plötzlich ein Gejauchze. Der Springbrunnen fing lustig an zu plätschern. – Die aufkommende Traurigkeit war gebannt.

In den Lüften erscholl Motorengeräusch. Ein Pulk feindlicher Bombenflugzeuge zog seine Bahn. Für die kleine Stadt war kein Fliegeralarm gegeben worden. Hier gab es keine Ziele. Noch nicht. Größere Städte brachten mehr Zerstörung.

„Wo die wohl wieder hinfliegen?"

„Es ist eben Krieg! Wir haben ihn für einige frohe Stunden vergessen."

„Und gleich zwei Geburtstage gefeiert."

„Es war einmalig, wieder unbekümmert zu feiern, und wenn es auch nur für Stunden war. Ich danke euch allen, daß Ihr meinen Geburtstag so schön gestaltet habt!"

„Einmal ist jede Feier zu Ende. Für unsere jungen Freunde ist die Zeit sowieso schon lange überschritten. Aber auch für uns alte Hasen wird es Zeit. Ich bedanke mich recht herzlich bei unserer Gastgeberin und wünsche eine angenehme Nacht."

Der Oberstleutnant beendete den schönen Abend. Auch als Kommandeur des Geschwaders fühlte er sich noch „seiner" Fliegerhorstgruppe verbunden.

Auch unsere Jungen krochen auf ihre Strohsäcke, die sie nach ihrem Umzug erhalten hatten. Die Matratzen blieben im Dorf. Es war ein anstrengender und ereignisreicher Tag gewesen. Schnell schliefen die Lehrlinge ein. Morgen wartete viel Arbeit.

Die Flugzeuge mußten für neue Einsätze bereitgestellt werden. Eine Ju 52 war repariert worden und wurde nun aus der Werft gerollt. Auf dem Hallenvorplatz wartete der Pilot mit seiner Besatzung und dem Werkmeister zum Werkstattflug. Die Maschine rollte zum Start. Über die Kommandantur zog die gute Tante Ju in den Himmel. Die Motoren sangen ihr Lied.

„Wie haben wir die Kiste wieder hingekriegt? Ich möchte wissen, was die Propellerputzer ohne uns Fachkräfte machen würden", sagte Christoph, stolz auf die geleistete Arbeit.

„Gib nur nicht so an, Kleiner! Hätten wir euch nicht so gut ausgebildet, würde die Mühle schon beim Start auseinanderfallen", bremste ein Soldat ab.

„Ihr seid aber froh, daß Ihr uns Lehrlinge habt! Wo Ihr mit euren dicken Fingern nicht dran kommt, müssen wir uns hinzwängen", konterte Wolfgang.

Ingenieur Brandt hatte sich das Geplänkel schmunzelnd angehört. „Es ist schon so! Die Jungens haben viel gelernt. In die hintersten Ecken sind sie hineingekrochen und haben damit verhindert, daß die halbe Maschine auseinandergenommen werden mußte. Unsere Jungens sind schon in Ordnung!"

Rolf sah eine einmotorige Maschine den Platz anfliegen.
„Von uns ist doch kein Jagdflugzeug in der Luft", wunderte er sich.
„Die Krähe sieht wie eine Me 109 aus."
„Nee, das ist keine von uns", stellte Helmut fest.
Ingenieur Brandt war aufmerksam geworden: „So 'n Mist! Das ist eine Mustang, und gleich fliegt die Ju den Platz an!" Das Motorengeräusch war schon zu hören.
„Der Tommy hat unsere Maschine gesehen; er zieht hoch!"
„Der will die Ju aus der Sonne heraus angreifen!"
„Die Flugleitung muß doch das Feindflugzeug ausgemacht haben!"
„Na klar, die Leute schlafen doch nicht! Unsere Besatzung hat bestimmt schon über Funk Bescheid bekommen."
„Zum Landen ist es zu spät! Was soll der Pilot machen?"
So schwirrten die Reden durcheinander.
Die Mustang schoß aus der Sonne von hinten auf die Ju herunter. Der Pilot zog seine Maschine an und flog eine Linkskurve. Die Mustang ließ ihre Bordwaffen sprechen, doch die Geschosse trafen nicht, und der Jäger stürzte an der Ju vorbei, fing seine Maschine ab und flog einen neuen Angriff. Diesmal von vorne. Aber auch diesem Angriff konnte der Pilot der Ju ausweichen.
Der nächste Angriff kam noch einmal von vorne auf die Ju herab.
„Mensch, jetzt hat er die Ju! Die Treffer sitzen im Rumpf und der Tragfläche."
„Die gute Tante hält so einen Kratzer aus!"
Der Pilot der Mustang hatte seine Maschine abgefangen, flog eine Kurve und zog sein Flugzeug steil nach oben.
„Der trifft die Ju genau in der Mitte! Ausweichen ist nicht möglich!"
Der Pilot der dreimotorigen Ju 52 hatte den erneuten Angriff bemerkt. Was sollte er machen? Es gab kein Ausweichen. Plötzlich sackte die Ju durch. Der Pilot hatte stark angedrückt. Die Schnauze senkte sich.
„Sieh dir das an! Die Mustang..." Weiter kam Wolfgang nicht.
Ein lauter Knall zerriß die Luft.
Die Mustang hatte die Ju zwischen Tragfläche und Rumpf gerammt und stürzte ab. Mit aufheulendem Motor raste sie steil der Erde entgegen und

bohrte sich mit einem lauten Knall hinter dem Rollfeld in einen Acker. Eine riesige Rauchwolke stand über der Absturzstelle.

„So etwas habe ich noch nie gesehen! Wie mag unsere Maschine aussehen", wunderte sich Unteroffizier Martens.

„Wir werden es gleich wissen! Die Kiste kommt wieder in die Werft", meinte ein Soldat.

„Dabei haben wir uns so viel Mühe gemacht, um das Flugzeug zu reparieren! Und jetzt ist es schlimmer kaputt als vorher! Hoffentlich ist keiner verletzt, und der Pilot kann heil landen", äußerte Rolf besorgt.

Die Ju schwebte in den Platz ein und landete butterweich. Kurze Zeit später stand sie wieder vor der Werft. Alle betrachteten staunend das große Loch. Die Besatzung wurde zum guten Ausgang des ungleichen Luftkampfes beglückwünscht. Die Ju 52 kam wieder in die Werft.

An einem schönen Tag lagen die Freunde Karl Heinz, Joachim, Heinz und Rolf auf einem Strohhaufen am Rande des Rollfeldes bei der Flakstellung und legten eine kleine Pause ein. Es war alles sehr ruhig. Die Flugzeuge waren gestartet. Man konnte sich in der Sonne aalen.

„Leute, so halte ich den Krieg aus! Faul in der Sonne liegen war schon immer meine liebste Beschäftigung", murmelte Joachim. Er war sogar zu faul, den Mund zu bewegen.

„Das habt Ihr mir zu verdanken", warf sich Rolf in die Brust. „Ohne meine Heldentat dürftet Ihr jetzt nicht hier liegen!"

„Wir sind dir auch unsagbar dankbar. Eine Wiederholung kann schnellstens folgen", antwortete Heinz.

„Ich werde mir die größte Mühe geben", versprach Rolf.

„Laßt uns diesen Ruhetag genießen", meinte Karl Heinz. „Wer weiß, wie oft wir noch so faul in der Sonne liegen können! Oberingenieur Wendt ist schon in Ordnung. Ebensogut hätte er uns eine Arbeit aufs Auge drücken können."

„Der Oberingenieur weiß eben, was er an uns hat", sagte Joachim.

„Seid mal still", unterbrach Rolf. „Da kommt eine Maschine angekrebst! Da kann etwas nicht stimmen! Feuerwehr und Sanka fahren auf das Rollfeld!"

„Das Flugzeug fliegt auch keine Platzrunde!"

„Wieder Arbeit für uns!"

Das Flugzeug kam in den Platz hinein.

„Der Vogel hat ja nur ein Bein ausgefahren!"

Es war eine Me 109. Der Pilot wackelte kräftig, damit das andere Fahrwerk herausfallen konnte. Doch es fiel nicht.

„Wenn das nur gutgeht!"

„Noch zehn Meter, dann gibt es Bruch!"

„Fünf Meter, und der stellt sich auf den Kopf!"

Das Flugzeug schwebte ruhig zur Landung ein. Der Pilot setzte butterweich auf, hielt seine Me in der Waage. Die Maschine rollte auf einem Fahrwerk geradeaus, legte sich langsam auf die linke Tragfläche, drehte sich und blieb mit der Schnauze in Richtung ihres Anfluges liegen. Die Luftschraube war verbogen.

„Mein lieber Mann, das war eine Einbeinlandung, die nicht besser gemacht werden kann!"

„Der Kerl kann eben fliegen!"

„Hermanns Kutscher sind eben klasse!"

„Leute, es gibt Arbeit! Nichts wie hin!"

So die Kommentare der Lehrlinge.

Beim Einbringen der Me 109 in die Werft waren sie natürlich dabei. Der Pilot blieb unverletzt.

„Die Zeit eilt im Sauseschritt." Das hat schon Wilhelm Busch bemerkt. Über Arbeitsmangel brauchten sich die Lehrlinge nicht zu beklagen. Sie lernten viel und wurden für alle Arbeiten eingesetzt.

Die Piloten waren wieder einmal mit ihren Flugzeugen in der Luft. Ein Verband Feindbomber war im Anflug auf Berlin gemeldet.

Die Lehrlinge waren – wir wissen es – zum Betanken der Flugzeuge oder in der Flakstellung eingesetzt. Wie gewöhnlich liefen sie quer über das Rollfeld, obwohl eigentlich die Rollfeldringstraße hätte benutzt werden müssen. Dieser Weg war aber gut und gerne dreißig Minuten länger. Die Abkürzung wurde stillschweigend geduldet, mit der Mahnung, auf anfliegende Flugzeuge zu achten. – Die Lehrlinge achteten darauf! Die Luftschraube konnte einen Körper ganz schön zerhacken.

Bei der Tankanlage trennten sich die Gruppen.

Karl Heinz, Joachim, Helmut und Rolf bummelten weiter zur Stellung der leichten Flak. Vier Geschütze standen umgeben von Splitterwällen; die Soldaten dösten im Sonnenschein. Der Feindverband war über den Platz hinweggeflogen, als die Lehrlinge über das Rollfeld gingen.

„Na, Ihr Strategen, wollt Ihr uns auch einmal wieder beehren?" wurden die Freunde von Feldwebel Hintze begrüßt.

„Die Jungens brauchen etwas Sonne. In der Werft können sie keine Farbe bekommen", meinte Unteroffizier Becker.

„Dürfen wir uns in die Geschütze setzen?" fragte Joachim.

„Mal nachfragen, wie die Luftlage aussieht", antwortete der Feldwebel.

„Schulze, schwirren Vögel durch die Gegend?"

„Nein, Herr Feldwebel, keine Feindmaschine in unserer Nähe gemeldet! In Stendal und Gardelegen kurbeln einzelne Jagdflugzeuge herum."

„Dann ran an die Geschütze! Falls ein Flugzeug aus Görings Stall den Platz anfliegt, keine Zielübungen!" gab der Feldwebel seine Genehmigung.

Schnell saßen unsere Freunde in den Sitzen der Richtschützen. Sie kurbelten mit den Geschützen herum, daß es eine Freude war.

In der Ferne war Motorengeräusch zu hören. – Es kam näher!

„Maschine setzt zur Landung an", wurde vom Beobachter gemeldet.

Die Stellung der Vierlingsflak lag am südlichen Ende des Flugplatzes. Das Rollfeld zog sich an der Stellung vorbei. Der Aufsetzpunkt der landenden Flugzeuge war etwa auf Höhe der Stellung.

„Der Bursche fliegt aber sehr tief", wunderte sich Unteroffizier Becker.

Rolf visierte das Flugzeug an. „Ich habe ihn genau im Fadenkreuz!"

„Bist du wahnsinnig?" schimpfte der Unteroffizier.

In diesem Augenblick drehte das Flugzeug auf die Stellung zu. Es war eine Mustang, die sich an den Platz herangeschlichen hatte. Rolf sah genau in das Mündungsfeuer der Bordwaffen.

„Schieß, Junge! Schieß!"

Rolf hatte das Flugzeug immer noch im Fadenkreuz.

Die Geschoßbahn auf dem Rasen zog genau auf das Geschütz zu.

Langsam drückte Rolf das Fußpedal herunter, und schon ratterte das Geschütz los.

Die Geschosse der Mustang schlugen in die Stellung ein. Zwei Soldaten schrieen auf. Die Schreie gingen aber im Stakkato der Geschosse unter.

Rolf hatte gut gezielt. Seine Lage war genau richtig. Das Feindflugzeug huschte dicht über die Stellung hinweg; es zog eine dunkle Rauchwolke hinter sich her. Auf dem Acker hinter der Straße nach Pretzier konnte der Pilot eine Notlandung machen.

„Das hast du gut gemacht", lobte Unteroffizier Becker den Schützen.

Feldwebel Hintze kam angestürmt. „Wer war der Schütze?" fragte er.

„Melde Abschuß einer Mustang durch unseren Rolf! Die Lehrlinge können nicht nur Flugzeuge reparieren, sie knacken sie auch wie gelernte Flakschützen", meldete Unteroffizier Becker.

„Mann, Rolf, du blutest ja! Wo hat es dich denn erwischt?"

„Ich glaube, es ist mein Kopf", meinte Rolf.

Vor Aufregung hatte er die Verletzung noch nicht einmal bemerkt.

Inzwischen traf der Sanka ein. Rolfs Kopfwunde – es war ein stark blutender Streifschuß – wurde verbunden. Ein Soldat war schwer, der andere leicht verwundet. Beide Soldaten wurden in das Krankenhaus der Stadt gebracht. Der Pilot des Feindflugzeuges – ein englischer Leutnant – wurde bei diesem Gefecht leicht verletzt. Das Flugzeug brannte aus.

Rolfs Freunde waren inzwischen auch zur Stelle. Karl Heinz betrachtete aufmerksam den schönen Kopfverband und sagte mit betrübter Stimme: „Armer Junge, jetzt hast du den schönsten Dachschaden!"

„Ob er jetzt den Jagdschein bekommt?" fragte Heinz scheinheilig.

„Laßt es gut sein, Jungens! Rolf hat gut reagiert. Sein Kopf wird noch einige Tage brummen", bremste der Feldwebel den Redestrom der Lehrlinge.

„Es war doch richtig, daß Rolf das Flugzeug anvisiert hat. Der Knabe hätte uns sonst fertiggemacht. Kein Geschütz war feuerbereit", warf Karl Heinz ein.

„Du hast recht. Ausnahmsweise muß ich diese Zielübung anerkennen. Der Tommy hat sich aber geschickt angeschlichen!"

„Gefreiter Gutsche, fahren Sie unseren Helden zum Stabsarzt! Und Ihr verdrückt euch in die Werft! Etwas Arbeit kann nach der Ruhe, die Ihr hier hattet, nicht schaden", gab Feldwebel Hintze seine Befehle.

„Kann der Gefreite uns ein Stück des Weges mitnehmen? Als Krankentransport? Wer weiß, wie sich der Patient verhält? Vielleicht fängt er an zu toben", bat Joachim den Feldwebel.

„Macht, daß Ihr Lausejungen verschwindet", schimpfte Feldwebel Hintze. – Die Jungens schwangen sich in den VW-Kübelwagen, und ab ging die Fahrt. – „Die Jungens sind in Ordnung, auf die kann man stolz sein", schmunzelte Feldwebel Hintze.

Rolfs Freunde gingen wieder an die Arbeit. Nach drei Tagen erschien auch Rolf wieder in der Werft.

„Unser Pascha ist auch wieder da!"

„Er sieht aus wie ein Fürst aus dem Orient!"

„Hat Anneliese dich wiedererkannt?"

„Laß dir den Kopfschmuck patentieren!"

„Behältst du jetzt einen Dachschaden?"

„Oh, Leute, was muß man leiden, wenn man den Schaden hat und die anderen die Freude", antwortete Rolf.

Auch ein Lehrling findet schon einmal einen Grund, sich vor der Arbeit zu drücken. Wer hat schon immer Lust zur Arbeit? Heinz hatte einen derartigen Moment zu fassen. Doch alleine nichts tun, ist langweilig; also suchte er sich einen Begleiter. Rolf lief ihm in den Weg.

Beide meldeten sich beim Werkmeister mit einem fadenscheinigen Grund ab. Forschen wir nicht weiter nach diesem Grund. Der Werkmeister tat es auch nicht. Jeder sollte seine Ausrede selbst erfinden. Dann gingen sie zur Feuerwache, begrüßten den Oberbrandmeister und wanderten um das Rollfeld herum.

Sie landeten in der Flakstellung. Von den Landsern wurden sie gebührend begrüßt. Über Rolfs Kopfverletzung wurden die üblichen Scherze gemacht; der Kratzer wurde jetzt durch ein großes Pflaster verdeckt.

Die Soldaten standen in Alarmbereitschaft. Ein Verband Feindbomber mit Jagdschutz war gemeldet. Der Verband kam von Westen, mit Kurs auf die Reichshauptstadt. Rolf hatte den Beobachter abgelöst und suchte mit dem Fernglas den Himmel ab.

Da, er konnte kleine Punkte ausmachen! Er meldete seine Beobachtung dem Batterieleiter.

Der Verband kam näher; er flog den Platz an. Plötzlich lösten sich bombenähnliche Gegenstände aus dem Verband.

Der Batteriechef sah es. „Volle Deckung!" rief er.

Alle gingen in Deckung. Nur Rolf nicht – er beobachtete weiter.

„Verdammter Bengel, mach dich klein", rief Feldwebel Hintze.

Doch Rolf blieb stehen.

Die angeblichen Bomben purzelten dicht neben der Stellung am Platzrand in einen Acker.

Keine Detonation!

„Du blöder Hammel, konntest du nicht sagen, daß die Jäger ihre Ersatztanks abwerfen?"

„Jagt der Knabe uns alte Kämpfer mit der Nase in den Dreck!"

„Der Bursche bettelt um Schläge..."

„Warum werfen die Kameraden von der anderen Feldpostnummer denn jetzt schon ihre Tanks ab?"

„Unsere Jäger greifen an!"

„Daher der Name Hase!"

„Mit den Zusatzbehältern sind die Jagdflugzeuge nicht wendig genug!"

Der Verband war über den Platz hinweggezogen. Die Kondensstreifen leuchteten weiß am blauen Himmel. Vom Luftkampf konnten unsere Freunde nichts mehr sehen. Der Feindverband war schon zu weit entfernt. Das Feuer der Bordwaffen hörte sich wie ein fernes Gewitter an.

Heinz und Rolf machten sich auf den Heimweg. Gleich war Feierabend, und den wollte keiner verbummeln.

Oberstleutnant Müller, dem Kommandeur des Jagdgeschwaders Udet, wurde das Eichenlaub zum Ritterkreuz verliehen. Ein Grund, einen gemütlichen Nachmittag anzuordnen. Die kleine Gesellschaft wanderte also zum Gastwirt Lampe hinaus.

Nach der Kaffeetafel zauberte Frau Müller einige Flaschen Sekt auf den Tisch. Auch Rolf bekam sein Glas. Ein kurzer Glückwunsch, und die Gespräche drehten sich wieder um alltägliche Dinge.

Rolf brannte darauf, Erlebnisberichte zu hören: „Herr Oberstleutnant, Sie haben nie über Ihre Einsätze berichtet."

„Weißt du, Rolf, die Einsätze bespreche ich mit meinen Piloten. Gleich nach dem Einsatz sind die Eindrücke noch frisch; die Nerven sind angespannt. Bei einem Gespräch mit den Kameraden über unsere Luftkämpfe kann ich mich entspannen. Wir besprechen, wie wir am günstigsten angreifen können, um eigene Verluste zu vermeiden.

Im gemütlichen Kreis, so wie hier, bei Kaffee und Kuchen, ist ein Gespräch über derart grauenvolle Begebenheiten unangebracht. Uns Piloten macht es keinen Spaß, Feindflugzeuge abzuschießen. Es kostet jedesmal eine Überwindung, den Auslöseknopf der Bordwaffen zu drücken. Aber es muß sein. In diesem Falle geht es um das eigene Leben. Mein Gegner wird auch nicht zögern, mich vom Himmel zu putzen. Eine Sekunde zögern, kann das Leben kosten.

Denke immer daran, Rolf, daß jeder Krieg Unsinn ist! Ich jedenfalls kenne keinen sinnvollen Krieg. Das gegenseitige Töten ist grauenvoll. Dieser Krieg wurde uns aufgezwungen. Wir müssen uns verteidigen.

Doch in den wenigen Stunden, die uns vergönnt sind, wollen wir den Krieg vergessen und fröhlich sein! In dieser netten Runde vergessen wir den Krieg. Wir verdrängen ihn. Wer weiß, was uns der nächste Tag bringt? Genießen wir jede Stunde wie ein Geschenk! Versuche du auch das Schöne im Leben zu suchen! – Aber jetzt laß uns ein anderes Thema ansprechen. Ich glaube, Oberleutnant Karsten will uns etwas sagen."

„Liebe Freunde", begann dieser. „Irmgard und ich haben beschlossen, zu heiraten. Am vierten Advent bitte ich Sie zu einer kleinen Feier. Frau Gertrud ist so lieb und stellt ihre Wohnung zur Verfügung. Sie, Herr Oberstleutnant, und unsere Haupthelferin bitte ich, unsere Trauzeugen zu sein."

Mit großem „Hallo" wurde diese Neuigkeit zur Kenntnis genommen. Die Damen tuschelten miteinander. Ob das etwas zu bedeuten hatte? Alle freuten sich mit dem jungen Paar.

Es war wieder einmal ein herrlicher und beglückender Tag.

Wie der Oberstleutnant sagte:

„Sieh nur das Schöne in der Welt,
Verbann Trübsal und Leid.
Das Leben ist so kurz,
Genieß es und schenke Freude.
Betrachte jeden Tag als Geschenk,
Vergeude keine Stunden ungenutzt.
Freundschaft und Glück sind so schön,
Bemühen wir uns, nur Gutes zu tun."

Der Termin zur Facharbeiterprüfung rückte immer näher. Für die Lehrlinge des ersten Lehrjahres sollte ein Fest gegeben werden.

Die Vorbereitungen wurden von den beiden anderen Lehrjahren durchgeführt. Die Wiese hinter dem Saal wurde festlich hergerichtet. Zwischen den Bäumen hingen bunte Glühbirnen. Wer mochte die wohl organisiert haben? Tische und Stühle wurden aufgestellt.

Rolf und seine Freunde machten sich gleich nach dem Mittagessen auf die Reise. Der Besuch des ersten Lehrjahrs hatte sich natürlich im Dorf herumgesprochen. Wen wunderte es da, daß zwei Mädchen am Bahnhof warteten? Rolf und Karl Heinz blieben etwas hinter ihren Kameraden zurück. Sie und die Mädchen hatten sich viel zu berichten.

Von ihren jungen Kameraden wurden die „Alten" stürmisch begrüßt.

Die Kaffeetafel war gedeckt. In den Kannen duftete der „Muckefuck" (Ersatzkaffee). Den Kuchen hatte Bäcker Kopf spendiert. Es gab ein großes Erzählen. Die Abenteuer der älteren Lehrlinge waren bis ins Dorf gedrungen. Die Helden wurden gebührend gefeiert. Rolf und Karl Heinz wurden Blechorden verliehen, angefertigt von den jüngsten Lehrlingen. Die anderen „Alten" erhielten als Anerkennung Papierorden.

Bis zum Abendessen, das von den Bauern gestiftet worden war, wurden lustige Spiele gemacht. Der Meister und die Gesellen erkundigten sich natürlich nach der Arbeit in der Werft. Es war ein angeregter, fröhlicher Nachmittag. Nach dem Abendessen wurden Volkslieder gesungen. Die bunten Lampen verbreiteten Gemütlichkeit.

Der Höhepunkt dieses Festes war die Verleihung des Schleicherordens an den Gesellen Hans, angefertigt von Heinz und Joachim. Geselle Hans konnte sich nämlich unhörbar anschleichen und erwischte die Lehrlinge oft bei dummen Streichen.

Um 22 Uhr ging es in die Betten. Es war der 19. Juli 1944.

Lange ging noch ein Gemurmel durch den Saal.

Am anderen Morgen war pünktlich Wecken.

Im Vorraum des Saales gab es das Frühstück. Das erste Lehrjahr konnte etwas gemütlicher die Morgentoilette erledigen. Die Betten mußten abgezogen werden. Ging es doch wieder in die Stadt.

Der Vorraum war eigentlich ein Anbau und lag etwas tiefer als der Saal. Auf der gesamten Breite führten drei Stufen hinunter. Die Wand an der Seite zum Saal war an der Decke herabgezogen. In der Mitte dieser Wand, über den Stufen, hing ein großes Führerbild. An der Stirnseite des Anbaus stand ein langer Tisch, an der Fensterseite eine Bank, vor dem Tisch standen Stühle.

Karl Heinz mußte wohl schlecht geschlafen haben, oder er ärgerte sich, daß er Waltraud am Abend nicht mehr sehen konnte. Jedenfalls war er unausstehlich. Alle anderen Jungen saßen fröhlich am Tisch beim Frühstück. Geselle Hans bedankte sich noch einmal für seinen schönen Orden;

er war keine Spur eingeschnappt. Karl Heinz hingegen muffelte vor sich hin.

„Was ist dir denn schlecht bekommen?"

„Kannst du die gute Landluft nicht mehr vertragen?"

„Der Kleine hat Liebeskummer!"

„Oder möchte er vielleicht lieber hierbleiben?"

So überlegten die Kameraden.

„Ihr könnt mich doch einmal! Ihr Schwachköpfe habt doch keine Ahnung! Nur dummes Zeug labern, das könnt Ihr!" – Karl Heinz war wirklich sehr wütend. Er nahm seine Mütze und warf sie mit Wucht in Richtung des vor dem Tisch stehenden Hans, der eine Grimasse zog und sich blitzschnell duckte.

Karl Heinz saß tief, Hans war groß. Wer etwas von Ballistik versteht, kann sich ausrechnen, welche Richtung die Mütze nahm. Richtig, sie traf genau das Führerbild.

„Donnerwetter, das war ein Attentat auf unseren Führer", staunte Hans, der dem Geschoß, das ihn treffen sollte, nachsah. Erst war alles still. Dann brach schallendes Gelächter los. Karl Heinz lachte mit.

„Jungens, schweigen wir lieber über diesen Vorfall, sonst wird Karl Heinz noch eingesperrt", meinte Geselle Hans gut gelaunt.

Lustig plaudernd wurde das Frühstück beendet.

Es war der 20. Juli 1944. Man beachte das Datum!

Die Jungen schnappten sich ihre Bündel und gingen zum Bahnhof. Auch auf diesem Weg durch das Dorf – es sollte für lange Jahre der letzte sein – hatten Rolf und Karl Heinz eine liebliche Begleitung.

Es ging wieder zur Stadt. Auf dem Fliegerhorst herrschte große Aufregung. Was war geschehen? Na, was schon: Auf den Führer war ein Attentat verübt worden! – Unsere Freunde sahen sich verdutzt an. Vor Stunden hatten sie noch ihren Ulk gemacht. Jetzt war es bitterer Ernst. War es eine Vorahnung gewesen? Wir wissen es nicht. Es änderte sich aber nichts. Die Arbeit ging weiter.

„Die Lehrlinge zum Oberingenieur, aber etwas plötzlich!" schallte ein Ruf durch die Halle.

„Nanu, habt Ihr schon wieder etwas ausgefressen?" fragte Unteroffizier Martens.

„Aber Herr Unteroffizier, wir und was anstellen? Sie kennen uns doch", meinte Helmut.

„Eben, drum!"

Die Lehrlinge meldeten sich bei ihrem Oberingenieur.

„Jungens, es ist soweit! Das Luftfahrtministerium hat angeordnet, daß Ihr zur Facharbeiterprüfung zugelassen seid. Am Montag ist Reisetag! Für heute nachmittag und morgen gebe ich euch dienstfrei. Packt eure Sachen und ruht euch am Wochenende aus! Der Oberfeldwebel hat alle erforderlichen Unterlagen und die Fahrscheine. Treffpunkt am Hauptbahnhof! Ich wünsche euch viel Erfolg! Jetzt müßt Ihr zeigen, was Ihr gelernt habt! Macht mir keinen Kummer!"

Nach einem schönen Wochenende trafen sich die Lehrlinge pünktlich am Bahnhof. Über Magdeburg ging die Reise nach Halberstadt. Mit der Straßenbahn fuhren sie bis zur Endstation. Von dort mußten die Lehrlinge zwanzig Minuten durch einen herrlichen Mischwald zum Lehrlingsheim der Junkers-Werke wandern. Das Heim lag auf einem Hügel.

Nach der offiziellen Begrüßung und der Einweisung in die Unterkunft wurde unter Führung eines Lehrmeisters der Werke eine Stadtbesichtigung durchgeführt.

Nach dem Abendessen machten sich die Lehrlinge untereinander bekannt. Es gab ein ausführliches Erzählen. Überall und immer gibt es viele Abenteuer. So wußten auch die Lehrlinge der Junkers-Werke lustige Begebenheiten.

Am anderen Morgen wurde es ernst. Aufgeregt saßen die Lehrlinge im Unterrichtsraum der Lehrwerkstatt. Es soll gesagt werden, daß der größte Teil des Werkes tief im Berg lag. Bombensicher. Die Junkers-Werke stellten Flugzeuge her.

Die Fragebogen für die schriftliche Prüfung wurden nach einem einleitenden Wort des Prüfers ausgeteilt.

„Oh je, die Fragen kann ich nie beantworten", stöhnte Christoph.

„Wenn du als unser Musterknabe es nicht schaffst, wer denn sonst?" fragte Helmut.

Der Prüfer, ein Oberingenieur der Handelskammer Magdeburg, beruhigte die Lehrlinge: „Ihr könnt es alle schaffen! Bleibt schön ruhig, lest die Fragen genau durch, dann klappt es auch."

„Seht nur, wie ruhig ich bin", meinte Joachim und streckte seine zitternden Finger aus.

Alles Reden nützte nichts. Die Arbeit mußte geschrieben werden. Also senkten sich die Köpfe über die Aufgaben. Nach einer Weile fiel der erste Groschen, dann der nächste. So ging es weiter, bis auch der letzte Lehrling in Schwung kam. Jetzt machte sich die Mehrarbeit bezahlt.

In der Mittagspause – die ausgeteilten Fragen waren beantwortet und abgegeben – fühlten die Jungens sich schon wieder sehr stark.

„Leute, haltet euch zurück! Noch haben wir es nicht geschafft! Gleich geht es weiter mit der Flugzeugkunde", bremste Rolf etwas ab.

„In Flugzeugkunde brauchen wir keine Angst zu haben. Wie oft saßen wir vor dem Nebenkanal und studierten die Luftströmungen an den selbst entworfenen Tragflächenmodellen", machte Karl Heinz seinen Kameraden Mut. Auch diese Fragen wurden alle schnell beantwortet.

„Ich habe es ja gleich gesagt: Für euch kein Problem! Jetzt seid Ihr sogar eine Stunde früher fertig", lobte der Prüfer. „Von mir aus könnt Ihr abschwirren. Falls noch Fragen offen sind, geht es morgen in die mündliche Prüfung. Sind alle Fragen richtig beantwortet, geht es morgen um 9 Uhr an die praktische Arbeit. Wir sehen uns aber erst einmal hier im Unterrichtsraum!"

„Wir können einen Stadtbummel machen", schlug der Oberfeldwebel vor. „Ich rufe im Heim an, dann können wir später zu Abend essen."

„Au fein! Es lohnt sich doch, wenn man sein Köpfchen etwas anstrengt", lobte sich Joachim selbst.

„Du gibst zwar eine gewaltige Stange an, aber recht hast du", stimmte Karl Heinz ihm zu.

„Also auf in die Stadt", kommandierte der Oberfeldwebel.

In der Stadt streiften die Jungens zu zweit oder dritt auf eigene Faust los. Bis 20 Uhr hatten sie Urlaub. Pünktlich trafen alle zum Abendessen ein. Wie üblich war um 22 Uhr Zapfenstreich. Auch für die Lehrlinge der Junkers-Werke.

Joachim und Rolf saßen auf dem Fensterbrett ihres Zimmers und dösten vor sich hin. Plötzlich stieß Joachim seinen Nachbarn an: „Die Burschen werden von ihren Mädchen nach Hause gebracht!"

„Und jetzt müssen die armen Dinger alleine durch den dunklen Wald zurück", sagte Rolf besorgt.

„Wer kann so etwas übers Herz bringen", überlegte Joachim.

„Wir sind doch zur Ritterlichkeit erzogen", stellte Rolf fest. „Wir können die Mädchen nicht den Gefahren im Wald aussetzen!"

„Aber gleich ist Zapfenstreich!"

„Können wir es verantworten, die Mädchen schutzlos zu lassen?"

„Die Verantwortung, die man uns aufzwingt, ist groß. Wir sind gezwungen zu helfen!"

Karl Heinz hörte dieses Gespräch. „Ihr habt 'nen Knall! Das gibt unnötigen Ärger", mahnte er.

„Wir melden uns bei dir zur Hilfestellung und Kavalierspflicht ab", entgegnete Rolf und sprang aus dem Fenster; Joachim hinterher.

Schnell hatten sie die Mädchen eingeholt.

„Ist es erlaubt, die Damen ein Stück des Weges durch den dunklen Wald zu geleiten?" bot Rolf seine Begleitung an.

Die Mädchen sahen sich verdutzt an und lachten. „Ihr seid vielleicht Helden! Wir liefern unsere Jungens pünktlich für's Heia-Bettchen ab, und Ihr schleicht uns nach!" – „Wir nehmen dankbar die Begleitung der Herren Flieger an."

Schon bald entwickelte sich ein angeregtes Gespräch. Wußten Rolf und Joachim doch viel Lustiges und auch Aufregendes von „ihrem Fliegerhorst" zu berichten.

Mit der letzten Straßenbahn fuhren die Freunde wieder aus der Stadt heraus. Ungesehen schlichen sie in ihr Zimmer. Es stellte sich aber heraus, daß der Ausflug bemerkt worden war. Irgendein Junge hatte gepetzt.

Am anderen Morgen gab es ein gewaltiges Donnerwetter. Nach dem Anpfiff für die beiden Freunde, der beim Morgenappell durch den Heimleiter ausgeteilt wurde, ging es mit dem Oberfeldwebel in das Werk.

Der Oberfeldwebel sprach seine offizielle Mißbilligung aus, fragte dann aber: „Wie habt Ihr es nur geschafft, ungesehen in euer Zimmer zu gelangen? Die Jungen aus dem Werk hatten Wachen aufgestellt, um euch in Empfang zu nehmen!"

„Damit hatten wir gerechnet. Wir umgingen die Wachen, die wir natürlich bemerkten, und schlichen von der Rückseite an das Haus heran. Im Hausschatten krochen wir dann zum Fenster. Und schon waren wir im Zimmer", antwortete Rolf.

„Euer Glück, daß Ihr nicht erwischt wurdet! Darüber wäre ich sehr ungehalten und enttäuscht gewesen."

Die praktische Prüfung war nicht einfach. Jeder Lehrling mußte ein Teil der Steuerung einer FW 190 anfertigen.

Joachim und Rolf wurden vom Prüfer angesprochen: „Na, Ihr Kavaliere, ist euch der nächtliche Ausflug bekommen? Ich kann mir vorstellen, daß Ihr noch müde seid. Sonderbar, daß die anderen Jungen euch nicht gesehen haben! War das nun Glück oder Können?"

Joachim antwortete stolz: „Natürlich Können!"

„Dann zeigt mal euer Können! Hier könnt Ihr es noch einmal beweisen!"

Nach Fertigstellung der Arbeit ging es zum Heim. Die Spannung war groß. Natürlich hatte jeder sein Bestes gegeben; aber Unterschiede gibt es überall. Auch die Lehrlinge hatten Schwachpunkte.

An diesem Abend gab es keine großen Ausflüge. Pünktlich kroch jeder in sein Bett. „Habe ich bestanden?" war der letzte Gedanke vor dem Einschlafen.

Nach dem Wecken und dem Frühstück wurden die Gäste vom Heimleiter verabschiedet. Mit Sack und Pack ging es zur Haltestelle der Straßenbahn. Die Jungens fuhren in die Stadt. Treffpunkt war vor Abfahrt des Zuges am Bahnhof. Der Oberfeldwebel fuhr in das Werk, um sich das Prüfungsergebnis abzuholen.

Hier muß eingeflochten werden, daß der erworbene Facharbeiterbrief noch nicht ausgehändigt wurde. Die Lehrzeit war noch nicht beendet, die Prüfung nur vorgezogen. Das Gepäck wurde am Bahnhof abgegeben.

„Wo ist unser Schmuckkästchen", fragte Heinz.

Im Schmuckkästchen waren die Spezialmeßwerkzeuge. Jeder Lehrling hatte eine Zeit die Aufsicht darüber. An diesem Morgen war es Werner, der Brasilianer.

„Ach, du grüne Neune, das Kästchen steht noch im Heim! Ich habe es vergessen."

„Prost Mahlzeit! Jetzt aber hin und holen! Damit du dich nicht allein abzuschleppen brauchst, geht noch jemand mit. Wir hätten ja auch darauf achten können. Wir losen", schlug Karl Heinz vor.

Das Los fiel auf Hans. Die beiden Jungen zogen los, während der Rest der Burschen lustlos durch die Stadt streifte.

Pünktlich trafen sie sich wieder am Bahnhof. Mit Spannung wurde der Oberfeldwebel erwartet. Als er kam, sagte er mit betrübter Stimme: „Leider haben drei von euch nicht bestanden."

Mit langen Gesichtern sahen sich die Jungen an. Bei zweien von ihnen gab es keine Frage: Karl Heinz und Christoph hatten bestimmt bestanden.

Der Oberfeldwebel mußte grinsen. „Macht keine betrübten Gesichter! Ihr habt alle bestanden. Zur Feier des Tages fahren wir später! Feiert die bestandene Prüfung! Ich muß noch einmal zum Werk."

War das eine Freude!

Stolz wie Oskar marschierten die Freunde durch die Straßen.

Nach einem ausgedehnten Stadtbummel und der Besichtigung einer alten Kirche bildeten sich zwei Gruppen. Karl Heinz, Helmut, Joachim, Heinz und Rolf landeten in einem Café in der Hauptstraße. In der oberen Etage fanden sie einen schönen Fensterplatz in einem Erker. Von hier hatten sie einen herrlichen Blick nach draußen auf die Straße.

„Mensch, hab' ich einen Kohldampf", stellte Heinz fest.

„Mal sehen, was man uns für ein Menü anbieten kann! Ich schlage eine Vorsuppe, ein schönes Stück Schweinebraten, Gemüse und Kartoffeln vor. Als Nachtisch einen leckeren Pudding", schwärmte Joachim.

Eine freundliche Kellnerin nahm diese Bestellung lächelnd auf. Bald darauf brachte sie Bratkartoffeln mit etwas Gemüse.

„Ich wünsche den Herren einen guten Appetit! Wie die Herrschaften sehen, hat sich unser Küchenchef die größte Mühe gegeben", sagte das Mädchen mit strahlenden Augen.

„Dann ist es also ein Horst-Wessel-Schweinebraten; er marschiert im Geiste mit", kommentierte Heinz.

Rolf sah das junge Mädchen an und schwärmte: „Bei diesem Lächeln wird es uns schmecken wie im Paradies! Zur Feier des Tages spendiere ich eine Flasche Sekt. Ich lade Sie herzlich ein, mit uns anzustoßen. Wir haben die Facharbeiterprüfung bestanden!"

„Die Einladung wird dankend angenommen!"

Schnell war das Essen eingenommen. „Es war ein köstliches Mahl!"

„Als frischgebackener Geselle sieht die Welt gleich ganz anders aus."

„Da kommt der Sonnenschein unserer trüben Tage!"

Die Kellnerin servierte mit anmutiger Geste den Jungen ein perlendes Getränk – es war natürlich kein Sekt. „Ich gratuliere euch recht herzlich zu der bestandenen Prüfung und wünsche euch für die Zukunft alles Gute!"
„Das Mädchen lächelt wie die Mona Lisa", strahlte Rolf.
Die jungen Menschen stießen mit ihren Brausegläsern an, als seien es Sektkelche.

Nach dieser bescheidenen, aber herzlichen Feier gingen die frischgebackenen Gesellen auf Entdeckungsreise. Sie landeten vor einem ansprechenden Lokal: „Kaffee Westkamp".
„Das sieht nicht schlecht aus! Betrachten wir uns den Laden einmal von innen", bestimmte Karl Heinz.
Das Lokal machte einen vornehmen Eindruck. Um kleine Tische waren Sessel gruppiert. Es spielte eine Damenkapelle. Wie sich herausstellte, war es Hanny Röttgers, die auch mit ihren Solistinnen im Radio spielte.
„Das ist aber ein piekfeiner Laden", stellte Heinz bewundernd fest.
„Gerade richtig für uns!"
„Hier laufen wirklich nette Käfer herum!"
„Sonderbar, es kommen nur Männer herein!"
„Soldaten sind auch nicht zu sehen. Die treiben sich doch sonst überall herum!"
„Warum sehen uns die Leute so komisch an?"
„Hier stimmt etwas nicht!"
„Die verschwinden in der oberen Etage! Mir schwant Böses!"
„Schleichen wir uns von hinnen!"
„Kameraden, folgt mir unauffällig!"
Es sollte gesagt werden, daß die Jungens natürlich ihre Uniform trugen.
Als sie das Lokal verließen, stand ihr Oberfeldwebel auf der anderen Straßenseite. Er winkte sie zu sich hinüber. „Ihr Lausejungen, das Lokal ist für Jugendliche und Uniformträger verboten! Ihr seid beides!"
Karl Heinz verteidigte sich und seine Kameraden: „Das wußten wir nicht, doch drinnen kam uns die Geschichte komisch vor, und wir haben uns gleich abgesetzt."
„Das war auch euer Glück! Das Lokal ist ein Puff und für euch nicht geeignet. Jetzt aber ab zum Bahnhof!"
Spät kamen sie in ihrer Unterkunft auf dem Fliegerhorst an.

Am anderen Morgen waren die Jungens wieder pünktlich an ihrem Arbeitsplatz.
„Unsere Lehrlinge sind wieder da!"
„Ob die Flaschen die Prüfung bestanden haben?"
„Bei unserer hervorragenden Schulung mußte es doch der Dusseligste kapieren!"

„So schlecht waren die Jungens auch wieder nicht, auch wenn sie viele Dummheiten und lustige Streiche im Sinn hatten!"

„Nach den strahlenden Gesichtern zu urteilen, gibt es noch eine Lage Freibier."

So wurden die Jungens von den Soldaten begrüßt.

Zunächst meldeten sie sich aber bei Oberingenieur Wendt.

„Jungens, wie mir euer Oberfeldwebel gemeldet hat, habt Ihr die Prüfung bestanden. Ich gratuliere recht herzlich! – Auch mit der bestandenen Prüfung bleibt Ihr Lehrlinge. Ihr müßt noch viel lernen; aber ich bin stolz auf euch. Es ist schon eine besondere Leistung, nach so kurzer Lehrzeit das Pensum von $3\ 1/2$ Jahren zu erlernen. Ihr habt gut mitgearbeitet.

Leider muß euch ein Kamerad verlassen. Helmut hat seine Einberufung zum RAD (Reichsarbeitsdienst) und muß sich in drei Tagen bei seiner neuen Einheit melden. – Helmut, wir sprechen uns noch! – Natürlich müßt Ihr einen ausgeben! Ich habe ein Faß Fliegerbier bereitstellen lassen. Ich wünsche euch weiterhin viel Glück!"

Und wieder ging es an die Arbeit. Die Flugzeuge mußten für neue Einsätze repariert werden. Dem Gegner war es egal, daß unsere Jungens die Facharbeiterprüfung als Metallflugzeugbauer bestanden hatten. Die Bombenflugzeuge kamen täglich und luden ihre tödliche Last auf Frauen und Kinder ab.

Nun sage noch einer, es gibt einen sinnvollen und gerechten Krieg. Jeder Krieg sollte verboten werden! Wieviel Leid und Grauen könnte dann vermieden werden! Beim Menschen muß Gott ein Konstruktionsfehler unterlaufen sein. Wie schön könnte das Leben sein, würde es keinen Streit und Zank geben. Jeder begegnete seinen Mitmenschen freundlich. Schön wär's!

Bleiben wir im Jahre 1944.

An einem schönen Tag im August wurden Karl Heinz und Rolf zum General befohlen.

„Mein lieber Mann, da müßt Ihr aber ganz schön was ausgefressen haben", meinte Unteroffizier Martens.

„Verabschiedet euch am besten gleich! Sicher werdet Ihr eingelocht", meinte der Obergefreite Helms.

Der Werkmeister ermahnte die beiden Jungen: „Schmeißt euch in die Uniform, und ab zum Rapport!"

Aufgeregt meldeten beide sich beim Adjutanten des Generals.

„Na, Ihr Helden, laßt euch einmal ansehen! Ist ja alles proper! So kann ich euch dem General präsentieren."

„Was liegt denn an", fragte Karl Heinz.

„Wartet es ab", lächelte der Adjutant.

„Mir ist doch etwas mulmig", gab Rolf zu.

Machen wir es kurz und reden nicht lange darüber. Karl Heinz und Rolf bekamen das KVK (Kriegsverdienstkreuz) verliehen. Rolf wurde auch noch mit dem Verwundetenabzeichen ausgezeichnet.
Stolz stellten sie sich Rolfs Mutter vor.
Die Kameraden gratulierten, und schon ging man zur Tagesordnung über. Was bedeutete schon eine kleine Auszeichnung, wenn täglich viele Soldaten den „Heldentod" starben.

Es war ein Sonnentag im August 1944. Das Jagdgeschwader Udet und die Sturmstaffel waren gestartet. Unsere Freunde latschten, wie üblich, von der Werft zur Halle II – trotz mehrfachen Verbots –, weil der Weg viel kürzer war als über die Rollfeldringstraße.
Plötzlich hörten sie Motorengeräusch.
„Verdammt, wenn das ein Tommy ist, hat er uns aber bestens im Visier!"
„Von uns kann der Vogel nicht sein. Der kommt aus der falschen Richtung zum Landen. Der Knabe kommt über die Kommandantur rein!"
„Richtig, wenn der landen will, muß er von der anderen Seite kommen!"
„Weit und breit keine Deckung!"
„Das ist eine Me!"
„Da stimmt was nicht; der Junge hat schon das Fahrwerk ausgefahren!"
„Leute, das ist der Kommandeur!"
Oberstleutnant Müller kam über der Kommandantur mit dem Wind im Rücken in den Platz herein.
„Der kommt zu steil runter", schrie Rolf. „Das gibt Bruch!"
Die Maschine plumpste auf das Rollfeld und machte einen gewaltigen Sprung, um dann fast senkrecht kurz vor der Halle II auf dem Boden zu zerschellen.
So schnell waren die Jungens noch nie gerannt. Erschüttert standen sie vor dem zerstörten Flugzeug. Der Pilot war beim Aufprall herausgeschleudert worden und lag wie schlafend auf dem Rasen. Unbesiegt vom Gegner fand Oberstleutnant Müller den Fliegertod. Die Flagge vor der Kommandantur ging wieder auf Halbmast.

Die Zeit heilt alle Wunden, sagt man. Doch können diese großen Wunden, die der Krieg geschlagen hat, jemals heilen?
Zunächst hieß es weiterarbeiten.
Helmut wurde zum RAD und im Dezember zur Wehrmacht eingezogen. Irgendwie stellte sich bei den sonst zu jedem Streich bereiten und immer lustigen Jungen eine Wende ein. Sie wurden ernster und gereifter. Auch an ihnen ging der Krieg nicht spurlos vorüber.
Rolf und zwei seiner Kameraden bekamen eine Einberufung zu einem Segelfliegerlehrgang in Gardelegen. Mit einem PKW wurden unsere Freunde vom Gefreiten Hansen vom Bahnhof abgeholt.

Das Barackenlager lag mitten in einem großen Mischwald. Die Hellberge! Es war herrlicher Sonnenschein, die Vögel zwitscherten; in der Ferne hämmerte ein Specht.

Vor der Unterkunft wurden die drei Ankömmlinge schon erwartet. Rasch wurde das Gepäck ausgeladen und sich in die Gruppe der Kameraden eingereiht. Gefreiter Hansen meldete die Einheit dem Unteroffizier Petersen. Beide waren Frontflieger, die nach einem Lazarettaufenthalt abkommandiert waren, den jungen Leuten die ersten Flugbegriffe beizubringen. Leiter des Lehrgangs war Obergruppenführer Wesel, der die angehenden Flieger begrüßte.

Nach der Bekanntmachung der Lagerordnung richtete Wesel noch einige persönliche Worte an die Versammelten: „Mit der Lagerordnung werdet Ihr keine Schwierigkeiten haben, wart Ihr doch schon in verschiedenen Lagern! Eure Ausbilder sind erfahrene Flieger, die euch in die Kunst des Fliegens einweisen. Auch wenn einige von euch schon die ersten Sprünge gemacht haben, beginnen alle mit der Gleichgewichtsübung am Dreibock. Ihr werdet euch jetzt häuslich einrichten; danach könnt Ihr die Umgebung erforschen. Wir sehen uns um 18 Uhr beim Abendessen wieder! Ich wünsche euch einen erfolgreichen Lehrgang!"

In kurzer Zeit waren die wenigen Sachen im Spind verstaut, und die angehenden Flieger trollten sich in Gruppen durch den Wald. Zum Abendessen waren alle pünktlich zurück. Den Abschluß des ersten Tages bildete ein Blick vom Starthügel über den Wald und das Landefeld. Die Sonne senkte sich glutrot hinter die Tannen am Horizont.

Am anderen Morgen begann der Ernst dieses Lehrgangs. Am Abhang wurde ein Schulgleiter im Dreibock befestigt. Jeder Flugschüler mußte mit dem Steuerknüppel und dem Fußpedal den Gleiter waagerecht halten. Die Ausbilder erklärten jeden Handgriff sehr genau. Zwischendurch war noch Unterricht in Flugzeugkunde, Geschichte der Luftfahrt und Aerodynamik. So vergingen die ersten Tage.

„Verdammt, wann kommen wir endlich zum Fliegen? Dieser trockene Kram hängt mir schon zum Halse raus", motzte Heinz.

„Morgen geht es los! Aber auch der trockene Kram ist wichtig", beruhigte Unteroffizier Petersen die ungeduldigen Jungen.

Endlich war es soweit. Erwartungsvoll ging es am fünften Tag zum Hang. Zwei Schulgleiter wurden aus der Halle geholt und mitgenommen.

Nachdem die Gleiter abgestellt waren, kamen erst einmal ernste Worte von Unteroffizier Petersen: „Also Jungens, jetzt geht es los! Aber nicht von hier oben, sondern vom Idiotenhügel! Wir teilen uns in zwei Gruppen auf. Eine Gruppe übernimmt Gefreiter Hansen, die andere ich. Denkt an das, was wir im Unterricht besprochen haben! Wer Mist baut, trabt um die Landebahn!"

Der Lehrgang bestand aus zwanzig Jungen, also pro Gruppe zehn Mann. Rolf und seine Freunde Heinz und Karl Heinz kamen in die Gruppe Hansen.

Zunächst wurden die Gleiter den Hang hinunter gebracht und hintereinander aufgestellt. Es folgte die Einteilung der Halte- und Laufmannschaft und die Reihenfolge der Piloten.

Die Gruppe Petersen kam zuerst an den Start; dann die Gruppe Hansen. Das wechselte sich so ab.

Rolf kam als dritter seiner Gruppe an die Reihe. Er kletterte auf den Sitz, schnallte sich an; den Sturzhelm hatte er schon aufgesetzt.

Jetzt konnte es losgehen! Ein bißchen aufgeregt war er schon.

Noch ein Blick nach vorn auf die Landebahn und laut die Kommandos:
„Haltemannschaft?"
Antwort: „Fertig!"
„Ausziehmannschaft?"
„Fertig!"
„Laufen!" – Das Gummiseil wird ausgezogen und wird stramm. – „Los!"

Ab geht der Flug! Ist das ein Gefühl! Ich schwebe, die Erde saust unter mir durch! Aber schon muß Rolf aufpassen, daß er den Gleiter nach diesem Sprung (ein Flug war es noch nicht) sicher landete.

Es ging alles glatt. Zwei Kameraden kamen angerannt und hielten die Tragfläche. Rolf schnallte sich los, kletterte vom Sitz und hob sich den Schwanz des Gleiters auf die Schulter. Diese Arbeit war dem Piloten vorbehalten.

Der Gleiter wurde wieder zum Hang in Startstellung gebracht. So verging der Tag im wahrsten Sinne des Wortes im Fluge.

Nach jedem Sprung gaben die Fluglehrer Anweisungen.

Wir wollten den Idiotenhügel verlassen, und auf den „großen" Hügel hinaufsteigen. Von hier oben sieht die Welt schon ganz anders aus!

Fangen wir mit der Betrachtung links an: Ein weiter Blick über einen Mischwald. Geradeaus zwei Landebahnen; zwischen den Landebahnen befindet sich ein Kartoffelacker. Die Landebahnen werden von einem Weg begrenzt, an dem zu beiden Seiten Pflaumenbäume stehen. Über diese Bäume hören wir noch. Die rechte Grenze bildet wieder ein Wald.

Man sollte wissen, daß unsere Freunde in ihrer Heimatstadt schon die ersten Begriffe des Fliegens erlernt haben. Auf einer Wiese hatten sie sich mit anderen Kameraden ein Flugfeld geschaffen. Aus organisierten Brettern und anderem Material wurde ein Schuppen für die Segelflugzeuge und die Geräte gebaut. Auf dem Flugplatz ihrer Heimatstadt durfte aus Sicherheitsgründen nicht geflogen werden. Am Platzrand dieses Flugfeldes waren Attrappen von Flugzeughallen aufgestellt.

Mit der Seilwinde wurden die Gleiter zuerst auf dem Boden über die Bahn gezogen; später kamen kleine Sprünge hinzu.

In der Udet-Halle ihrer Stadt mußten unsere Freunde Werkstattdienst verrichten. Die Segelflugzeuge wurden unter Anleitung eines erfahrenen Lehrers selbst gebaut und gewartet. Für das Ausleihen der Werkzeuge mußte ein Betrag von fünfzig Pfennigen als Pfand hinterlegt werden. Der Obertruppführer Oltmann als Ausbilder hatte deshalb den Spitznamen „Fuffziger".

Bei einer Rangelei verletzte sich Rolf mit einem großen Zirkel am Bauch.

Leider wurde dieses gute Fluggelände durch einen Bombenangriff zerstört. Verletzt wurde niemand.

Unteroffizier Petersen ermahnte die Jungen noch einmal: „Denkt daran, was Ihr im Unterricht und bei den Sprüngen gelernt habt! Hier oben wird es ernst! Ich verlange von euch Gehorsam! Eure Sicherheit hängt davon ab. Die ersten Flüge werden sicher nicht sehr weit. Ihr müßt erst ein Gefühl für die Gleiter haben, dann werden die Flüge auch weiter. Äußerste Grenze ist der Weg nach Breitenfeld. Und jetzt Hals- und Beinbruch!"

Unteroffizier Petersen schwang sich auf den Sitz und zeigte den jungen Piloten einen schnurgeraden Flug. Gefreiter Hansen machte es genauso gut. Beide Ausbilder landeten genau vor dem Weg.

Wie vorausgesagt, fielen die ersten Flüge der Lehrgangsteilnehmer nicht weit aus.

Ein unheimliches Gefühl war es schon, plötzlich in der Luft zu hängen. Auch wurde es kein gerader Flug. Mal hing die linke Tragfläche, dann wieder die rechte.

„Mensch, drücken, sonst verlierst du Fahrt! Nicht so viel, du gehst ungespitzt in den Boden! Wenn das nur gutgeht", waren die Gedanken der jungen Leute. Aber auch das wurde besser. Übung macht den Flieger. Nach einigen Tagen klappte es schon ganz gut.

„Na seht Ihr, das Fliegen ist doch ganz einfach! Das Flugzeug fliegt von alleine. Ich zeige es euch einmal", sagte Unteroffizier Petersen eines Tages.

Dann zeigte er, wie es gemacht wird: Unteroffizier Petersen kletterte auf den Sitz, gab seine Kommandos und flog los. Als das Flugzeug eine stabile Lage eingenommen hatte, streckte der Ausbilder alle Viere – sprich Arme und Beine – von sich.

„Der fliegt tatsächlich freihändig", staunte Günter.

„Ob wir das auch können?" überlegte Fritz.

„Wagt das nur nicht! Das kostet drei Tage Startverbot und einige Runden um die Landebahn", ermahnte Gefreiter Hansen die Jungen.

Kurz vor der Bodenberührung nahm Unteroffizier Petersen die Beine wieder in die Fußpedale für das Seitenruder und die rechte Hand an den Steuerknüppel. Die Landung war vorbildlich.

Es muß gesagt werden, daß der andere Fluglehrer diese Übung nachmachte.

Im Laufe der Zeit, es waren inzwischen zwei Wochen verstrichen, wurden die Flüge der Lehrgangsteilnehmer immer besser. Auch gab es viele Runden um die Landebahn, wie es bei richtigen „Lausejungen" nicht verwunderlich ist.

Eines Morgens kam Rolf auf eine ausgefallene Idee. Als er sich zum Start vorbereitete, meinte er zu seinen Kameraden: „Jetzt probiere ich einmal aus, ob die Mühle bei mir auch alleine fliegt!"

„Du bist vom wahnsinnigen Affen gebissen! Das kostet drei Tage Startverbot", mahnte Heinz.

Es war herrlicher Sonnenschein, der Wind wehte genau von vorn. Was soll da nicht klappen? Wie gesagt, startete Rolf. Als die Maschine eine stabile Lage erreicht hatte – wir kennen es vom Fluglehrer –, streckte unser Freund Arme und Beine von sich. Nach dieser – nicht zum Nachahmen empfohlenen – Mutprobe landete Rolf butterweich. Er konnte das Gejohle seiner Kameraden vom Hang hören.

Als er sich stramm vom Flug zurückmeldete, sah ihn Unteroffizier Petersen nur an, und schon trabte der mutige Flieger los. Nach der dritten Runde um die Landebahn winkte Unteroffizier Petersen ihn zurück.

Es muß gesagt werden, daß die Fluglehrer im stillen gelacht haben, und stolz auf diese Leistung waren. Aber es war verboten und mußte bestraft werden. Also drei Tage Startverbot! Rolf durfte Küchendienst machen und Arbeiten verrichten, vor denen sich alle gerne drückten.

Jetzt kommen wir zu den bewußten Bäumen am Weg.

Jeden Morgen ging eine Gruppe zum Dorf Schwiesau und holte Milch. Es war die Zeit der Pflaumenreife. Was lag da näher, als daß die Jungen sich an dem leckeren Obst labten?

Wie wir wissen, hatte Rolf Startverbot und mußte außer der Reihe den Marsch mit der Milchkanne zum Dorf unternehmen. In den Tagen des Lehrganges gingen viele Gruppen diesen Weg. Wie man sich denken kann, griffen die Jungen kurz nach oben und langten sich eine – oder auch mehrere – Pflaumen.

Vom Hang war dieses Tun zu beobachten. Es war eine Mahnung fällig. Der Lagerleiter machte die Jungens darauf aufmerksam, daß diese Bäume der Lagerleitung gehörten und das Pflücken untersagt sei.

Was soll man sagen? Die Mahnung wurde überhört und versucht, ungesehen an die Pflaumen heranzukommen! Auch das gab Strafpunkte.

Im Dorf wurde mit den Mädchen angebandelt, was wieder Ärger mit den Dorfjungen gab. Das hatte wieder zur Folge, daß es öfter zu Prügeleien kam. Diese wurden aber freundschaftlich beendet. Eine kleine Prügelei – ohne Folgen – baut Aggressionen ab.

Aber verlassen wir erst einmal den Weg mit den Pflaumenbäumen. Zum Lehrgangsende spielen diese Bäume noch eine Hauptrolle.

Es sollte noch erwähnt werden, daß die Lehrgangsteilnehmer nicht nur geflogen sind. Wanderungen durch die Gegend standen auch auf dem Dienstplan. Abends saß man am Lagerfeuer, erzählte sich etwas, las Gedichte vor oder sang Volkslieder. Das Feuer knisterte, und leise rauschte der Wind. Es war eine schöne Zeit!

So verging die Zeit im wahrsten Sinne des Wortes im Fluge. Es wurde viel gelernt. Aber auch das freie Leben in der Natur wurde genossen. Es würde zu weit führen, wollte man alle Begebenheiten aufzeichnen. Bleiben wir bei den Abenteuern unseres Freundes aus der Stadt an der Jeetze!

An der Jeetze

Eines Morgens kamen die Jungens an den Hang und sahen eine undurchdringliche Suppe. Das gesamte Landefeld lag im Nebel. Die Baumwipfel links und rechts schauten gespenstisch aus dem Weiß hervor. Die Pflaumenbäume am Weg waren nur zu erahnen.

„Mensch, ist das eine Suppe", staunte Karl Heinz.

„Das Fliegen können wir uns heute an den Hut stecken", stellte Heinz fest.

„So 'n Mist! Gehen wir wieder ins Bett!" So ist die Meinung von Günter.

Rolf war anderer Meinung: „So, Kameraden, jetzt folgt die Blindflugschulung!"

Unteroffizier Petersen sah Rolf erstaunt an und fragte: „Traust du dir zu, bei diesem Nebel zu fliegen?"

„Na, klar", gab Rolf eine Stange an.

Er wußte ja, daß es nicht so gemeint war. – Denkste!

„Es ist gut. Ich fliege als erster, dann Rolf, Heinz, Karl Heinz, Günter und Otto! Dieser Flug ist natürlich freiwillig. Maschine startklar machen!" Das war eine Antwort auf Rolfs große Töne.

Unteroffizier Petersen setzte sich in die Maschine, gab seine Kommandos und verschwand im Nebel. Mann, war das spannend!

„So, Rolf, jetzt zeige du, was du kannst", meinte der Fluglehrer, als er zurückkam.

Es muß gesagt werden, daß die fünf Jungen die Besten des Lehrgangs waren und der Fluglehrer sich auf das Können der jungen Piloten verlassen konnte.

Etwas mulmig war es Rolf schon, als er sich in den Sitz zwängte.

Kneifen gab es nicht.

„Anziehen – Laufen – Los!"

Ab geht es; rein in den Nebel! Ist das ein blödes Gefühl! Plötzlich ist nichts mehr zu sehen. Jetzt nur nicht nervös werden! Wie liegt die Maschine? Da, ein Schatten! Verdammt, das ist die Landebahn! Etwas anziehen! So, jetzt weiter! Die Maschine schön gerade halten! Nichts mehr zu sehen, also wieder etwas andrücken! So ist es richtig! Jetzt eine glatte Landung! Bloß nicht blamieren! Na bitte, es hat doch bestens geklappt!

Die Landemannschaft kommt angerannt. Voran Unteroffizier Petersen: „Junge, Rolf, das war ja ein toller Flug! Weiter hättest du auch nicht fliegen dürfen, dann hättest du die Bäume gerammt!" lobte der Ausbilder.

Rolf war stolz.

Seine Kameraden schafften es auch – nur nicht so weit.

Nach diesen Glanzleistungen war das Fliegen an diesem Tag beendet. Die Sonne wollte sich nicht zeigen. An Gammeln war aber nicht zu denken. Es wurde Unterricht gemacht! Zum Abend wurde es wieder schön.

An dieser Stelle sollte schon gesagt werden, daß in der Halle ein ausrangierter Schulgleiter stand.

Was soll damit geschehen?

Es kamen verschiedene Vorschläge: „Er wird verbrannt oder zerschlagen!" Nach vielen Überlegungen kam der Vorschlag, die Maschine zu Bruch zu fliegen. Das war eine gute Idee! Aber wer sollte fliegen?

Gedulden wir uns! Zunächst soll noch von einer Schandtat berichtet werden, die unserem Rolf wieder einige Runden um das Landefeld einbrachte.

Zum Verständnis sollte noch gesagt werden, daß es zwei Landebahnen gab – vom Hang 45 Grad versetzt. Zwischen den beiden Bahnen befand sich ein Kartoffelacker. Es war Erntezeit. Ein mit Säcken beladener Wagen stand auf dem Feld. Davor zwei Pferde.

Rolf stand am Abhang und sah auf das idyllische Bild hinab. Der Bauer belud seinen Wagen mit den eingesammelten Kartoffeln. An einer Seite war der Wagen offen. Einige Mädchen aus dem Dorf sammelten die ausgepflügten Kartoffeln auf. Es war wirklich ein friedlicher Anblick.

Rolf grinste leise vor sich hin. – Was hatte er jetzt schon wieder ausgebrütet?

„Los, Rolf, brauchst du eine besondere Einladung?" rief Gefreiter Hansen.

Rolf riß sich von dem Bild los und meldete sich zum Start. Dabei flüsterte er seinem Freund Heinz zu: „Gleich gibt es einen Spaß, der mir wieder Ärger einbringt! Aber was macht man nicht alles zur Auflockerung des Dienstes!"

„Mach keinen Quatsch, wir stehen kurz vor der Prüfung! Na, du kannst dir ja noch ein Startverbot leisten", mahnte Heinz.

Wie in gewohnter Weise verlief der Start.

„So, jetzt geht es los", dachte Rolf.

„Etwas andrücken, das gibt Fahrt! Steuerknüppel zurücknehmen, eine leichte Linkskurve! Jetzt stimmt die Richtung! Die Maschine über die linke Tragfläche abrutschen lassen – und Sturzflug! Mann, rauscht das in den Spanten! – Anziehen! Verdammt, das war knapp!"

Dicht über den Pferden fängt Rolf die Maschine ab. Der Bauer macht einen Satz und geht in Deckung. Die Pferde erschrecken und gehen im Galopp durch. Die Kartoffelsäcke fallen vom Wagen.

Nach diesem verbotenen und waghalsigen Flug landet Rolf auf der linken Landebahn, kurz vor dem Weg. Im Abflug sah er die Pferde noch durchgehen. Schnell schnallt er sich los und rennt auf die Pferde los. Im schweren Acker kamen sie ganz schön aus der Puste. Zu seinem Glück konnte Rolf die Pferde zum Stehen bringen.

Gab das einen Anpfifff! So wütend waren die Fluglehrer während des ganzen Lehrgangs nicht. Rolf war auch ganz schön schuldbewußt. Eine derartige Reaktion hatte er nicht erwartet. Alle Kameraden mußten beim Einsammeln der vom Wagen gefallenen Kartoffeln helfen.

„Damit euch nicht noch mehr Dummheiten einfallen, werden für den Rest des Tages Kartoffeln eingesammelt", schimpfte Unteroffizier Petersen.

Der Bauer freute sich über die Hilfe. Den Schrecken hatte er schnell vergessen. Rolfs Kameraden waren über diese Arbeit auch nicht lange böse. Die Mädchen waren nett anzusehen, und es wurde noch ein lustiger Tag. Todmüde fielen die Jungens nach der ungewohnten Arbeit ins Bett.

An einem Sonnentag startete Rolf vom oberen Hang zu einem Flug. – Von wo sollte er auch sonst starten; der Idiotenhügel war lange vergessen.

„Paßt auf, Kumpels, ich lasse mich über den Hang zurücktreiben, wie es Unteroffizier Petersen gemacht hat!"

„Das gibt wieder für den Rest des Tages Startverbot und eine Runde um die Landebahn", mahnte Karl Heinz.

Es erscholl der bekannte Ruf: „Anziehen – Laufen – Los!"

Ab ging es!

Es herrschte ein starker Aufwind. Die Maschine bekam Höhe und wurde mit dem Wind bis über den Hang zurückgetragen. Das war ein gefährliches Manöver. Leicht konnte die Luftströmung abreißen und das Segelflugzeug abstürzen.

„So, das hat geklappt! Aber nichts übertreiben", dachte Rolf. „Etwas andrücken und schön die Landebahn anfliegen!"

Aber was ist das?

Plötzlich stürzt ein Jagdflugzeug von schräg vorn auf Rolfs Segelflugzeug zu! Der junge Pilot sieht genau in das Mündungsfeuer des feindlichen Flugzeugs. „Verdammt, der Blödmann rotzt mir die Mühle voll! Was soll ich nur machen?"

Schon ist der Jäger vorbei und fliegt einen großen Bogen. Bei diesem Angriff ist Rolf vom Kurs abgewichen und fliegt jetzt über dem Wald.

„Scheiße, jetzt kommt das Aas schon wieder! Da, eine Lichtung! Andrücken und nichts wie weg! Du bist zu schnell, nur nicht die Baumwipfel streifen", dachte Rolf.

Durch das Wegdrücken kam Rolf zwar aus der Feuerbreite heraus, wurde aber zu schnell.

Wie war das noch? Seitenruder links, Querruder rechts! Mit einem starken Slip ging es in die Lichtung. Maschine gerade bringen, abfangen und schon rumpelt sie über das Gras der Lichtung. Kurz vor den Bäumen bleibt das Segelflugzeug liegen.

Kreidebleich und mit weichen Knien steigt Rolf aus seiner Maschine. Inzwischen war der Schulgleiter gegen ein verkleidetes Segelflugzeug ausgetauscht.

Die Kameraden haben den ungleichen Luftkampf vom Hang aus beobachtet und kommen jetzt angestürmt: „Mann, hast du ein Schwein gehabt!"

„Das gibt eine Geburtstagsfeier!"

„Hier, die Einschüsse in der Mühle!"

So schwirren aufgeregt die Reden durcheinander.

Unteroffizier Petersen besieht sich den Schaden. „Rolf, du hast fabelhaft reagiert! Gratulation für die glatte Notlandung! Den Vogel müssen wir auseinandernehmen. Für den Flug über den Hang verordne ich für heute Startverbot und zwei Runden um die Landebahn."

So geschah es auch.

Am Abend wurde Rolfs Geburtstag gefeiert; mit Kuchen und Brause. Gestiftet von der Lagerleitung. Es wurde eine gemütliche Feier am knisternden Lagerfeuer. Viele schöne Lieder wurden gesungen; auch das Fliegerlied.

Wir fliegen durch silberne Weiten

Wir fliegen durch silberne Weiten,
Selig dem Himmel gesellt,
Schweben und fliegen und gleiten
Über unendliche Weiten,
Die Gott uns zum Schauen gestellt.
Über der Erde zu thronen,
Hoch in sonnigem Schein,
In unerschlossenen Zonen,
Neue Menschen zu sein;
Braust es im Chor:
„Flieger empor!"

Wir werden zum Kämpfen geboren,
Augen stets offen und klar,
Weht uns der Wind um die Ohren,
Fühlen wir uns verloren
Und furchtlos in jeder Gefahr.
Über der Erde zu thronen,
Hoch in sonnigem Schein,
In unerschlossenen Zonen,
Neue Menschen zu sein;
Braust es im Chor:
„Flieger empor!"

Wir können nicht immer gewinnen,
Dennoch, uns schreckt keine Not,
Leben vergehn und zerrinnen,
Aber der Glaube tief innen
Ist stärker als Not und als Tod!
Über der Erde zu thronen,
Hoch in sonnigem Schein,
In unerschlossenen Zonen,
Neue Menschen zu sein;
Braust es im Chor:
„Flieger empor!"

Erinnern wir uns an den ausgedienten Schulgleiter. Die Flugkünste der Schüler hatten große Fortschritte gemacht. Natürlich waren einige Jungen besser als andere – die anderen waren aber auch nicht schlecht.

Die Geschichte, die das Kartoffelsammeln auslöste, fand erst am Abschiedsabend wieder Bedeutung. Leider konnte Rolf an diesem Abend nicht teilnehmen. Seine Freunde berichteten später darüber. Aber warum, erfahren wir später.

Eines Morgens hieß es: „Jungens, holt den Veteran aus dem Schuppen und bringt ihn zum Start", befahl Unteroffizier Petersen.

„Jetzt geht es los!"

„Wer wird wohl der Pilot sein?" fragten sich die Flugschüler.

Die Maschine wurde in Startposition gebracht. Eine große Spannung bemächtigte sich der Jungen. Es kamen fünf Piloten in Frage: Heinz, Otto, Günter, Karl Heinz und Rolf.

Der Unteroffizier nahm fünf Streichhölzer, knickte eins ab und sagte: „Wir werden den Piloten auslosen! Wer das kurze Stück zieht, fliegt die Maschine zu Bruch!"

Wer zieht das Los? Alle standen erwartungsvoll um die Kandidaten herum.

Als erster trat Heinz vor. – Ein langes Stück. „Mist!"

Günter zog auch ein ganzes Streichholz. Sonst hatte er nie Glück beim Losen.

Wie wird es jetzt? Rolf trat voller Spannung vor – holte tief Luft, und zog ... das kurze Stück! Somit war der Pilot ermittelt.

Unteroffizier Petersen gab Verhaltensvorschriften. Grenze war der Weg. Alles klar! Aufregend war die Sache schon. Wie verhielt sich die Kiste in der Luft? Bis jetzt war es höchstes Gebot, keinen Bruch zu bauen. Diesmal sollte die Maschine zu Bruch geflogen werden!

Rolf kam gut vom Hang weg. Trotz Ermahnung ließ er den alten Gleiter steigen. Vor dem Start sagte er noch schnell zu Heinz: „Ich setze die Mühle genau auf den Steinhaufen!"

„Das ist Millimeterarbeit", antwortete Heinz.

Es muß gesagt werden, daß es ein Wettkampf zwischen den Flugschülern war, möglichst dicht an den Weg heranzukommen. Der angesprochene Steinhaufen lag am Weg zwischen zwei Bäumen – aber auf der anderen Wegseite.

„Ob ich es schaffe? Noch etwas drücken; anziehen, so ist es gut! Die Richtung stimmt. Wie mache ich es? Die Tragflächen müssen abbrechen! Komme ich zu steil, habe ich die Fläche im Genick. Das kann unangenehm werden!" So Rolfs Gedanken.

Jetzt kam es darauf an. Der Gleitwinkel war genau richtig. Noch eine kleine Korrektur. Der Weg kam näher; jetzt wurde es eine Maßarbeit zwischen den Bäumen durch. – Als Metallflugzeugbauer ist man schließlich Millimeterarbeit gewöhnt!

„Verdammt, wenn ich mit der Tragfläche einen Baum berühre, gibt es Kleinholz – aber nicht so, wie ich es will!" Etwas drücken; der Steinhaufen schoß auf Rolf zu. Hatte er sich zuviel zugemutet?

Jetzt ganz leicht die Schnauze der Maschine hochziehen! Nicht so viel!

Die Mühle hungerte genau über dem Steinhaufen aus und plumpste aus dreißig bis vierzig Zentimetern herunter. Die Tragflächen brachen am Rumpf ab, das Leitwerk knickte ab. Rolf auf seinem Sitz kippte mit dem Rest des Rumpfes nach links weg. Es gab leichte Schrammen und Prellungen.

Rolf schnallte sich los und rappelte sich auf. Die Kameraden hatten diesen Flug mit Spannung beobachtet. Jetzt kamen alle angerannt.

„Du verdammter Schweinehund bist doch zu weit geflogen! Ich denke, mich trifft der Schlag, als ich sah, daß du zwischen die Bäume hindurchfliegst! Das war die beste Bruchlandung, die ich sah", tadelte und lobte der Fluglehrer diesen Flug, der ja eigentlich wieder eine Runde um das Landefeld eingebracht hätte.

„Das war der weiteste Flug des Lehrgangs!"

„Eine Bruchlandung mit allem Komfort!"

„Rolf, der Bruchpilot!"

„Mit der alten Krähe so gut zu fliegen, war schon eine Meisterleistung!"

Die Kameraden lobten diese Leistung.

Die Trümmer der Maschine wurden auf den Hang getragen.

Am Abend gab es ein zünftiges Lagerfeuer.

An dieser Stelle muß gesagt werden, daß Rolf sich schon einige Tage nicht wohl fühlte. Er hatte Halsschmerzen. Aus der Lagerapotheke bekam er Tabletten. Nach der gelungenen Bruchlandung schickte ihn der Lagerleiter mit 39,5 Grad Fieber ins Bett.

Nach drei Tagen – der Lehrgang ging seinem Ende entgegen und die Prüfungsflüge begannen – drückte Rolf das Thermometer auf 38 Grad herunter und meldete sich zum Dienst. Der Unteroffizier merkte natürlich den Schwindel. Er ließ Rolf gleich an den Start.

Nach dem ersten Flug konnte Rolf den Schwanz der Maschine – wie es der Pilot mußte – nicht mehr tragen. Ein Kamerad sprang ein, und Rolf nahm die Tragfläche.

Nach einer kurzen Pause kam der zweite Flug. Unteroffizier Petersen bemerkte, daß mit Rolf etwas nicht stimmte. „Was ist mir dir los, Rolf?" fragte er.

Rolf mußte eingestehen: „Ich habe Halsschmerzen und Fieber, aber ich möchte die Prüfungsflüge machen."

„Junge, was soll ich da machen? Du bist krank und gehörst ins Bett! Aber wenn du meinst, daß du es schaffst, lasse ich dich noch einmal fliegen."

Rolf flog seinen letzten Prüfungsflug zwar mit wackeligen Beinen und verschleiertem Blick, aber er schaffte den Flug.

Nach der Landung hatte er Mühe, den Sitz zu verlassen. Kameraden halfen ihm.

„Mensch, Rolf, was ist mit dir los? Du glühst ja wie eine überreife Tomate", fragte Heinz.

„Ach, Heinz, mir geht es beschissen", antwortete Rolf und quälte sich aus dem Sitz. Er schleppte sich neben seinem Flugzeug bis zum Hang. Die Kameraden mußten Rolf mehr auf den Hang tragen als daß er ging.

„Kameradschaftsführer Rolf meldet sich vom Prüfungsflug zurück", konnte unser junger Freund sich noch bei Unteroffizier Petersen zurückmelden, dann klappte er zusammen.

Obergruppenführer Wesel fuhr Rolf gleich in das Krankenhaus nach Gardelegen. Diagnose: Diphtherie, 40,5 Grad Fieber.

Eine Woche sah es ernst für Rolf aus, dann ging es langsam bergauf. Karl Heinz und Heinz besuchten ihren Kameraden und überbrachten Grüße der Lehrgangsteilnehmer. Sie erzählten, daß es am letzten Abend ein Kuchenessen gab – mit den Pflaumen vom Weg, gebacken von der Lagerküche.

„Leute, spannt mich nicht so auf die Folter! Habe ich die Prüfung bestanden?" fragte Rolf.

In diesem Moment kamen Obergruppenführer Wesel und die Fluglehrer Petersen und Hansen in das Zimmer: „Natürlich hast du Bruchpilot bestanden! Herzlichen Glückwunsch! Hier ist die Urkunde und das Abzeichen! Wir wünschen dir weiterhin Hals- und Beinbruch!"

Es wurde noch vom Abschiedsabend gesprochen, bis die Krankenschwester den Besuch abbrach.

Rolf lag mit zwei weiteren Patienten im Zimmer.
An der linken Seite des Zimmers, am Fenster, befand sich eine Tür zum Nachbarzimmer. Diese Tür wird noch eine Rolle spielen.
Nachdem Rolf wieder besser bei „Puste" war, holte er seine Mundharmonika hervor und gab einige Lieder zum besten.
Eines Tages kam Schwester Helga in das Zimmer und sagte: „Rolf, du hast eine Verehrerin, die dich gerne kennenlernen möchte. Leider dürft Ihr beide die Station nicht verlassen."
Auf der Nachbarstation lagen Patienten mit Scharlach. Besagte Verehrerin des Mundharmonikaspielers war auf dem Wege der Besserung. Sie lag mit ihrer kleinen Schwester im Nachbarzimmer.
„Was ist da zu tun? Schieben wir doch mein Bett an die Tür zum Nachbarzimmer, dann haben wir einen Weg zum Kennenlernen", überlegte Rolf. Die Mitpatienten waren einverstanden.
Rolf lag jetzt an der Tür. Durch die Tür entspann sich ein angeregtes Gespräch. Die jungen Leute wollten sich aber auch gerne sehen. Schwester Helga gab zwar eine gegenseitige Personenbeschreibung, aber ein persönliches In-Augenschein-Nehmen war doch besser.
Auch hier fand sich eine Lösung. Die Tür hatte ein Schlüsselloch – wie die meisten Türen – und schon war das Problem gelöst. Die kleine Schwester kam auf diese gute Idee. Wozu kleine Schwestern doch gut sein konnten!
Zuerst setzte Rolf sich an das Fußende seines Bettes, und das Mädchen konnte Rolf besichtigen. Dann wurde es umgekehrt gemacht. Wie man sich denken kann, fanden beide Gefallen aneinander. Es entwickelte sich eine Freundschaft zwischen den jungen Leuten. Leider stand die Tür im Wege.
Einige Tage vor ihrer Entlassung sahen sich Lissi, so hieß das Mädchen, und Rolf im Garten des Krankenhauses.
Dann kam der Tag der Trennung.
Nachdem das Gepäck am Bahnhof abgegeben war, konnten Lissi, ihre kleine Schwester und Rolf noch drei Stunden spazierengehen. Ach, was gab es alles zu erzählen! Die Zeit reichte nicht aus.
Rolfs Zug fuhr zuerst.
„Schreib mir bitte gleich und vergiß mich nicht!"
Was hätte man sich noch alles zu sagen!
Eine verstohlene Umarmung. Noch ein Blick aus dem Abteilfenster. Der Zug setzte sich in Bewegung. Die beiden jungen Menschen winkten sich noch einmal zu. Langsam entschwand das Mädchen Rolfs Blicken.
Es soll hier schon gesagt werden, daß diese Romanze in Gardelegen begann und auch ihr Ende fand.

Ein halbes Jahr wurden Briefe ausgetauscht. Die Nachkriegszeit trennte auch diese beiden jungen Leute. – Was mag aus Lissi geworden sein? Rolf fuhr in seine Heimatstadt.

„In des Herzens stille Räume
mußt du fliehen aus des Lebens Drang.
Freiheit ist nur in dem Reich der Träume,
und das Schöne blüht nur im Gesang."

Friedrich Schiller

Zurückgekommen, gab es kein Ausruhen. Rolf meldete sich bei Oberingenieur Wendt vom Segelfluglehrgang zurück.
„Na, Rolf, wie geht es dir? Mir fehlen Arbeitskräfte. Aber erst einmal herzlichen Glückwunsch zur bestandenen Prüfung!"
Die Arbeit in der Werft ging weiter.
Die Sturmstaffel und das Jagdgeschwader flogen täglich Einsätze. Auch jetzt wurden die Lehrlinge bei Alarm zum Betanken der Flugzeuge oder in der Flakstellung eingesetzt. Kamen die Piloten vom Einsatz gegen die Pulks der Amerikaner und Engländer zurück, war es immer spannend: Wackeln die Maschinen?
Das Wackeln bedeutete einen Abschuß. Die Me 109 wackelte nur schwach. Kam eine FW 190 von der Sturmstaffel über den Platz, berührte sie beinahe mit der Tragfläche das Rollfeld.
Die Lehrlinge kannten natürlich – wie wir wissen – alle Piloten. Da jeder Lehrling seine Werkzeugnummer hatte – Rolf hatte z.B. die Nr. 9 –, so gehörte ihnen auch das Flugzeug mit der gleichen Nummer. Wenn das Flugzeug mit der '9' in die Werft kam, wurde es so eingerichtet, daß Rolfs Gruppe daran arbeitete. (Aber auch das ist uns bekannt; nur noch einmal zur Erinnerung.)
Die Zeit vergeht. Man sollte kaum glauben, wie schnell.
Rolf und seine Freunde waren vollwertige Facharbeiter geworden. Alle Arbeiten an den Flugzeugen konnten sie ausführen; beim Motor und der Elektrik natürlich nur mit einem Spezialisten. Ihr Ausbildungsstand war sehr hoch. Das Ansehen der Lehrlinge hatte sich enorm gesteigert; sie wurden als Soldaten und Fachkräfte anerkannt.
Es soll aber gesagt werden, daß die Lehrlinge trotz ihrer fachlichen Fähigkeiten Lausbuben geblieben waren. Sie fanden immer eine Möglichkeit, in die Stadt zu verschwinden.

An einem Wochenende – es war Winter geworden, eine Schneeschicht bedeckte die Erde, die Sonne schien vom hellblauen Himmel – traf sich Rolf mit Anneliese. Sie gingen an den Pfefferteich.

Sie brauchten sich nicht viel zu sagen. Hand in Hand gingen sie durch den tief verschneiten Park. Die Berührung der Hände, ein Blick in die Augen kann so viel sagen. Anneliese merkte, daß Rolf etwas auf dem Herzen hatte. „Was ist los mit dir? Du bist so anders! Du bist ernster geworden", sagte Anneliese nach einer Zeit des Schweigens.

Rolf sah verträumt über den zugefrorenen Teich: „Wir kennen uns eine ganze Weile und sind gute Freunde geworden."

„Ist es nicht etwas mehr als Freundschaft", unterbrach Anneliese.

„Es ist schon mehr geworden. Deshalb spreche ich jetzt auch darüber. Erinnere dich an unser Gespräch nach der Feier zu meiner Beförderung zum Kameradschaftsführer! Es war genauso kalt wie heute. Ich sagte dir, daß ich eines Tages Soldat werden muß."

„Aber ich will nicht, daß du Soldat wirst! Wir sind doch noch so jung! Du sollst bei mir bleiben!"

„Ich möchte auch gerne bei dir bleiben, aber es geht nicht. Helmut ist schon beim RAD und wird demnächst zur Wehrmacht eingezogen."

„Der Krieg kann doch nicht mehr lange dauern! Solange kannst du doch auf dem Fliegerhorst bleiben!"

„Wir müssen alle unsere Pflicht erfüllen. Ich auch. Mache dich mit dem Gedanken vertraut, daß wir uns bald trennen müssen!"

„Soll das heißen, daß du mich verlassen wirst? Versprich mir, daß du mich nicht verläßt!"

„Ich verspreche dir, daß ich dich nie vergessen werde."

„Wir haben uns doch immer so gut verstanden!"

„So soll es auch bleiben."

Anneliese schmiegte sich dicht an Rolf.

„Es ist schön, so mit dir durch den Park zu gehen. Könnte es doch immer so sein! Sieh nur, wie der Schnee glitzert!"

„Ja, es ist schön. Im Januar werde ich zum RAD (Reichsarbeitsdienst) eingezogen", sagte Rolf ohne Vorwarnung.

„Nein", rief Anneliese, „du darfst nicht gehen!"

„Ach, Anneliese, machen wir uns mit dem Gedanken vertraut! Nach dem RAD muß ich zur Wehrmacht. Laß uns nicht weiter darüber reden! Du wirst einen anderen Freund finden, den du eines Tages heiratest."

„Ich heirate nur dich und sonst keinen!" Leise rannen Anneliese die Tränen über das schöne Gesicht. „Du hast es mir versprochen", schluchzte sie.

„Ich habe versprochen, dein Freund zu bleiben", antwortete Rolf. „Wenn ich abreise, verabschiede ich mich nicht von dir. Ich werde heimlich aus deinem Leben verschwinden. Du wirst mich schnell vergessen."

„Dich vergesse ich nie!"

Auch in der Erinnerung wollen wir Freunde sein.
Ich kenne den Wert der Freundschaft;
Wer kann schon ohne sie leben?
Ich empfinde eine Dankbarkeit für diese Freundschaft
Und möchte dir einen Tropfen Glück geben,
Mit der Hoffnung auf Gesundheit und Liebe.

Rolf Riesebieter

Es war immer wieder ein imposantes Bild, wenn die Flugzeuge starteten. Bei Alarm wurden Leuchtkugeln abgeschossen, und die in Bereitschaft sitzenden Piloten rollten mit ihren Flugzeugen an den Start und stellten sich in Formation auf. Es lag ein gewaltiges Dröhnen in der Luft.

Nach Startfreigabe rollten die Flugzeuge gruppenweise an. Zuerst das Geschwader Me 109, dann die Sturmstaffel mit der FW 190. Wurden die Flugzeuge nach dem Einsatz zurückgemeldet, standen die Lehrlinge vor der Werfthalle und warteten auf ihre Maschine. Wackelt sie?

Da kamen schon die ersten Flugzeuge angedonnert.

„Mensch Meier, da sind aber wieder viele Abschüsse", staunte Heinz.

„Da, meine Maschine hat auch einen Abschuß!"

„Die '5' hat zwei Abschüsse!"

„Wenn Oberleutnant Karsten zwei Abschüsse hat, ist das Eichenlaub fällig", sagte Rolf und hielt nach seinem Freund Werner Ausschau.

Nach und nach schwebten die Flugzeuge in den Platz ein und landeten. Rolf stand alleine vor der Halle und suchte den Himmel ab. – Nichts!

Die Flugzeuge waren zu ihren Abstellplätzen gerollt. Sie wurden aufgetankt, neue Munition nachgegurtet. Allmählich trat wieder Ruhe ein. Alles sah friedlich aus. Rolf wartete immer noch.

„Du brauchst nicht mehr warten, Rolf! Oberleutnant Karsten kommt nicht mehr zurück. Er ist abgestürzt."

„Tot?" fragte Rolf.

„Ja."

„Weiß Irmgard, seine Braut, es schon?"

„Nein, die Flugleitung meint, du sollst es ihr sagen. Ihr seid doch befreundet", antwortete Oberingenieur Wendt. „Oberleutnant Karsten hatte drei Abschüsse."

Rolf ging betrübt zur Kommandantur, wo Irmgard arbeitete. Die Tränen rannen ihm über das Gesicht. Zuerst ging Rolf zu seiner Mutter, die Leiterin der LN-Stelle und Vorgesetzte der Mädchen war.

Als er eintrat, wurde er schon von seiner Mutter erwartet. Die Flugleitung hatte sie verständigt. „Irmgard weiß es noch nicht. Teile du es dem Mädchen mit!"

Es war schwer, eine derart traurige und unverständliche Mitteilung zu überbringen. „Ich hatte es doch schon bei Hildegard und Gerda erlebt", dachte Rolf. Es war aber immer wieder unsagbar schwer.

Irmgard arbeitete in der Personalabteilung. Als Rolf eintrat, schaute sie erstaunt von der Arbeit auf. „Was machst du denn um diese Zeit hier? Hast du keine Lust zur Arbeit?" scherzte sie.

„Verdammt, wie soll ich es ihr sagen", dachte Rolf. „Immer muß ich den Mädchen die schreckliche Nachricht bringen!"

„Du hast ja geweint", stellte Irmgard fest.

Wie gesagt, es war schwer, diese traurige Nachricht zu übermitteln.

Die Arbeit ging weiter.

Inzwischen war es Weihnachten geworden.

Das Jahr ging zu Ende.

Im Januar 1945 wurde Rolf zum Reichsarbeitsdienst eingezogen.

An einem kalten Wintertag machte er sich auf die Reise. Sein Ziel war Ziesar bei Burg.

Am Hauptbahnhof von Magdeburg war erst einmal Endstation. „Alles aussteigen!" Über Lautsprecher wurden die Anschlüsse durchgegeben. Rolfs Reise ging erst von einem anderen Bahnhof weiter.

„So 'n Mist, jetzt kann ich mit dem Koffer durch die Stadt latschen!"

Ein vorbeikommender Landser hörte es: „Na, Kleiner, laß uns den Weg gemeinsam gehen! Ich kenne ihn. Gleich wird es dunkel und dann ist es schwer, auf dem rechten Weg zu bleiben! Alarm wird es auch bald geben."

„Prima", sagte Rolf, „zu zweit wandert es sich besser!"

Die Straßen wurden immer menschenleerer.

Inzwischen war es dunkel geworden. Die ersten Sterne funkelten. In der Ferne hörte man ein Rummeln wie bei einem Gewitter.

„Mein Gefühl sagt mir, daß wir jetzt dran sind! Der Pulk hat Kurs auf Magdeburg. Sehen wir zu, daß wir einen Luftschutzkeller finden", meinte der Landser.

Rolf war anderer Meinung: „Laß uns weitergehen! So schlimm wird es schon nicht werden! Ich muß mich pünktlich im RAD-Lager melden."

„Aber lebend, nehme ich an", murmelte der Soldat, ein alter Hase.

Das Flakfeuer kam immer näher. Scheinwerferfinger geisterten durch die Nacht. Mit den platzenden Flakgranaten war es ein schaurig schöner Anblick. Alarm war für diese Stadt lange gegeben.

Plötzlich war der Himmel strahlend hell: Markierungsbomben – genannt Christbäume.

„Mensch, Junge, jetzt wird es aber verdammt Zeit in Deckung zu gehen", waren die letzten Worte des Landsers.

Dann rauschte ein Bombenteppich auf die Stadt nieder.

„Und handeln solltest du so, als hinge
von dir und deinem Tun allein
das Schicksal ab der deutschen Dinge,
und die Verantwortung wär dein."

TEIL 2 – Die letzten Tage des Krieges (1945)

„Gott segne die Arbeit und unser Beginnen,
Gott segne die Spaten mit blankem Schein.
Werk unserer Hände, laß es gelingen,
denn jeder Spatenstich, den wir vollbringen,
soll ein Gebet für Deutschland sein."

A.H.

Wer den Krieg kennengelernt hat, weiß, welche Schrecken, welche Not und wieviel Elend er bringt. Es ist unbeschreiblich, und wir wollen nicht den Versuch machen, einen Sinn in einem Krieg zu finden. Es gibt keinen.

Im Januar 1945 war aber Krieg. Er ging zwar seinem Ende entgegen, aber immer noch forderte er große Opfer.

Wir haben erfahren, wie Rolf seine Lehre machte. Er wurde Facharbeiter und war jetzt auf dem Wege zum RAD (Reichsarbeitsdienst).

Auf Magdeburg prasselte ein Bombenteppich hernieder. Wie ein Gewitterregen. Viele Bombenflugzeuge öffneten ihre Bombenschächte und streuten den Tod auf die Stadt. Häuser stürzten ein. Wohnungen wurden zerstört. Menschen schrieen. Wer hörte sie schon in diesem Holocaust? Eine Stadt brannte und starb; mit ihr viele tausend Menschen. Frauen, Kinder, Männer. Alt und jung.

Rolf kam gerade noch bis zur Kellertreppe, dann warf ihn eine Druckwelle die Treppe hinunter. Ohne es zu bemerken, klammerte er sich an seinen Koffer. Er öffnet die Stahltür zum Luftschutzkeller, kriecht hinein und verriegelt die Tür wieder hinter sich. Der Keller ist nur schwach besetzt. Viele Bewohner der umliegenden Häuser hatten den Weg nicht mehr geschafft oder saßen in anderen Kellern.

Rolf vermißte den Soldaten und will den schützenden Keller wieder verlassen. Von zwei älteren Männern wird er zurückgehalten. Es wäre reiner Selbstmord gewesen, in dieses Inferno hinauszugehen.

Ein ohrenbetäubendes Sausen, Pfeifen und Krachen liegt in der Luft. Staub rieselt von der Decke. Die Wände beben. Plötzlich geht das Licht aus. Frauen schreien auf. Die Luft wird stickig. Es ist das Grauen!

Plötzlich ist alles still. Eine Kerze flackert auf.

„Gott sei Dank, wir haben es überstanden", sagte eine junge Frau, die ein Baby fest an sich drückt.

Es war noch nicht überstanden. Eine zweite Welle überfliegt die Stadt. Wieder öffnen sich die Bombenschächte. Eine dritte Welle kommt. Es ist die Hölle.

Wie im Traum sieht Rolf sein bisheriges Leben.
Er hatte eine schöne Kindheit. Mit den Eltern unternahm er viele Wanderungen. Die Entstehung des Dritten Reiches erlebte er mit seiner Mutter; stehend in einem großen, offenen Wagen. Auf dem Platz vor dem Rathaus einer kleinen Stadt am Jadebusen wogte eine große Menschenmenge. Die Hakenkreuzfahne wurde gehißt. Es begann eine Prügelei. Rolfs Vater war mit seiner Kamera in diesem Gewühl und machte Aufnahmen.

Überspringen wir einige Jahre.
Mit seinen Eltern fuhr Rolf im Wagen zu Freunden aufs Land. Wie üblich, gibt es auf dem Lande Bauern. Auf einem Bauernhof gibt es einen Misthaufen. Dieser Misthaufen sondert eine Flüssigkeit ab. Über diese Flüssigkeit, man nennt sie Jauche, führt ein Brett.
Man sollte schon langsam etwas merken.
Rolf spielte mit der Tochter des Hauses, sie hieß Erika, auf dem Hof.
Ein Brett verführt zum Balancieren.
Rolf probierte es. Zuerst zaghaft. Es ging gut.
Jetzt wurde er übermütig und fing an zu wippen.
Das Brett bog sich bedenklich durch.
„Rolf, laß den Blödsinn", rief Erika.
Die Warnung kam zu spät. Das Brett brach entzwei.
Mit einem Platschen fiel Rolf in die Jauche. War das eine Aufregung!
Rolfs Mutter war ganz aus dem Häuschen: „Was machen wir nur? Das stinkt ja fürchterlich!"
„Halb so schlimm! Rein mit dem Jungen in die Badewanne", lachte der Hausherr.
Rolf wurde gründlich abgeschrubbt. Die Kleidung war nicht mehr zu gebrauchen.
„Was sollen wir nur machen? Wir müssen nach Hause fahren und einen Anzug holen", ist Rolfs Mutter verzweifelt.
„Ach was, verderben wir uns nicht den schönen Tag! Die beiden Kinder sind gleich groß. Rolf bekommt Wäsche und ein Kleid von Erika, und schon ist alles in bester Ordnung", wußte Erikas Mutter einen Ausweg.
So wurde es gemacht.
Zuerst sträubte sich Rolf, aber nach einer Weile fühlte er sich ganz wohl in der ungewohnten Kleidung.
„Na bitte, jetzt haben wir zwei Mädchen", scherzte der Hausherr.
Der Tag war gerettet.
Dieser Tag sollte für Rolfs späteres Leben noch von Bedeutung sein. Warten wir es ab.

Im Jahre 1938 zogen Rolfs Eltern nach Oldenburg. Auch an diese Zeit gibt es schöne Erinnerungen, bis sich Rolfs Eltern scheiden ließen. Rolf konnte das nicht begreifen. Er zog mit seiner Mutter im Oktober 1941 in die kleine Stadt in der Altmark.

Plötzlich zerreißt ein ohrenbetäubender Knall alle anderen Geräusche. Eine Wand wird eingerissen. Eine gewaltige Druckwelle trifft die verängstigten Menschen. An den offenen Mündern sieht man, daß sie schreien. Zu hören ist das Schreien nicht.
Langsam zieht das Tod und Verzweiflung bringende Gewitter der Bomben weiter. Was die Bomben nicht zerstört haben, frißt das Feuer.
Kann in diesem Trümmerhaufen noch Leben sein?
Das Haus, in dessen Keller Rolf Schutz gesucht hatte, war zusammengestürzt. Der Keller hatte gehalten. Wie ein Wunder erscheint es den Insassen, daß sie noch leben.
Die Stahltür kann geöffnet werden. Der Schutt auf der Kellertreppe wird weggeräumt, und dann stehen sie auf der Straße. Wo einmal große, schöne Häuser standen, war jetzt ein Steinhaufen.
Die zerstörte Stadt wird vom Feuerschein überstrahlt. Wer kann hier noch löschen? Es ist sinnlos. Trotzdem wird es versucht.
Aus anderen Kellern klettern weitere Gestalten. Zugeschüttete Kellereingänge werden freigelegt. In einigen Kellern sitzen die Menschen wie schlafend. Sie sind erstickt.

Todmüde und verdreckt macht Rolf sich am nächsten Abend wieder auf den Weg. Am Bahnhof setzt er sich auf eine Bank, nachdem er sich bei der Rote-Kreuz-Station gewaschen und etwas gegessen hat, und schläft eine Runde. Dieser Teil der Stadt ist noch verschont geblieben. Wie lange noch?
Steif und durchgefroren fährt Rolf am anderen Morgen weiter. Es geht nur langsam; viele Halts machen die Fahrt nicht gerade zu einem Vergnügen.
Spätabends kommt der Junge müde und hungrig in Ziesa an. Dunkel liegt die lange Straße vor ihm. Mühsam schleppt er sich zum RAD-Lager, das am anderen Ende des Ortes liegt.
Es hat wieder Fliegeralarm gegeben. Wen wundert es schon? Es gehört zum Tagesablauf. Die Scheinwerferfinger geistern durch die Nacht. Flakgranaten zerplatzen wie Feuerwerksraketen. In der Ferne leuchtet der Himmel glutrot. Eine Stadt wird mit Kindern, Frauen, Männern und allem Leben ausradiert. Was für ein Wahnsinn!

Im Lager angekommen, findet Rolf es menschenleer. Nur ein einsamer Wachposten gibt ihm Auskunft. „Hallo Kumpel, spät kommst du! Man hat dich schon als überfällig gemeldet."

„Wo steckt denn der Verein, und wo befindet sich die Kantine? Ich habe einen Bärenhunger!"

„Tut mir schrecklich leid, aber der Kaviar ist bei der letzten Feier ausgegangen."

„Wohin ist er denn gegangen?"

„Frag mal drüben im Wald nach, da liegen die Kameraden und machen auf Sommerfrische."

Vergessen wir nicht: Es ist Januar und die Erde liegt unter einer dichten Schneedecke bei minus 15 Grad.

Rolf stolpert durch den Wald, bis er Stimmen hört.

Vor einem Unterstand bleibt er vor einer Tür stehen. Höflich wie er ist, klopft er an.

„Was ist denn nun los, da klopft doch tatsächlich einer an", hört er sagen.

„Herein mit dir", wird der Junge aufgefordert.

Rolf stellt sich vor. „Ich komme hierher und soll etwas Schwung in den Laden bringen", gibt er an.

„Du bist bei uns schon abgeschrieben!"

„Kommt der Knabe drei Tage zu spät und spuckt große Töne!"

„Aber bei uns ist er gerade richtig; wir werden schon aus dem Kleinen einen richtigen Mann machen!"

„Wo warst du eigentlich so lange? Hoffentlich hast du eine gute Ausrede!" So wird Rolf empfangen.

Er erzählt seine Erlebnisse aus der Bombennacht.

„Donnerlüttchen, da hast du aber gewaltiges Glück gehabt! Die Ausrede wird anerkannt."

Es stellt sich heraus, daß Rolf im Unterstand der Ausbilder gelandet war. Als Einstand spendierte er eine Runde Zigaretten; er selbst rauchte nicht.

Am anderen Morgen ging es zum Einkleiden.

„Wer zuletzt kommt, muß nehmen, was übrig bleibt", empfängt ihn der Kammerbulle (Verwalter der Lagerbestände).

„Oder er kann sich das Passende heraussuchen", kontert Rolf.

„Quatsch, hier hast du deine Sachen! Paßt alles."

„Paßt nicht! Da liegt noch genug herum. Geben Sie mir mal etwas besseres!"

„Der kleine Hosenscheißer hat auch noch Sonderwünsche! Meinetwegen, such dir etwas heraus! Was sollen die Klamotten hier herumliegen? Ein neuer Lehrgang kommt doch nicht mehr!"

Rolf suchte sich gute Sachen heraus und zog sich um. Seine Flieger-HJ-Uniform gab er ab.

„Hallo, was sehe ich denn da? Der Junge hat schon Orden! Abmachen und an die Arbeitsdienstuniform anstecken!"

„Ach was, lieber nicht! Das sieht so nach Angabe aus."

„Na meinetwegen; wenn es bekannt wird, mußt du sie doch anstecken. Das ist Befehl. Und es wird bekannt, weil es in deinen Papieren steht."

Rolf schnappt sich seine Klamotten und verstaut sie in seinem Spind. Es war ein kleiner Spind. Kaum schulterbreit.

In der Stube waren 24 junge Menschen untergebracht. Die Betten waren dreistöckig. Unser Freund hatte sein Bett in luftiger Höhe unter dem Dach in der Mitte des Raumes. Zwischen seinem und dem Nachbarbett war ein großer Balken.

Eine genaue Beschreibung des Lagers schenken wir uns.

Nur so viel und ganz kurz: Links vom Eingang befand sich das Wachlokal – es war keine Wirtschaft; das sollte man nicht glauben –, daran schlossen sich die Unterkünfte der Ausbilder an. An der linken Stirnseite kamen zwei Unterkunftsbaracken der Arbeitsmänner. Etwas versetzt war die Toilettenbaracke. An der Längsseite stand eine weitere Unterkunfts- und eine Materialbaracke. Die Waschbaracke befand sich an der anderen Stirnseite eines großen Platzes, in deren Mitte ein Fahnenmast stand; umgeben von einer Blumenanlage. Im Sommer blühten hier herrliche Blumen, sagt man. Jetzt lag hoher Schnee. Rechts vom Eingang lag die Küchen- und Kleiderbaracke. Hinter dem Materiallager war ein Kleinkaliberschießstand und ein großer Sportplatz.

Das soll genügen.

Wie wir wissen, hatte Rolf schon in der ersten Nacht Bekanntschaft mit seinen Ausbildern gemacht. Obertruppführer Müller wurde sein Gruppenführer. Die Namen der anderen Ausbilder wollen wir uns gar nicht erst merken; wir vergessen sie doch wieder.

„Leute, meine Gruppe wird die beste! Das war so, und das wird so bleiben! Es liegt an euch, wie wir miteinander auskommen. Ich nehme euch hart ran. Na, wir werden sehen! Euer Kamerad Rolf hatte sich drei Tage Sonderurlaub bewilligt. Sagt ihm, was wir in den letzten Tagen getrieben haben! – So, jetzt beginnt für euch der Ernst des Lebens! Ich habe die Aufgabe, aus euch vollwertige Mitglieder der deutschen Nation und richtige Männer zu machen."

Das war eine Ansprache, die jeder der jungen Menschen verstand.

An einem kalten, schönen Wintertag traten die jungen Leute auf dem Antretplatz an. Alle sahen proper aus. Es war eine Freude, diese fröhliche Schar zu sehen.

Man hatte sich kennengelernt; jeder wußte, worauf es ankam. Das Zusammenleben in einer Gemeinschaft ist nicht einfach. Jeder muß sich anpassen. Wer aus der Reihe tanzt, wird von den Kameraden zurechtgestutzt.

Die jungen Arbeitsmänner wurden vereidigt. Das ist nun einmal üblich. Es hat sich bis jetzt auch nichts daran geändert. Jeder Staatsbürger muß seinem Staat treu ergeben sein und seine Pflicht erfüllen.

„Nicht nur gesetzliche Pflicht, sondern Ehrensache jedes gesunden Jungen sollte es sein, im Reichsarbeitsdienst seinem Volke zu dienen", sagte Konstantin Hierl, RAD-Führer.

Schenken wir uns die Ansprache des Abteilungsführers. Wichtig für die Jungen war der Schlußsatz: „Nach dem Mittagessen gebe ich der Abteilung Ausgang bis zum Zapfenstreich." – Die Zugführer (kein D-Zug, auch kein Eilzug, sondern eine Abteilung der Einheit), also, die Zugführer gaben ihre Kommandos, und es ging in den Speisesaal.

Der Nachmittag wurde mit der Erkundung des Ortes ausgefüllt. In kleinen Gruppen zogen die Jungens los. Viel gab es nicht zu erleben. Verfolgen wir auch nicht jeden einzelnen Jungen. Einige fanden im Laufe des Lehrgangs eine Freundin, andere fuhren zum Wochenende in die nächste größere Stadt. Viele Vergnügungen standen nicht zur Auswahl.

Es sei noch eine nette Geschichte erzählt. Rolf hat dichtes, schönes Haar. Nach der Vorschrift mußte das Haar kurz getragen werden. Vor der Vereidigung wurde Rolf dreimal zum Friseur geschickt. Schon beim zweiten Mal sagte der Friseur: „Junge, deine Haare sind doch schon kurz genug, noch mehr kann ich dir nicht herausschneiden!"

So kam Rolf zu einem zusätzlichen Ausgang. Eine Freundin fand er hier nicht. Er dachte auch noch immer an seine Anneliese.

Wie sagte Obertruppführer Müller? „Wir werden die beste Gruppe!"
So war es auch.

Die Ausbildung war verdammt hart. Es muß aber gesagt werden, daß der Ausbilder ein Pfundskerl war. Die Formalausbildung – Antreten, Marschieren, Wendungen in der Gruppe und der Abteilung, Grüßen, also richtig laufen lernen – machte den jungen Arbeitsmännern wenig Spaß.

„Leute, mault nicht! Auch diese Ausbildung muß sein! Ihr müßt erst einmal richtig laufen lernen! Wenn ich mit euch in die Stadt marschiere, und Ihr latscht wie eine Hammelherde durch die Geographie, muß ich mich ja vor meinem Mädel blamieren! Also macht mir keine Schande!"

Der Obertruppführer gab seine Kommandos, und die Jungens flitzten über den Platz. Man sollte wissen, daß dieser Platz von Bäumen und Gestrüpp begrenzt war. Wenn die Übungen zur Zufriedenheit des Ausbilders ausfielen, hieß es: „Nach hinten, in den Wald, weg! Marsch, marsch!" – Ab ging die wilde Jagd!

Alle setzten sich im Halbkreis auf den verschneiten Waldboden oder auf Baumstümpfe. Der Ausbilder setzte sich zu den Burschen.

„Feuer frei!" Es durfte geraucht werden.

„Ich möchte mir gerne von jedem ein Bild machen. Erzählt mir in kurzen Worten etwas aus eurem Leben!"

So erzählte jeder seinen Lebenslauf. Die Jungen lernten sich auf diese Weise auch kennen.

Auch Rolf erzählte seine Geschichte.

„Wie ich aus Ihren Papieren gesehen habe, sind Sie mit dem KVK – Kriegsverdienstkreuz – und dem Verwundetenabzeichen ausgezeichnet. Es ist Vorschrift, daß Auszeichnungen an der Uniform getragen werden müssen."

„Das sieht so nach Angabe aus, deswegen möchte ich die Abzeichen nicht tragen", meint Rolf.

„Na, meinetwegen, ich spreche mit dem Abteilungsführer. Vielleicht können Sie die Orden an der Dienstuniform weglassen. An der Ausgehuniform kommen sie dran! Befehl ist Befehl!"

„So, jetzt haben wir lange genug gequatscht! Auf ein Neues!"

Und schon ging das Exerzieren weiter.

Wie wir erfahren haben, lag hinter dem Lager ein großer Sportplatz.

Junge Leute müssen bewegt werden; darum stand auch oft Sport auf dem Dienstplan.

„Männer, heute ist es schön! Die Sonne scheint so warm. Zur Auflockerung der müden Knochen bewegen wir uns etwas über den Sportplatz! Anzug: Sportschuhe und Sporthose!"

„Herr Obertruppführer, es ist 15 Grad Frost! Können wir nicht den Trainingsanzug anziehen?"

„Stellt Euch nicht so an! Der Körper muß ausdunsten! Ich werde euch schon warm machen! In zehn Minuten steht der Haufen vor der Unterkunft!"

„Der Kerl spinnt! Sicher zieht der sich einen Pelzmantel an und scheucht uns über den Platz!"

„Jungens, da zittern wir uns ganz schön einen ab!"

„Bei der Kälte, und dann nur mit Turnhose, da holt man sich ja die beste Erkältung! Morgen liegt der ganze Verein auf der Nase."

„Wir können uns beschweren!"

„Was soll das schon nützen?"

„Kameraden, beeilt euch, sonst gibt es Ärger!"

„Mir klappert jetzt schon das Gebiß."

„Wie spricht der Führer? Hart wie Kruppstahl, zäh wie Leder, flink wie Windhunde! Also ab in die Sonne!"

Gruppenweise rückt die Abteilung auf den Sportplatz. Die Ausbilder hatten natürlich keinen Pelzmantel angezogen. Wer hätte das auch ernsthaft geglaubt. Es wurde sinnvoll Sport getrieben.

Wie sagte Obertruppführer Müller? „Ich werde euch schon warm machen." – So wurde es auch. Es kam keiner auf die Idee zu frieren.

Nach dem Sport ging es unter die Dusche. Zuerst war das Wasser schön warm. Nachdem sich alle ordentlich abgeseift hatten, stellte Obertruppführer Müller, der immer einen Scherz bereit hatte, die Dusche auf kalt. Gab das ein Geschrei!

„Arbeitsmänner, kräftig abtrocknen und im Laufschritt in die Unterkunft!"
Es hatte keiner eine Erkältung bekommen.

Neben der Formalausbildung und dem Sport, stand die Ausbildung mit dem Gewehr auf dem Dienstplan. Gruppenweise stellten sich die jungen Leute im Halbkreis um ihren Gruppenführer. Dieser erklärte den Arbeitsmännern das Gewehr. Es gab hier bestimmte Regeln: Wie wird das Gewehr angefaßt; was ist die Visierlinie; wie heißen die einzelnen Teile? – Sparen wir uns eine genaue Beschreibung. Sie sind in Dienstvorschriften nachzulesen.

„Ich habe euch alles erklärt. Jetzt üben wir mit der Übungsmunition das Laden, damit es auf dem Schießplatz keine Pannen gibt!"

„Das kann doch nicht so schwer sein", meint Hans.

Hans kommt aus Hamburg und hat immer einen Spaß auf Lager.

„Wir werden sehen! Es kommt auf Schnelligkeit an. Das Gewehr wird mit der linken Hand gehalten. Der Lauf zeigt nach links oben. Niemals auf einen Menschen zielen, auch wenn Ihr glaubt, das Gewehr ist nicht geladen! Mit der rechten Hand öffnen wir das Patronenlager und setzen den Ladestreifen an und drücken die Patronen in die Kammer."

Das hört sich einfach an.

Die Übungspatronen mußten erst aus der Patronentasche, die am Koppel saß, herausgenommen werden. Die Patronen waren auf einem Ladestreifen aufgereiht. Nachdem der Streifen auf die Patronenkammer aufgesetzt war, wurde die Patrone mit dem Daumen in die Kammer gedrückt.

„Na, das klappt doch prima", gibt Erich an und drückt die letzte Patrone in die Patronenkammer. Und schon springt der Ladestreifen in weitem Bogen heraus und landet im Schnee, dicht vor dem Gruppenführer.

„Sehr einfach; ich sehe es! Gibt der Kerl eine Stange an und wirft mit dem Ladestreifen nach seinem Ausbilder! Wenn das noch einmal passiert, legen Sie sich gleich daneben! Das gilt für alle! Ich zeige es noch einmal, dann muß es sitzen!"

So wurde geübt, bis die Hände schmerzten. Aber es klappte.

Die ersten Schießübungen wurden am Kleinkaliberschießstand durchgeführt. Eines Tages hieß es dann: „Ab zum Scharfschießen!"

Der Schießstand lag eine halbe Stunde vom Lager entfernt. Es herrschte ein unangenehmer Schneesturm.

„Wer soll bei dem Sauwetter denn die Scheibe treffen", fragt Günter.

„Ich werde Euch zeigen, wie es gemacht wird", sagt Obertruppführer Müller, legt sich auf die Matte, legt das Gewehr an, zielt und schießt.

Über ein Feldtelefon wird das Ergebnis durchgegeben: „Acht hoch!"

„Das war Zufall!" – „Der nächste Schuß geht daneben!"

Der zweite Schuß fällt: „Neun tief!"

„Donnerwetter, unser Gruppenführer kann tatsächlich gut schießen!"
„Dabei sieht man die Scheibe kaum."
Jetzt müssen die jungen Arbeitsmänner zeigen, was sie können. Reden wir nicht lange darüber. Es wurde manche „Fahrkarte" geschossen. „Fahrkarte" heißt: kein Treffer.
Der Schießstand lag in einem Wald. Geschossen wurde auf drei Bahnen, die von hohen Wällen begrenzt waren. Natürlich wurden die Ergebnisse besser. Wer hätte es auch bezweifeln können?

Bevor die Arbeitsmänner in ihre Betten kriechen konnten, mußten sie auf dem Schemel vor dem Spind ein Päckchen bauen. Die Uniform und Wäsche mußte fein säuberlich zusammengelegt werden.
Es herrschte eine beängstigende Enge. Daß viel geflucht wurde, kann man verstehen.
Auch Rolf drängelte sich vor seinem Spind. Plötzlich kommt ihm ein Gedanke: „Neben meinem Bett liegt doch der Balken!"
Rolf kletterte auf seinen „Hochsitz" und legte seine Sachen schön auf den Balken. Sein Bettnachbar fand diese Idee so gut, daß er es auch so machte.
Das Bauen eines Päckchens hat zwei Gründe. Einmal sieht es besser aus, wenn alles korrekt und sauber ausgerichtet ist. Ordnung ist nun mal das halbe Leben. Ein anderer Grund ist, daß bei Alarm die geordneten Sachen schnell angezogen werden können.
Man stelle sich vor, alles liege durcheinander. Es dürfte unmöglich sein, seine Kleidungsstücke zu finden und sich anzuziehen. Bei Dunkelheit ein unmögliches Unterfangen! Bleiben wir bei der Ordnung. Sie sollte auch im Zivilleben beibehalten werden.
Also, Rolf hat seine Kleidung neben seinem Bett liegen. Das hat noch einen weiteren Vorteil: Beim abendlichen Stubendurchgang durch den Gruppenführer kann sein Päckchen nicht beanstandet werden. Wer denkt schon daran, daß dort oben unter dem Dach noch Bekleidung liegt? Die Kameraden sagen nichts; war doch durch diesen Umstand der Platz vor den Spinden um zwei Mann gelichtet. Gepetzt wird sowieso nicht.

Wie so oft, gab es in der Nacht wieder Alarm.
Alles raus aus den Betten und rein in die Klamotten!
An der Tür gab es ein unmögliches Gedränge.
Hans aus Hamburg kletterte auf den Tisch, schaltete seine Taschenlampe an – Licht durfte natürlich nicht gemacht werden; Verdunkelung! –, strahlt sein Gesicht an und ruft: „Kameraden, nur keine Drängelei! Macht es so wie ich: Wenn jeder so lange wartet, bis alle draußen sind, kann es kein Gedränge geben!"
Hans hatte eben immer einen Spaß bereit. Auch in schweren Zeiten muß Freude dabei sein. Oder gerade dann.

Unsere Freunde scherzten oft und gerne. Bei jeder Gelegenheit wußte ein Kamerad einen Witz oder sonst eine Albernheit.

*"Fröhlichkeit ist nicht die Flucht
vor der Traurigkeit,
sondern der Sieg über sie."*

Gorch Fock

Im Wald neben dem Lager hatte sich jeder Arbeitsmann ein Loch gegraben. Wie die Ameisen wimmelte es durcheinander, bis sich alle in den Löchern verkrochen hatten.
Auch Rolf hatte es sich in seinem Loch gemütlich gemacht. Was man so gemütlich nennen kann.
Die Gasmaskenbüchse stellte er auf den Boden. Darauf kam der Stahlhelm. Man konnte gut darauf sitzen. Das Gewehr legte Rolf auf den Rand des Loches. Es störte sonst. Den Kragen des Mantels hochgestellt, den Kopf an die Wand gelegt, die Augen etwas geschlossen. – Natürlich nur für einen Augenblick!
Schlafen durfte man nicht. Es konnten ja Bomben fallen, und dann mußte man einsatzbereit sein für Rettungs- und Aufräumungsarbeiten.
Einmal fielen Bomben auf die kleine Stadt.
Es gab aber nur einige Leichtverletzte. Zum Glück!
Rolf schlief ruhig und fest. Bei Entwarnung schreckte er auf. „Verdammt, mein Gewehr ist weg! So eine Sauerei, das gibt einen gewaltigen Anschiß!"
Es gab Ärger. Wer läßt sich auch schon seine Braut klauen?
Der Gruppenführer hatte sich angeschlichen und das Gewehr mitgenommen. Vor dem Morgenappell nahm sich Obertruppführer Müller den Übeltäter vor: „Arbeitsmann, Sie haben in der Nacht gemerkt, wie schnell sich ein Gegner an die eigene Stellung heranarbeiten kann; ungesehen und unbemerkt. Im Ernstfall wäre es für Sie höchst unangenehm geworden!"
„Hier ist aber weit und breit kein Gegner, und ich war sehr müde. Der Geländedienst gestern war ausgesprochen hart", entschuldigt sich Rolf.
Es muß dem Obertruppführer sehr ernst mit der Ermahnung sein. Er benutzt das „Sie".
„Hör einmal zu, mein Junge! Wir sind hier nicht in einem Ferienlager des KdF (Kraft durch Freude)! Die Ausbildung dient dem Ernstfall! Wenn Ihr zum Einsatz kommen solltet, was ich nicht wünsche, müßt Ihr euch richtig im Gelände bewegen können. Jede Deckung kann eine Lebensversicherung sein. Darum üben wir es, bis es euch in Fleisch und Blut übergegangen ist. Im Unterricht habe ich es genau geschildert.

Ich spreche aus eigener Erfahrung. Im Osten kämpfte ich unter unserem Oberarbeitsführer, Träger des Deutschen Kreuzes in Gold und des Ritterkreuzes. Dir sage ich, daß ich das EK 1 und das Verwundetenabzeichen habe. Es braucht aber kein Aufstand deswegen gemacht werden. Daß du das KVK und das Verwundetenabzeichen verliehen bekommen hast, weiß ich natürlich. Wir sprachen schon darüber. Ich erzähle es Dir aus einem besonderen Grund. Aber den sage ich Dir erst in der nächsten Woche."

„Warum erst dann? Der Lehrgang ist bald zu Ende, und ich werde dann zur Wehrmacht eingezogen."

„Freue dich nicht darauf. Aber lassen wir das! Zunächst zu Deiner Strafe! Die muß sein! In der zweiten Gruppe ist ein Kamerad krank geworden, der in der Nacht Wache hätte. Du springst dafür ein! Als weiteres: Der Oberarbeitsführer hat befohlen, daß Auszeichnungen zu tragen sind. Befehl von oben! Also, beim Antreten die Abzeichen anlegen! Wir haben uns verstanden?"

„Jawohl, Herr Obertruppführer!"

Am Abend meldete Rolf sich beim Wachhabenden.

Von 18 bis 20 Uhr ging er mit einem Kameraden seinen ersten Streifengang. Um 24 Uhr ging es wieder in die kalte Nacht hinaus. Der Himmel war bewölkt. Es schneite und ein eisiger Wind pfiff um die Baracken.

„Ein Sauwetter ist das! Jeder anständige Volksgenosse sollte im warmen Bett liegen", mault Rolfs Kamerad.

„Sieh nur, wie die Schneeflocken tanzen", schwärmt Rolf.

„Du kannst ja mittanzen; ich klatsche im Takt dazu!"

„Verdammt, die Worte gefrieren am Mund!"

„Halt die Klappe, sonst friert dir der Verstand noch ein!"

Die Arbeitsmänner schlugen ihre Mantelkragen hoch.

Die Ablösung der anderen Streife klappt reibungslos. Ohne viele Worte. Die Kameraden sind froh, in die warme Bude zu kommen.

Gegen 1.30 Uhr hört Rolf ein Geräusch.

„Hast du das auch gehört?" Rolf spricht diese Worte dicht am Ohr seines Kameraden.

„Nee, es ist der Wind, das himmlische Kind."

Da, wieder!

„Das ist am Munitionsbunker!"

„Wer soll bei diesem Sauwetter da herumschleichen?"

„Eine Kontrolle ist das bestimmt nicht! Laß uns vorsichtig herangehen", schlägt Rolf vor.

Vorsichtig gehen sie weiter.

Tatsächlich: Zwei Figuren machen sich am Munitionsbunker zu schaffen! Die Schlösser sind geknackt.

Rolfs Kamerad, er heißt Ernst Strawinski – nicht verwandt mit dem Komponisten –, nimmt sein Gewehr in Anschlag. Auch Rolf nimmt sein Gewehr von der Schulter.

„Halt, stehen bleiben und Hände hoch!"

Rolf lädt sein Gewehr durch. Eine Patrone liegt in der Patronenkammer. Jetzt braucht er die Waffe nur noch entsichern.

Die Figuren ziehen Pistolen. Sie schießen sofort. Im Schneetreiben ist die Bewegung kaum zu sehen; aber man hört den Knall.

Ernst schießt zurück.

Und noch ein Schuß verläßt den Lauf.

Jetzt schießt auch Rolf.

In etwa zwanzig Metern Entfernung bleiben sie vor den zwei Männer stehen. Rolf schaltet seine Taschenlampe an.

Mit erhobenen Händen stehen die Diebe vor dem Bunker.

Im Laufschritt eilt der Wachhabende mit fünf Wachmännern herbei.

Die beiden Festgenommenen werden abgeführt.

Rolf und Ernst gehen ihre Streife weiter.

„Na, das gibt einen Schreibkram", befürchtet Ernst.

„Wie konntest du so schnell schießen? Ich mußte meine Waffe erst durchladen!"

„Ich habe durchgeladen, als wir das Wachlokal verlassen haben. So brauchte ich nur noch entsichern."

„Du bist lustig! Das ist doch verboten!"

„Sicher ist das verboten. Du brauchst es ja nicht sagen. Aber überleg mal: Die beiden Strolche hatten die Pistolen verdammt schnell zur Hand. Sie schossen schon, als du erst dein Gewehr durchgeladen hast. Somit war ich im Vorteil."

„Ich glaube, die hätten uns glatt abgeknallt. Es war schon richtig, wie du es gemacht hast."

„Sag ich doch! Holzauge, sei wachsam! Jetzt kann unsere Ablösung aber kommen!"

Die Ablösung kam.

Bis zur Reparatur der Schlösser standen zwei Mann vor dem Munitionsbunker Wache. Rolf und Ernst machten ihre schriftliche Meldung. An Schlaf war in dieser Nacht nicht mehr zu denken. Das Erlebnis wurde ausgiebig durchgesprochen. Die Saboteure wurden im Morgengrauen von der Militärpolizei abgeholt. Ernst und Rolf erhielten eine förmliche Belobigung. Der Dienst ging weiter.

Natürlich wurde auch der Stellungsbau geübt. Der Wald am Rande des Lagers eignete sich gut dazu. Jede Gruppe bekam einen Abschnitt zugeteilt. Im Unterricht war alles ausführlich besprochen worden. Jeder Arbeitsmann wußte, worauf es ankam.

Die alten Stellungen waren von den Vorgängern des Lehrgangs wieder zugeschüttet worden. Sparen wir uns die Einzelheiten.

Rolf und Horst suchten sich eine schöne Stelle unter großen Kiefern aus. Es lag viel Gestrüpp herum. Einige Bäume waren gefällt, und die Stämme, in einen Meter Länge zugeschnitten und aufgestapelt, luden zum Verarbeiten ein.

Zunächst gruben die Freunde eine große Grube aus. Bei dem harten Boden keine leichte Arbeit! Es wurde viel geflucht.

„Na, das sieht schon ganz gut aus", stellt Horst fest. „Der harte Boden hält auch ohne Abstützung."

Rolf sah sich um. „Wir stützen die Wände ab und legen ein schönes Dach darüber! Hölzer liegen genug herum."

„Das dürfen wir doch nicht!"

„Quatsch, faß an! Wenn wir fertig sind, kann nur noch gemeckert werden. Abbauen brauchen wir den Unterstand bestimmt nicht mehr!"

So wurde es gemacht. Als Abschluß legten sie noch Gestrüpp auf den Unterstand. Eine wirklich gute Arbeit.

Die Ausbilder hatten eine Besprechung und waren somit nicht anwesend. Schlauerweise bauten die Freunde noch einen Unterstand. Ein trauriges Loch wurde es. Bei der Begutachtung durch Obertruppführer Müller gab es auch entsprechende Rügen. Rolf und Horst steckten die Schelte heimlich grinsend ein.

Bei Fliegeralarm verkrochen sich die beiden in ihren gemütlichen Unterstand. Drei Tage ging alles gut. In der vierten Nacht wird Rolf vom Gruppenführer gesucht. In seinem alten Loch steckte er nicht. „Wo steckt der Kerl? Erst läßt er sich sein Gewehr klauen, jetzt hat er sich so verkrümelt, daß man ihn nicht findet!"

Horst und Rolf schliefen eine Runde in ihrem Versteck. Ein Kamerad sollte sie bei Entwarnung wecken. Der Kamerad schlich sich auch heran, um die beiden zu warnen. Aber der Obertruppführer bemerkte dieses Manöver. „Was treiben Sie denn hier?"

„Ich wollte, ... mir ist so kalt, ... da dachte ich", stotterte der junge Arbeitsmann.

„Donnerwetter, das ist ja ein gut getarnter Unterstand! Wer hat den denn heimlich gebaut?"

„Was ist das für ein Krach da draußen? Dabei kann doch kein friedlicher Volksgenosse schlafen", fragt Rolf und steckt seinen Kopf aus dem Ausstieg.

„Sieh an, wen haben wir denn da? Schläft der Kerl doch schon wieder! Aber nicht schlecht gebaut! Und mir eine bessere Latrine als Stellung vorzeigen! Der Unterstand ist beschlagnahmt! Gerade richtig für mich! – Ach ja, du sollst morgen das Protokoll unterschreiben!"

„So eine Gemeinheit! Unseren schönen Bau zu klauen!"

„Ist was?" – „Nein, Herr Obertruppführer!"

In jeder Nacht überflogen die feindlichen Bomber das Lager. Es gehörte schon zum Tagesablauf. Diese Flugzeuge warfen aber nicht nur Bomben, sondern auch Flugblätter. Die deutsche Bevölkerung wurde darin aufgefordert, den Krieg zu beenden und Sabotage zu betreiben.

Die Gegner kannten das deutsche Volk nicht. Je mehr Städte zerstört wurden durch die Terrorangriffe, desto fester schlossen sich die geplagten Menschen zusammen. Es wurde sich gegenseitig geholfen. Wer sein Heim verloren hatte, fand eine Bleibe bei Nachbarn, deren Haus verschont war. Bis zum nächsten Angriff.

Alle waren eine Gemeinschaft. In der Not zusammengeschweißt. Viele mußten ihre Heimat verlassen; sie blieben ihr aber treu.

„Heimatlos wird ein Mensch nicht dadurch,
daß er aus seiner gewohnten Umgebung
gerissen oder vertrieben wird.
Heimatlos wird ein Mensch erst dann,
wenn er traditionslos wird."

Alfred Weitauer

Im Verlauf der Ausbildung wurde auch die Geländebeschreibung geübt.

Die Gruppe Müller lag am Waldrand in einem Laufgraben. Die Sonne schien vom hellblauen Himmel. Der Schnee glitzerte. Es war bitterkalt.

Die Arbeitsmänner waren von dieser Aufgabe nicht begeistert. Eine langweilige Sache; aber es mußte sein. Im Unterricht hatten sie den Sinn erfahren. Nennen wir nur einen Grund: Die Zielansprache.

Jeder der jungen Männer kam an die Reihe.

Horst sagte seinen Spruch: „Rechte Grenze: eine Pappelallee. Linke Grenze: Schornstein einer Fabrik. Der Vordergrund fällt bis zur Straße, die von links nach rechts verläuft, ab. An der Straße stehen Bäume. Den Mittelgrund bildet ein weites Feld, durchzogen von Knicks. Den Hintergrund schließt ein Wald ab."

„Das hast du aber schön gesagt", kommentiert Ernst.

„Jetzt wissen wir genau, wie es vor uns aussieht, aber den LKW hast du nicht beschrieben", weiß Hans zu bemängeln.

Obertruppführer Müller war auf einen Sprung zur Nachbargruppe gegangen. Auch ein Gruppenführer will schon einmal ein kleines Schwätzchen mit einem Kameraden halten.

Rolf hatte auf dem Feld vor sich etwas entdeckt.

Er kletterte aus dem Laufgraben.

„Man ist auch nicht mehr der Jüngste, was? Die müden Knochen werden steif", frotzelt Hans.

„Nicht weglaufen, sonst schieße ich!"

„Das ist Fahnenflucht!"

„Der Junge sieht ein Mädchen, wo keines ist! Man nennt so etwas schlicht und ergreifend Lagerkoller."

„Ist aber weiter nicht schlimm und vergeht wieder."

„Kann aber auch ansteckend sein!"

Rolf bückt sich und hebt ein Stück Papier auf. Mit seiner Beute springt er wieder zu seinen Kameraden in den Laufgraben.

„Was hast du denn da gefunden?"

„Ein Flugblatt."

„Vorlesen!"

Das Flugblatt wird vorgelesen. – Schenken wir uns den Wortlaut!

Der Gruppenführer ist aufmerksam geworden. „Was ist hier für eine Versammlung? Nennt Ihr das eine Geländebeschreibung?"

„Rolf hat einen Liebesbrief erhalten!"

„Dieser Brief fiel vom Himmel."

„Habt Ihr Banausen den Wisch gelesen?"

„Nein, Herr Obertruppführer!" kommt die Antwort im Chor.

„Das Lesen von Flugblättern ist doch verboten", erklärt Hans scheinheilig.

„Her damit! So 'n Mist, jetzt können wir das ganze Gelände nach weiteren Flugblättern absuchen!"

„Das gibt eine kleine Abwechslung."

Die Abteilung wird zusammengerufen. Es ergeht die Ermahnung, die Flugblätter nicht zu lesen. – Seien wir ehrlich: Wer kümmert sich schon um eine derartige Ermahnung?

An diesem Tag wurden viele Flugblätter gesammelt. Einige auch gelesen. Allgemeiner Kommentar: „Den Quatsch kann doch kein Mensch lesen! Wenn die Tommies oder Amis glauben, uns damit in Panik zu versetzen, irren die sich aber gewaltig!"

„Kameraden, weitersammeln, aber nicht lesen! Ich erzähle euch nachher den neuesten politischen Witz."

„Da bin ich aber gespannt", schmunzelt Obertruppführer Müller, der die Witze von Hans zu schätzen weiß; kann er sie doch seinen Kameraden weitererzählen.

Ein wichtiger Abschnitt der Ausbildung waren Geländeübungen.
Halten wir uns nicht lange mit Beschreibungen der einzelnen Übungen auf. Nur eine kleine Episode soll berichtet werden:

Es war ein sonniger Wintertag. Der Schnee knirschte, das Thermometer stand bei 15 Grad – minus! Die Abteilung übte „Tarnen".

Die Gruppenführer wiesen ihren Leuten die Plätze zu.

„Mann, Rolf, du hast aber einen blöden Platz erwischt!"

Ein kurzer Rundumblick. – Eine Weggabelung!

„Wenn ich mich hier eingrabe, kann ich die beiden Wege überblicken", überlegt Rolf.

„Wie willst du in den harten Boden hineinkommen", fragt Erich.

„Laß mich mal machen! Wenn ich soweit bin, muß einer Schnee über meine Mulde schaufeln!"

Es ist schon eine lausige Arbeit, in den hartgefrorenen Boden einzudringen, und man kommt trotz Kälte gewaltig ins Schwitzen. Aber die Mulde wird fertig. Die ausgehobene Erde umgibt die Mulde nach drei Seiten als Wall.

Nach vorne baut Rolf eine Schieß- und Sichtöffnung ein. Äste werden vorsichtig in den Wall gesteckt, eine Zeltplane über die Mulde gelegt. Über alles wird feiner Schnee, den Rolf aus dem Wald holt, verstreut.

„Hans, Werner, jetzt könnt Ihr mich zuschaufeln! Aber vorsichtig, daß keine Spuren zu sehen sind!" Rolf kriecht unter die Plane. Das Gewehr schiebt er durch die vordere Öffnung. Die Äste geben eine hervorragende Tarnung.

Die Arbeitsmänner liegen in ihren Stellungen. Der Abteilungsleiter und die Ausbilder sehen sich alles genau an.

Vor Rolfs Stellung bleiben sie stehen. Das heißt, sie sehen Rolf nicht. Obertruppführer Müller sagt, als der Abteilungsleiter vorbeigehen will: „Oberarbeitsführer, hier muß noch ein Arbeitsmann liegen."

„Müller, ich sehe nichts außer viel Schnee! Arbeitsmann, sehen Sie mich?"

„Jawohl, Herr Oberarbeitsführer!"

„Schießen Sie eine Platzpatrone, aber zielen Sie nicht auf mich!"

„Das Gewehr ist nicht geladen."

„Dann laden Sie gefälligst!"

„Verdammte Unzucht, ich kann mich kaum bewegen! Die Finger sind steif", denkt Rolf, und fummelt den Ladestreifen aus der Patronentasche am Koppel. Jetzt vorsichtig die Patronen in das Patronenlager einführen. Nur nicht den Ladestreifen verlieren! Spannhebel nach vorne. Ein Klicken, die Patrone liegt im Lauf. – Sparen wir uns die technischen Ausdrücke. Wer kennt sie schon oder will sie kennen? Alte und junge Soldaten sind im Bilde, und der Laie versteht so auch, was gemeint ist.

Rolf entsichert die Waffe, zielt über die Gruppe der Ausbilder hinweg – man zielt grundsätzlich nicht auf Menschen – und krümmt den Zeigefinger am Abzug. Der Schuß bricht los. (Es knallt.)

„Donnerwetter! Ich sah das Mündungsfeuer, den Schützen aber nicht! Arbeitsmann, sehen Sie, was ich mache?"

„Jawohl, Herr Oberarbeitsführer! Sie nehmen die Mütze ab. Jetzt setzen Sie die Mütze wieder auf."

„Großartig! Arbeitsmann, bleiben Sie liegen! Müller, holen Sie die Abteilung zusammen und zeigen Sie diese Stellung!"

„So was Dummes", denkt Rolf, „hätte ich nur keine so gute Tarnung! Man sollte nichts können, dann kommt man besser weg! Waldemar hat den Bogen raus: Nichts klappt bei dem. Dafür sitzt er oft in der warmen Küche und schält Kartoffeln. Das kann er. Gar nicht so dumm, der Kerl!"

Die Abteilung wird an der Stellung vorbeigeführt. Obertruppführer Müller gibt stolz seine Erläuterung. Als wenn er die Stellung gebaut hätte!

Rolf wird steif und steifer. „Bald bin ich Gefrierfleisch", denkt er.

Bevor es soweit ist, ruft der Ausbilder: „Arbeitsmann Rolf, Sie können aufstehen!"

„Leicht gesagt", murmelt Rolf.

„Was sagten Sie?"

„Ich bin steifgefroren und kann mich nicht bewegen."

„Was sollen die Soldaten in Rußland sagen! Meinen Sie, die nehmen einen Ofen mit in die Stellung? Stehen Sie auf, Sie Flasche!"

„Na, das hat man davon", denkt Rolf, „auch noch anpöbeln lassen!"

Mühsam kletterte er aus seiner Mulde. Die Abteilung ist inzwischen angetreten. Rolf faltete die Zeltplane zusammen, was nicht so einfach ist. Hart wie ein Brett war sie.

Mit steifen Knochen stiefelte Rolf in sein Glied.

„Arbeitsmann, das hast du gut gemacht! Nach Dienstschluß sprechen wir uns noch! Komm nach dem Abendessen auf meine Stube", flüstert Obertruppführer Müller, der im ersten Glied rechts neben Rolf steht.

Die Abteilung marschierte in das Lager.

Nach dem Abendessen meldete sich der Arbeitsmann bei seinem Obertruppführer. Natürlich hatte es bei seinen Kameraden die üblichen Sprüche gegeben. Blödeleien waren an der Tagesordnung. Spaß muß sein. Auch wenn der Dienst noch so hart ist.

Die Jungens waren immer lustig und guter Dinge. Naja, meistens. Wie sollte es auch anders in diesem Alter – oder Jugend – sein? War die Zeit auch schwer, wurde sie leicht gemacht. Dabei wurde der Ernst der Zeit nicht verkannt.

„Setz dich, Rolf! Trinken wir erst einen kräftigen Grog! Du kannst ihn nach deiner Eiskur gebrauchen, und mir schmeckt er auch. Aber deswegen bist du nicht hier. – Wir Ausbilder müssen Beurteilungen schreiben. Drei

Mann aus meiner Gruppe sollen zum Vormann befördert werden und als Ausbilder hierbleiben. Du bist einer. Der Oberarbeitsführer ist mit meinem Vorschlag einverstanden. Deine Leistung heute hat Eindruck hinterlassen. Wie denkst du darüber?"

Rolf nimmt erst einmal einen Schluck. „Die Nachricht überrascht mich. Ich habe einen Annahmeschein zum fliegenden Personal bei der Luftwaffe. Von hier soll ich zur fliegerischen Ausbildung."

„Aber Junge, zum Fliegen kommst du doch nicht mehr! Bis deine Ausbildung beendet ist, ist auch der Krieg zu Ende. Ich darf eigentlich nicht darüber sprechen. Aber es ist so. Sag es aber nicht weiter! – Überlege es dir! Deine Beförderung ist nicht davon abhängig. Ich möchte dich gerne bei mir als Ausbilder behalten. Ich werde zum Unterfeldmeister befördert."

„Ich danke für Ihr Vertrauen und werde es mir überlegen. Wenn ich doch nicht zum Fliegen komme, bleibe ich gerne in diesem Lager. Es muß eine schöne Aufgabe sein, jüngere Kameraden an Treue und Kameradschaft heranzuführen."

„Idealismus, Pflichttreue, Ehrgefühl,
Kameradschaft und Disziplin,
das sind Äußerungen des Geistes,
den wir im Arbeitsdienst pflegen wollen."

Konstantin Hierl

Der Winter hatte sich ausgetobt. Es war März geworden.

Die Arbeitsmänner hatten eine gute Ausbildung. Natürlich gab es auch Wochenendurlaub. Nur wenige konnten zu ihren Eltern reisen. In der kleinen Stadt gab es auch nicht viel zu erleben. Die Mädchen waren meistens in festen Händen. In einem Café an der Hauptstraße gab es leckeren Kuchen. Ein Lichtspielhaus zeigte gute Filme. Es versteht sich, daß die Uniform in einem tadellosen Zustand war.

Im Februar erhielt Rolf von seiner Mutter die Nachricht, daß der Bahnhof seiner Heimatstadt bei einem Bombenangriff zerstört wurde. Dieser Angriff forderte 300 tote Frauen und Kinder.

An einem Morgen, es regnete in Strömen, empfingen die Arbeitsmänner Spaten.

„Nanu, ist der Krieg aus? Geht es wieder zum Schippen", fragt Hans.

„Ich habe nichts gemerkt! Sieh nach oben: Die Kondensstreifen sprechen anders", weiß Erich.

„Vielleicht werden wir in der Feldbestellung zum Umgraben der Äcker eingesetzt", überlegt Horst.

„Dussel! In dieser Jahreszeit und bei dem Matsch", belehrt Walter, dessen Vater Bauer ist.

„Was sollen wir denn sonst machen? Etwa Stellungen bauen?" wirft Rolf ein.

Obertruppführer Müller hat sich die Reden seiner Leute angehört. „Wir marschieren zur Autobahn Magdeburg–Berlin und heben tatsächlich Stellungen aus!"

„Auch noch marschieren! Bei dem Sauwetter!"

„Die fünf Kilometer werdet Ihr müden Burschen doch noch schaffen, oder hat euch die Ausbildung so angestrengt?"

„Und wie kommen wir wieder zurück?"

„Ihr könnt ja auf den Iwan warten, der bringt euch bestimmt weg! Ich fürchte nur, nicht in unser Lager."

„Teufel auch, da lege ich aber keinen Wert drauf!"

„Sollen wir etwa auch noch die Panzer aufhalten?"

„Die paar Löcher, die wir buddeln, halten einen Angriff der Panzer bestimmt nicht auf."

„Leute, redet keinen Unsinn! Ihr baut die Stellung, wie befohlen! Es wird auch eine Panzersperre errichtet! Für eine Zeit wird der Gegner aufgehalten. Und jetzt ab zum Antretplatz; die Abteilung wartet nur noch auf die dritte Gruppe!"

„Die heute ausnahmsweise die letzte ist."

„Das hat es während des gesamten Lehrgangs nicht gegeben!"

„Kameraden, trabt an, ein ungeheures Gefühl erwartet uns: Arbeit mit dem Spaten. Wie es sich vom RAD gehört!"

„Haltet keine Volksreden, schert euch an euren Platz! Der Abteilungsführer wartet nur noch auf euch Flaschen", schließt Obertruppführer Müller die Reden „seiner" Männer. Eine lange Ansprache hält der Abteilungsführer nicht, hat auch keiner erwartet.

Die Abteilung marschierte zum Einsatzort. Es war eine saublöde Schinderei. Der Boden war noch hart vom Frost. Stellenweise lag noch Schnee. Der Regen machte die Arbeit nicht erfreulicher.

Nach kurzer Zeit waren die Arbeitsmänner durchgeweicht. Der Schlamm klebte an den Stiefeln. Es kam keine Freude auf. Dumme Witze wurden gemacht. Jeder frotzelte jeden an. Nur nicht den Humor verlieren!

Zum Mittag gab es eine kräftige Erbsensuppe und heißen Tee. Der Abteilungsleiter verkroch sich nicht etwa in einem Haus oder Schuppen; er sprach seinen Arbeitsmännern Mut zu und sah genauso dreckig aus wie seine Männer.

Auch diese Arbeit ging vorüber. Nach fünf Tagen stand die Stellung. Ob sie einen Sinn hatte? Die Arbeitsmänner haben es nicht erfahren.

Rolf hatte es sich überlegt. An eine Ausbildung zum Piloten glaubte er auch nicht mehr. Es war schon vernünftig, hier beim RAD als Ausbilder zu bleiben.

Obertruppführer Müller war über diese Entscheidung natürlich froh. Im Rahmen einer kleinen Feier wurden Beförderungen ausgesprochen. Große Reden wurden nicht gehalten. Wer will die schon hören?

Der Abteilungsführer hatte Bier organisiert. Man muß sich wundern, wo so etwas noch gebraut wird. Wie dem auch sei, es mundete den jungen Männern ausgezeichnet. Der Küchenbulle spendete Schnitten mit allen möglichen Wurstsorten. Ein Wunder! War es schon ein Ausverkauf? Es wurden Witze erzählt. Sehr brisante. Unter Kameraden kann man das.

Eine Begebenheit soll noch erwähnt werden.

Zu Beginn der Ausbildung benahm sich ein Junge sehr zum Mißfallen seines Ausbilders. Die Gruppe – es war die zweite – fiel immer unangenehm auf. Gegenstände verschwanden plötzlich. Ermahnungen fruchteten nicht. Auch eine Bestrafung mit drei Tagen „Bau" zeigte keine Früchte.

Eines Nachts kam der „Heilige Geist".

Offiziell verboten..., aber was soll man machen?

Morgens kam der „aus der Reihe tanzende" Kamerad verhauen und mit einem blauen Auge verziert zum Antreten.

Ein Blick des Ausbilders genügte. Es wurde nicht weiter über diese Begebenheit gesprochen. Die zweite Gruppe fiel nicht mehr unangenehm auf. – Kameradschaft kann erlernt werden. Wer es nicht kapiert, erhält Nachhilfeunterricht.

Es war ein schöner Tag, an den sich die jungen Arbeitsmänner noch lange erinnern werden. Zum Abschluß dieser Feier – die einzelnen Gespräche wollen wir nicht weiter beachten – sangen die Arbeitsmänner „ihr" Lied.

Wo Ihr seid, soll die Sonne scheinen!

Ein frohes Lied, ein mutig Herz
gehört uns Arbeitsmännern.
Das soll uns alle Tage neu
durch jede Arbeit leiten.

Und wenn sie auch mal ungewohnt,
ein guter Wille stets sich lohnt;
ein froh' Gesicht sie leichter macht,
und neue Freude daraus erwacht.

*Wir lachen in den Sonnenschein,
wir singen, wenn es regnet;
denn Regen, Sturm und Sonnenschein
Natur und Erde segnet.*

*Wir helfen dem Bauern gern und viel,
recht tüchtig zu schaffen ist unser Ziel.
Stets willig zu lernen sind wir bereit.
So helfen wir bauen die neue Zeit!*

*Wir freuen uns beim lust'gen Spiel
zur Feierabendstunde
und singen, springen, lachen viel
zusammen in froher Runde;
denn Spiel und Spaß soll'n dann der Lohn
für unsere Arbeit sein.*

*Ich weiß: Die Zeit als Arbeitsmann,
die werd ich nie bereu'n!*

Machen wir es kurz:
Rolf blieb nicht beim RAD.

*„Möge die Jugend der europäischen Völker,
die sich mit Waffen einst auseinandergestritten haben,
unter dem Symbol des Spatens sich zusammenarbeiten!"*

Konstantin Hierl

Rolf wurde zur Wehrmacht eingezogen.
    Nach einem kurzen Aufenthalt bei seiner Mutter – es waren zwei Tage – traf er sich mit seinem Freund Horst am Bahnhof, der nach dem Bombenangriff notdürftig aufgeräumt war, und fuhr in einen neuen Lebensabschnitt.
    In Hannover war die Reise unterbrochen. Es fuhr kein Zug. Die Strecke war zerstört. Die Freunde fanden nach langem Suchen einen Lastkraftwagen, dessen Fahrer sie mitnahm. – Wohin der LKW fuhr und warum er nicht beschlagnahmt war, wollen wir nicht untersuchen.

Der Lastkraftwagen hält vor dem Kasernentor. Horst und Rolf klettern herunter, bedanken sich beim Fahrer für's Mitnehmen und gehen durch das Tor.

Der Posten prüft die Papiere und zeigt den Weg zur Kompanie.

„Hier sind wir falsch", Horst sieht sich um, „alles so ruhig! Laß uns ein Haus weiter gehen!"

Rolf schnuppert. „Gehen wir erst einmal rein!"

„Ich höre Stimmen."

„Sagte ich es doch!"

Rolf klopft an eine Tür, hinter der Stimmen zu hören sind.

Nach einer Weile: „Herein!"

Horst und Rolf treten ein und machen eine stramme Meldung.

Auch hier werden die Papiere geprüft.

„Ich bin Oberfeldwebel Junge. Das sind meine Kameraden Feldwebel Hansen und Jansen. Ihr seid einen Tag zu früh!"

„Sollen wir wieder gehen", fragt Rolf.

„Nee, bleibt nur hier! Aber wie ich sehe, hat einer von euch Geburtstag. Wer?"

Rolf meldet sich: „Ich, Herr Oberfeld!" („Oberfeld" = Abkürzung für Oberfeldwebel. Soldaten wissen es.)

„Wer heißt hier 'ich'", brüllt der Oberfeldwebel.

Rolf zuckt zusammen.

„Keine Angst, Jungens", mischt sich Feldwebel Hansen ein. „Der Oberfeld meint es nicht so. Er ist ganz gemütlich, wenn alles so klappt, wie er es will."

„Zunächst willkommen bei unserem Verein!"

„Dir", er schaut Rolf an, „meinen herzlichen Glückwunsch zum Geburtstag!"

„Auch wir schließen uns dem Glückwunsch an. Kommt der Bursche an seinem Ehrentag zu Preußens. Das muß gefeiert werden! Legt eure Klamotten dort ab und setzt euch", befiehlt Feldwebel Hansen und zieht einen Kasten Bier unter dem Bett hervor.

Es wird ein gemütlicher Nachmittag und Abend. Bei dem einen Kasten ist es nicht geblieben; es gesellten sich noch zwei Unteroffiziere zu der Gruppe.

Das Gespräch wollen wir nicht wiedergeben. Es könnte als Wehrzersetzung gewertet werden. Die zukünftigen Ausbilder unserer Freunde waren kriegsversehrt und hatten hohe Auszeichnungen.

Wie spät es war, als Rolf und Horst sich auf ein Bett warfen, wollen wir nicht nachforschen. Auch wie lange die Feldwebel weiterzechten, soll verschwiegen werden. Am anderen Morgen waren die alten Kämpfer frisch und munter.

Rolf und Horst bekamen ihre Stube zugewiesen.
Nach und nach trafen auch die anderen Kameraden ein.
Die Soldaten wurden eingekleidet und in Gruppen und Züge eingeteilt.
Das Soldatenleben begann.
Bei Fliegeralarm wurden die jungen Rekruten auf Lastkraftwagen in ein Waldstück am Rande des Flugplatzes gefahren.
Eines Morgens, die Betten waren gerade gebaut, heulten die Sirenen los. Gleichzeitig ertönte Flugmotorengeräusch.
„Verdammt, die Heinis von der Flugüberwachung haben wieder geschlafen!"
„Los, Leute, nichts wie raus!"
„Drängelt doch nicht so, hier kommt jeder dran!"
So schwirren die Reden durcheinander.
Plötzlich ein lauter Knall.
Eine Bombe war neben der Kaserne eingeschlagen.
Durch die Druckwelle wurde Rolf, der als letzter noch im Zimmer war, auf den Flur geschleudert. Es gab ein paar blaue Flecke, aber sonst gab es keinen Schaden.
Auf der Straße warteten schon die LKW.
„Beeil dich! Wenn die nächste Welle kommt, wollen wir in Deckung sein!"
Am Flugplatzende stand ein anderer LKW mit LN-Helferinnen.
Der LKW, auf dem Rolf saß, hielt an.
„Zwei Mann runter, einer auf den vorderen LKW, einer auf meinen als Flugsicherung", rief der Fahrer.
Rolf und ein Kamerad sprangen von der Ladefläche. Rolf wetzte zum vorderen Wagen und setzte sich auf den linken Kotflügel.
„Die alte Mühle springt nicht an! Wink den anderen Wagen vorbei!"
Rolf gibt Zeichen und dirigiert den LKW vorbei.
Endlich springt der Motor an. Die anderen Fahrzeuge sind schon im Wald verschwunden.
Weiter geht die Fahrt über einen sehr schmalen Feldweg. Es ist schon mehr eine Fahrspur.
Da, zwei kleine Punkte: „Tiefflieger von vorn!"
Bevor die Frauen vom Wagen abspringen können, donnern die Flugzeuge auch schon über sie hinweg.
Dicht vor dem LKW plumpst etwas herunter. Detonationen hinter dem Wagen. Unverletzt klettern die Mädchen von der Ladefläche, auf der Bänke angebracht sind.
„Das war aber knapp! Was ging vor dem Kühler runter?" fragt der Fahrer.
Rolf springt von seinem luftigen Sitz und sieht in das Loch hinein. Es grinst ihm hinterhältig das Leitwerk einer Bombe entgegen.

„Mein lieber Scholli! Wenn das Ding losgegangen wäre, sähen wir aber schön dumm aus", stellt Rolf fest.

„Was nun? Zurück können wir nicht! Das Beste ist, die Frauen gehen seitlich des Weges weiter! Du lotst mich über das Loch! Aber ganz sinnig!"

„Hoffentlich geht das Ei nicht los; das kann dann ins Auge gehen! Wie wollen wir aber wieder zurück?"

„Zurück fahren wir über die Betonstraße! Ich dachte, hier sind wir sicherer. Die Jabos sehen uns aber überall! Also, auf geht's!"

Der Junge stellt sich so hin, daß er das Loch gut sehen kann. Langsam setzt sich der LKW in Bewegung.

„Etwas mehr rechts!" – „Jetzt nach links!" – „Gerade!" – „So ist es gut!" Rolf gibt mit den Armen die Zeichen.

Langsam schiebt sich der Wagen vorwärts.

Die Vorderräder sind über dem Loch.

Hoffentlich hat das Ei keinen Zeitzünder oder wird durch die Erschütterung zur Zündung gebracht!

Die Hinterräder sind vorbei.

Nach fünfzig Metern hält der Fahrer, ein alter Obergefreiter mit Namen Kowalski, an. „Ich muß schon sagen: Etwas Bammel hatte ich schon, als der Wagen über der Bombe stand! Du hast mich aber prima über das Hindernis gebracht!"

„So, jetzt aber weiter! Die Mädchen aufsitzen! Junge, du achtest darauf, daß wir niemand vergessen!"

Rolf wartet, bis alle LN-Helferinnen auf die Ladefläche geklettert sind. Dann schwingt er sich wieder auf den Kotflügel.

Weiter geht die Fahrt!

Kommt der Ami noch einmal?

Er kommt!

Wieder fliegen die beiden Flugzeuge von vorne an. Etwas seitlich nach links versetzt. In Fahrtrichtung gesehen.

Rolf sieht genau in das Mündungsfeuer.

Die Geschosse laufen auf den Wagen zu.

„Wenn die jetzt Bomben auslösen, sind wir dran!"

Die Geschosse der Bordwaffen schlagen in die Windschutzscheibe – sie zersplittert – und durch die Plane auf die Ladefläche.

Die Mädchen schreien auf.

„Weiter", schreit Kowalski. „Gib mir Zeichen, Junge!"

Rolf gibt dem Fahrer Zeichen, wie er fahren soll.

Die Feindflugzeuge fliegen eine weite Schleife und greifen noch einmal an. Wieder sprechen die Bordwaffen ihre vernichtende Sprache. Wieder kommen die Flugzeuge von links vorne.

Der Fahrer gibt plötzlich mehr Gas. Mit einem Satz schießt der LKW nach vorne. Rolf kann sich nur mühsam festhalten.

Die Geschosse durchsägen knapp hinter dem Wagen den Weg.

Endlich ist der Wald erreicht. Schützend stellen sich die Bäume vor den LKW. Rolf springt von seinem Sitz und eilt nach hinten. Er reißt die hintere Ladeluke des Wagens herunter.

Inzwischen sind Soldaten herbeigeeilt, die den Angriff beobachtet hatten. Mit vereinten Kräften werden die verletzten Frauen von der Ladefläche gehoben. Zum Glück ist ein Stabsarzt anwesend, der die „Erste Hilfe" leistet. Zwei LN-Helferinnen sind schwer, fünf leicht verletzt.

„Die zwei Mädchen müssen gleich ins Krankenhaus gebracht werden! Ein Wagen muß sofort fahren! Leider ist kein Sanka zur Stelle, aber es muß auch so gehen", gibt der Arzt seine Anweisungen.

Die beiden Verletzten werden auf einen LKW gehoben. Mit einem Sanitäter als Begleiter fährt der Wagen ab.

In den nächsten drei Stunden überfliegen noch viele Feindflugzeuge den Wald. Ihre Geschosse fetzen in die Bäume, richten aber keinen Schaden an Menschen an. Nach und nach fahren die Fahrzeuge wieder zum Flugplatz zurück.

An eine Ausbildung ist bei den täglichen Jabo-Angriffen natürlich nicht zu denken. Eines Tages wird die Kompanie aus Sicherheitsgründen verlegt. Auf Bauernhöfen finden die jungen Soldaten in Scheunen Unterkunft. Die Verpflegung muß vom Fliegerhorst geholt werden.

Rolf zieht an einem schönen Sonnentag mit drei Kameraden zur Küche. Es gibt Erbsensuppe. Die Kübel sind schon gefüllt und stehen bereit.

Der Küchenchef sieht die Jungens an. „Wie ich euch kenne, habt Ihr natürlich Hunger! Schnappt euch Teller und dann ran an die Buletten!"

„Junge, du kannst mir beim Austeilen helfen!"

Rolf schnappt sich eine Suppenkelle und teilt die Suppe aus.

Jeder bekommt einen kräftigen Schlag.

Im Speisesaal lassen sich die Essenholenden nieder.

„Wenn du schon einmal dabei bist, kannst du mir auch noch etwas helfen!" Der Küchenunteroffizier schaut sich um und spricht mehr zu sich selbst: „Alles muß man selber machen! Kein Personal! Die Frauen aus der Stadt kommen auch nicht mehr! Warum sollten sie auch! Der Weg ist schon lebensgefährlich! Bei den ewigen Jabo-Angriffen würde ich den Weg auch nicht wagen!"

„Sie sind aber doch hier auf dem Fliegerhorst! Das ist noch viel gefährlicher! Aber warum starten unsere Jäger nicht? Die Maschinen sind vor zwei Tagen gelandet und haben noch keinen Einsatz gehabt", fragt Rolf.

„Das ist auch so ein Ding! Ein Geschwader mit fast neuen Maschinen wird verlegt. Was geschieht? – Nichts! Die Piloten gehen bei einem Angriff in Deckung und fluchen vor sich hin! Die reinste Sabotage! Kein Sprit auf dem Horst! Du kannst dir ausrechnen, wann die Maschinen Schrott sind! Die Amis können den Platz anfliegen, ohne eine Schramme abzukriegen!

Eine verdammte Schweinerei! Na, lange wird der Trappel nicht mehr dauern!"

„Glauben Sie, daß der Krieg bald zu Ende ist?"

„Klar! Wenn du kannst, kratz zeitig die Kurve! Ich liege auch schon auf dem Sprung. Im Sauerland habe ich eine Gastwirtschaft. Meine Frau wird schon auf mich warten."

„Und wenn Sie in Gefangenschaft geraten?"

„Holzauge, sei wachsam! Zivilklamotten liegen bereit. Der Entlassungsschein aus diesem Verein wird bereits geschrieben: 'Dienstuntauglich!' Du siehst, mein Junge, gute Kameraden helfen sich!"

„Ist so etwas denn möglich? Ich denke, alle Marschbefehle oder andere dienstlichen Schreiben müssen vom Kompaniechef oder Batailloner unterschrieben werden", staunt Rolf.

„Natürlich, so wird es auch gemacht. Muß ja alles seine Ordnung haben! Den Major kenne ich schon lange. In Rußland haben wir so manches Abenteuer erlebt. Vor einem halben Jahr wurden wir, der Major, Oberfeld Junge und ich, schwer verwundet. Nach unserer Genesung kamen wir auf diesen Platz."

„Kameradschaft ist etwas Schönes!"

„Ohne Kameradschaft kann keine Armee so lange einer Übermacht standhalten, so wie wir es bis jetzt geschafft haben."

„Aber warum verlieren wir denn jetzt den Krieg? Sie haben hohe Auszeichnungen, sind also in viele Kämpfe verwickelt worden!"

„Ganz einfach, mein Junge: Zunächst einmal die große Übermacht. Der Zweifrontenkrieg. – Klar! – Es kommt aber noch etwas dazu, und das mußt du wissen. Es könnte später heißen, der deutsche Soldat hätte versagt. So ist es nicht." Der Unteroffizier hatte sich eine Pfeife gestopft und zündet sie jetzt bedächtig an.

In der Ferne erscholl Maschinengewehrfeuer. Eine Zwillingsflak ratterte.

„Wenn der deutsche Soldat nicht versagt hat, woran liegt es dann", fragt Rolf.

Der Unteroffizier sieht Rolf an: „Auch darüber wird später viel gesprochen werden. Du hast gesehen, wie das Geschwader hier landet. Die Flugzeuge wurden am Platzrand fein säuberlich abgestellt. Jetzt frage ich dich: Wo ist der Kraftstoff? Wo ist die Munition? – So wie hier ist es an vielen Orten. Nicht nur bei der Luftwaffe. Auch bei der Infanterie ist es nicht anders. Die Panzer stehen still. Kein Kraftstoff, keine Munition. Mit einem Wort: Sabotage!"

Inzwischen sind die Kameraden mit dem Essenkübel abgezogen. An einer Nebenwache verlassen sie den Fliegerhorst und verschwinden auf einem Feldweg. Sie eilen einem Waldstück entgegen, das Schutz vor den Jabos verspricht.

„Wir verlieren uns in tiefschürfende Gespräche. Es war aber nett, mit dir zu reden. Wann kommt man schon dazu!"

„In meiner Heimatstadt lernte ich einen Nachrichten-Unteroffizier kennen, der rauchte auch Pfeife. Wir führten viele Gespräche. Meine Mutter ist Leiterin der LN-Stelle. Oft machten wir Ausflüge in eine Gaststätte auf dem Lande. Bei Lampe, so heißt der Wirt, tranken wir Kaffee. Es war sehr schön. Oberstleutnant Müller und Hauptmann Geiger sprachen oft über den Krieg. Wurde er uns wirklich von den Gegnern aufgezwungen", fragt Rolf.

„So ist es! Dein Oberstleutnant hat es richtig gesagt. Er sollte Politiker werden."

„Oberstleutnant Müller ist gefallen. Ich habe seinen Absturz gesehen. Seine Maschine hatte einen Schaden. Der Eichenlaubträger wurde nicht vom Gegner besiegt."

„Leider müssen die guten Soldaten zuerst fallen. Natürlich ist es um jeden Soldaten schade. Wie ich an deiner Uniform sehe – zwei Auszeichnungen – hast du auch schon einiges erlebt. Schade, daß wir nicht mehr Zeit zum Erzählen haben! Aber jetzt iß erst einmal, bevor es wieder einen Angriff gibt!"

„Die Arbeit ist liegengeblieben."

„Macht nichts! Wird schon jemand machen. Ich gehe erst zur Kommandantur. Ich wünsche dir eine gesunde Rückkehr in deine Heimatstadt!"

Rolf steht zwischen zwei großen Kesseln und füllt sich einen Teller mit Erbsensuppe. Auf die anfliegenden Flugzeuge hat er nicht geachtet.

Plötzlich erschüttern starke Detonationen die Küche. Staub erfüllt den Raum. Instinktmäßig duckt sich Rolf zwischen den Kesseln.

Ein Eisenträger fällt herab und bleibt über den Kesseln liegen. Dachverstrebungen klappen rechts und links vom Träger herab. Rolf ist zwischen den Kesseln eingeschlossen. Da er sich über seinen Teller gebeugt hatte, ist kein Dreck hineingefallen.

„Schwein gehabt", murmelt Rolf und löffelt seine Suppe.

Am nächsten Tag ist Rolf wieder auf dem Fliegerhorst. Mit drei Kameraden soll er Küchengeräte holen. Ein kleiner Transporter steht vor der beschädigten Küche.

Ein Obergefreiter empfängt die Rekruten sehr ungnädig. „Ihr müden Tassen! Trabt an und seht zu, daß die Klamotten aufgeladen werden!"

„Der tapfere Krieger will schnell wieder in seinen Bunker kriechen", erwidert Bernhard.

„Klugscheißer", raunzt ihn der Oberschnepfer an. „Meinst du, ich will in diesem Dreckladen den Rest abkriegen, nachdem ich mir in Rußland den Heimatschuß holte?"

„Keine Panik, Kumpel", beruhigt ihn Rolf.

„Wo ist der Unteroffizier?"

„Bist du der Kleine von gestern?"

„Von 'klein' kann ja wohl keine Rede sein! Aber ich habe gestern mit dem Unteroffizier gesprochen."

„Schönen Gruß, du kannst ihn mal – nicht so, was du schon wieder denkst. Nee, du sollst ihn besuchen. Du wüßtest schon, wo."

„Ach so, ja, ist alles klar."

„Na, wenn alles klar ist, kann die Arbeit ja beginnen! Also, in die Hände gespuckt!"

„Und auf die Arbeit geschissen", kommentiert Bernhard.

Es wurde aber doch gearbeitet.

Schnell ist der Wagen beladen. Wer will schon in der Schußlinie der Jabos stehen? Die vier jungen Soldaten wollen aufsitzen, als der Obergefreite ruft: „Kleiner, komm nochmal her!"

„Was soll der Quatsch? Erst gestern habe ich die halbe Küche getragen! Was liegt denn jetzt an", ist Rolf erstaunt.

Der Wagen fährt an.

„Wartet außerhalb des Platzes auf mich! Ich klettere hinter der Küche über den Zaun", ruft Rolf noch.

„Kleiner, tust du mir einen Gefallen?"

„Was kann ich dir schon für einen Gefallen tun?"

„Der Unteroffizier sagte, man könne sich auf dich verlassen. Hier ist ein Päckchen. Zivilklamotten sind drin. Bewahre es für mich auf! In deiner Küchenbude kannst du sie verstecken!"

Es muß gesagt werden, daß hinter dem Bauernhaus in einem Schuppen eine provisorische Küche eingerichtet wurde. Unter einem Baum stand ein großer Waschkessel. Im Halbkreis wurde diese Stelle von einem Wall umgeben, bestückt mit allerlei Gestrüpp. Warum, wer weiß das schon?

Befehligt wurde dieses Reich von einem „alten" Unteroffizier, der gerne seine Ruhe haben wollte. Außerdem bekam er öfter Besuch von einer Magd. Reden wir nicht weiter darüber. Aus diesem Grunde durfte Rolf, der ihm zugeteilt war, auch die meiste Arbeit machen.

Rolf machte ein bedenkliches Gesicht. „Der Schuppen wird bewacht!"

„Keine Sorge, daran habe ich gedacht. Hier, eine Flasche Korn als Schweigegeld! Aber nicht für dich!"

„Willst du dich absetzen?"

„Wenn es soweit ist, ja!"

„Mann, wenn das so weiter geht, muß ich den Platz noch alleine verteidigen!"

„Du hast ein sonniges Gemüt! Auch du solltest sehen, daß du möglichst bald von hier verschwindest. Der Ami klopft schon kräftig an die Tür. Kleiner, nimm das Paket und verstaue es gut! Ich danke dir für die Hilfe!"

„Ist schon klar. Hoffentlich hilft mir auch mal einer!" Rolf schnappt sich das Paket und geht los.

„Achte auf Tiefflieger", ruft der Oberschnepfer hinterher.

Hinter der Küche ist eine große Rasenfläche; ein Zaun umschließt den Flugplatz. Dahinter führt ein Feldweg zum Wald.

Rolf klettert über den Zaun. Das Paket landet auf der anderen Seite im hohen Gras. Die Sache ist nicht so einfach. Der Stacheldraht hat die unangenehme Angewohnheit, im Zeug hängen zu bleiben.

So, gleich ist es geschafft...

Wer achtet beim Übersteigen eines Zaunes schon auf Tiefflieger? –
Keiner!
Ein ohrenbetäubender Lärm erfüllt die Luft.
Ein dunkler Schatten springt über Rolf hinweg.
Die Druckwelle erfaßt den Jungen und schleudert ihn vom Zaun.
Jetzt hört er den Explosionsknall der Bombe.
Eine Weile bleibt er benommen im Gras liegen.
Langsam steht er auf, ergreift das Paket, geht den Weg entlang.
„Rolf, hast du etwas abbekommen?"
Die Kameraden haben den Angriff vom Wald beobachtet.
Rolf hört nichts.
Langsam gehen die Freunde in den Wald.
Die Kameraden betrachten ihren Freund.
„Der Junge blutet ja", ruft der Fahrer des Wagens.
„Tatsächlich! Eine Kopfwunde."
„Her mit dem Verbandkasten!"
Inzwischen kann Rolf wieder klar denken. Ein gutes Zeichen!
„Schon wieder der Kopf! Bald laß ich mir das bescheinigen!"
„Wieso schon wieder?" fragt ein Kamerad.
„Es hat Rolf schon einmal am Kopf erwischt."
„Darum die Bescheinigung", grinst der Fahrer. „Der Jagdschein kommt aber zu spät. Du hast aber verdammtes Glück gehabt! Ich habe den Jabo gesehen. Unser Rufen kam aber zu spät. Wie geht es dir?"
„Ein bißchen duselig ist mir schon und wackelig in den Knien. Aber es geht schon!"
„Auf geht's, Leute! Aufsitzen und ab zum Lager!"
Rolf liefert sein Schweigegeld ab. Es wurde nicht weiter gefragt. Warum auch? Dem Kompaniechef war Meldung von dem Zwischenfall erstattet.
Die Kameraden vom Küchentrupp setzten sich um ein Feuer. Eine zweite Flasche Korn tauchte auf. Man soll nicht glauben, daß es keine Gründe zum Feiern gibt. Es gibt sie. Es wurde Rolfs Geburtstag gefeiert.
Die Schramme am Kopf war schnell vergessen.

Rolf hatte es sich über dem Kuhstall, im Stroh, gemütlich gemacht.

Sein Freund Horst kam zu ihm gekrochen. „Was meinst du, wie lange wir noch hier bleiben?"

„Lange kann es nicht mehr dauern. Uffz Heitmann sagte, daß der Ami schon in Münster sitzt. Was wir hier sollen, ist mir auch schleierhaft! Vielleicht haben die hohen Herren uns vergessen. Von Ausbildung keine Spur!"

„Ob wir noch zum Einsatz kommen?"

„Von mir aus nicht! Wir sollen nach Gardelegen verlegt werden. Die Marschbefehle werden schon geschrieben. Feldwebel Hofmann meint, daß es in der nächsten Woche losgeht."

„Was kann man mal anfangen? Hier herumliegen ist zu langweilig."

Ewald und Heiko haben sich zu den beiden Freunden gesetzt.

Heiko hat eine Idee: „Laß uns ein Lagerfeuer machen! Vor der Küchenbude ist ein schöner Platz."

„Nicht schlecht!"

„Georg, bring deine Gitarre mit!"

„Veronika, die Tochter des Bauern, hat ein Akkordeon. Mal sehen, ob sie mitmacht."

„Leute, wir versammeln uns auf dem Kochplatz!"

Die jungen Soldaten kriechen aus dem Stroh und klettern die Leiter hinunter. Es wird Holz gesammelt und auf einen Haufen geschichtet. Nicht zu viel, damit das Feuer nicht so groß wird. Nach und nach treffen alle ein.

Unteroffizier Heitmann kommt aus seiner Behausung heraus. Er hatte es sich mit einer Magd bei einer Flasche Wein – ein guter Küchenchef hat seine Beziehungen – gemütlich gemacht. Wer will es ihm verübeln?

„Was soll der Krach? Ihr blöden Hammel! Einen im Dienst ergrauten Unteroffizier in seiner wohlverdienten Nachtruhe zu stören!" – Man sollte wissen, daß Uffz Heitmann keinesfalls alt war; sein Mädchen hat er nach dem Krieg geheiratet.

Das Feuer knistert, leise weht der Wind durch die Bäume.

Georg klimpert auf seiner Gitarre. Veronika kommt mit ihrem Akkordeon. Die jungen Soldaten setzen sich um das Feuer.

„Kommen Sie zu uns an das Feuer, Herr Unteroffizier!"

„Jetzt fehlen noch Kartoffeln. Auf einem Stock im Feuer geröstet ist das ein Festschmaus!"

„Kameraden, Oberfeld Junge kommt!"

Unteroffizier Heitmann will Meldung machen.

„Laß nur, Heitmann! Haben dich die Bengel bei deinem Stelldichein gestört?"

„Nee, ich habe die Burschen zu einem Kartoffelfest eingeladen."

Uffz Heitmann zerrt einen Sack mit Kartoffeln aus seinem „Heim" hervor.

„Das ist klasse! Kameraden, es gibt noch prima Vorgesetzte!"

„Bei uns Mustersoldaten kann es auch nicht anders sein!"
Die beiden Ausbilder setzen sich an das Lagerfeuer.
Als Grete, die Magd, sah, daß Veronika zwischen den Soldaten saß, kam sie heraus und setzte sich zu den jungen Leuten.
Die Kartoffeln werden aufgespießt und in das Feuer gehalten.
Es war ausgesprochen gemütlich.
„Ob uns der Ami noch einen Besuch abstattet?"
„Du kannst einem aber die Stimmung vermiesen!"
„Soldaten!" Oberfeld Junge war aufgestanden – sein EK 1 und das Deutsche Kreuz blitzten im Feuerschein mit dem silbernen Verwundetenabzeichen um die Wette – „Die Warnung wollen wir ernstnehmen! Mit einem Ohr immer auf Lauschposten! Ich schlage vor, wir singen einige Lieder! Zwischendurch lassen wir uns die Kartoffeln gut schmecken, die Kamerad Heitmann in einem Anfall von Großzügigkeit gestiftet hat!"
So wurde es gemacht.
Leise erklangen Lieder, untermalt vom Akkordeon und Gitarrenspiel.
Oberfeldwebel Junge und Uffz Heitmann erzählten in den Gesangspausen lustige, spannende Erlebnisse aus ihrer Frontzeit. Ernste Geschichten wollte keiner hören, die paßten nicht hierher.
Die Kartoffeln waren ein Genuß.
Es wurde Tee gekocht.
Bis spät nach Mitternacht flackerte das Feuer, klangen fröhliche Stimmen durch die Nacht. Diese Stunden werden lange in der Erinnerung weiterglühen – wie das Lagerfeuer.

Wie wir wissen, stand der Waschkessel, der jetzt eine „Gulaschkanone" war, unter Bäumen. Im Halbkreis umgeben von einem Wall. Hinter dem Wall, nach Westen, erstreckte sich ein weites Feld. Am Horizont ein Dorf. Im Norden waren die Ausläufer des Teutoburger Waldes zu sehen.
Die Sonne ging auf und lugte freundlich durch die Äste der Kiefern und Buchen. Das Land erstrahlte im ersten Sonnenschein. Die Vögel zwitscherten ein Morgenständchen. Friedlich lag das Land im erwachenden Morgen.
Vom Dorf tuckerte ein Trecker. Der Bauer fuhr auf sein Feld.
Langsam erwachten auch die jungen Soldaten.
Rolf steckte seinen Kopf unter die Pumpe. Puh, war das kalt!
An diesem Tag war eine Geländeerkundung angesagt. Etwas mußte getan werden. Auch wenn von einer richtigen Ausbildung keine Rede war.
Rolf trottete zu seiner Küche. Nanu, Unteroffizier Heitmann war nicht zu sehen! Das hat es auch noch nicht gegeben!
Müden Schrittes schlich Horst herbei, der an diesem Tag Küchendienst hatte. Gemeinsam richteten sie das Frühstück für ihre Kameraden. Ein lustiges Feuer brannte unter dem Kessel.
Auf dem Bauernhof wurde es lebhaft. Die jungen Kerle tollten um den Wassertrog herum und bespritzten sich lachend.

„Mir scheint, unser Uffz hatte eine anstrengende Nacht", stellt Rolf nachdenklich fest.

„Laß ihn schlafen, dann kann er uns wenigstens nicht scheuchen", freut sich Horst.

„Mit unseren Vorgesetzten können wir zufrieden sein. Gestern abend war es doch enorm klasse!"

„Eine Ausbildung bringt doch jetzt nichts mehr."

„Wir können froh sein, daß wir nicht zum Einsatz kommen."

Rolf überlegt: „Von Uffz Heitmann hörte ich, daß unser Kompaniechef daran gedreht hat. Der will uns so lange wie möglich hier behalten. Als Kanonenfutter sind wir ihm zu jung, meint Heitmann."

„Aber genug gequasselt, wir müssen noch Brot schneiden! Gleich kommen die hungrigen Wölfe!"

Mit viel Radau stürmte die Meute heran.

Als alle versorgt waren und sich jeder einen Platz zum Essen gesucht hatte, schaute Uffz Heitmann verschlafen aus seiner Hütte. „Verdammt, habe ich doch tatsächlich verpennt!"

„Alles in bester Ordnung, Herr Unteroffizier! Frühstück zubereitet und ausgegeben", meldet Rolf.

„Wenn dem so ist, kann ich mich ja noch ein Weilchen aufs Ohr hauen. Du machst das schon! Also: Kartoffeln schälen und eine kräftige Erbsensuppe kochen! Zutaten meinem Lager entnehmen!"

„Wir zwei schaffen es aber nicht! Zum Kartoffelschälen brauchen wir Hilfe!"

„Fünf Mann kommandieren! Du übernimmst solange das Kommando", sagt Uffz Heitmann und zieht sich grinsend zurück.

Die Vorbereitungen werden getroffen.

Die Suppe brodelt im Kessel und verbreitet einen appetitlichen Duft.

In der Ferne ertönt Motorengeräusch und das Knattern von Bordwaffen.

„Der Tommy ist auch schon aufgewacht und macht seine Aufwartung", stellt Horst fest.

„Hoffentlich schnuppert er nicht unsere Suppe und meldet sich zum Mittag an", fürchtet Rolf.

„Paß auf, daß er dir nicht in den Topf spuckt", frotzelt Ewald.

Inzwischen kam der Bauer wieder. Was er gefahren hatte, ist unwichtig. Die halbe Strecke vom Dorf bis zum Wald hatte er überwunden.

Rolf steht breitbeinig über seinem Kessel und rührt mit einem großen Holzlöffel darin. Die gute Erbsensuppe mit viel Speck – Uffz Heitmann hatte die Entnahme aus seinen geheimen Beständen nicht bemerkt – sollte nicht anbrennen.

Plötzlich rattert es los.

Die Geschosse fetzen in die Baumwipfel.

Äste fallen in den Kessel.

Erschrockene Gesichter starren auf Rolf.
Der beugt sich tief über den Kessel und fischt die Äste heraus.
Das Flugzeug donnert dicht über den Baumwipfeln hinweg.
Und wieder peitschen Geschosse durch die Luft.
Die Geschoßbahn beginnt beim Bauern und führt über den Wall. Den Abschluß bildet der Kessel, über den Rolf gebeugt steht. Er hatte sich auf eine Kiste gestellt, um besser heranzukommen.

Mit lautem „Platsch" durchschlägt das Geschoß, welches durch Rolfs Beine zischte, die Wandung des Kessels. Die Erbsensuppe – sie war wirklich gut! – quoll aus dem Einschußloch auf den Waldboden.

Keiner hatte die im Tiefflug anfliegenden Jabos bemerkt.

„Mein lieber Scholli, das war verdammt knapp!"

„Etwas höher, und die Mädchen würden enttäuscht sein!"

„Die Kameraden von der anderen Feldpostnummer haben tatsächlich deine Suppe gerochen!"

„Hätte der Pilot etwas höher gehalten, gäbe es jetzt Rühreier!"

Man muß sich wundern, wie schnell Entsetzen in Lustigkeit umschlagen kann. Das ist gut so. Wie könnte man sonst einen Krieg durchstehen?

„Meine schöne Erbsensuppe! Eine saublöde Gemeinheit ist das!"

Uffz Heitmann kommt aus seinem Bau herausgeschossen. „Was soll das Geballer? Einen friedlichen Volksgenossen so unsanft aus seinen Träumen zu reißen! Ist etwas passiert?"

Auch Oberfeldwebel Junge kommt angerannt. Die Soldaten erzählten.

„Mensch, Junge, hast du ein Glück!"

Der Rest Suppe wurde aus dem Kessel gefischt; es gab Brot und Wurst dazu. Zur Feier des Tages spendierte Uffz Heitmann für jeden eine Flasche Bier. Aus seinen Geheimbeständen.

Es gibt, wie wir wissen, immer einen Grund zum Feiern. Dies war wieder ein guter Grund.

Jeden zweiten Tag mußte ein Kommando zum Flugplatz gehen und Verpflegung holen. Für diesen Zweck stand ein kleiner Handwagen zur Verfügung.

An diesem Morgen, Ende März, machten sich Rolf und Horst auf den Weg. Sie empfingen in der Verpflegungsausgabe ihre Portionen und machten, daß sie den Flugplatz hinter sich ließen. Wegen der Jabo-Angriffe.

Auf halber Strecke durchquerte ein Bach die Wiesen. Die Sonne schien, und es war ein schöner Tag. Wer beeilt sich schon, schnell an seine Arbeit zu kommen? In dieser lausigen Zeit!

Der Bach plätscherte fröhlich dahin. Die Freunde stellten den Wagen am Wegesrand ab, stellten sich an das Geländer der kleinen Brücke und sahen in das vorbeifließende, klare Wasser.

„Man sollte einmal wieder baden", sinniert Rolf.

„Ohne Badehose und Handtuch", fragt Horst.

„Weit und breit kein Mensch zu sehen! Also raus aus den Klamotten und rein ins kühle Naß!"

Gesagt, getan!

„Oh, ist das kalt!"

„Und naß! Einmal rüber und dann wieder in die Plünnen", ist Rolfs Meinung.

Beide gehen zum anderen Ufer. Das Wasser reicht ihnen etwa bis zum Bauchnabel.

„Das reicht! Ab zum anderen Ufer, trocken gelaufen und rein in die Klamotten", ruft Rolf.

Sie sind genau in der Mitte des Baches.

„Tiefflieger von vorn", schreit Horst und spritzt durch das Wasser zur Uferböschung. Rolf, ohne lange zu fragen, hinterher.

Zwei Jabos, sie kreisten schon eine Weile in der Gegend herum, wurden aber nicht weiter beachtet, hatten sich hinter einer Baumgruppe angepirscht und kamen jetzt über der Wiese angeflogen.

Die MG-Garben spritzten Dreck und Wasserfontänen auf. Auf der anderen Seite fliegen die Flugzeuge eine große Schleife und greifen wieder an.

Rolf und Horst wetzen auf die andere Bachseite.

Dieses Spiel wiederholt sich eine Viertelstunde.

Die beiden Freunde kommen trotz des kalten Wassers schön ins Schwitzen.

Den letzten Anflug machen die beiden Tommies längs des Baches. Es gibt kein Ausweichen.

„Jetzt haben sie uns", ruft Rolf und wirft sich der Länge nach in das Wasser.

Kein Geschoß kommt aus den Rohren.

Rolf sieht nach oben.

Beide Flugzeuge streichen dicht über das Wasser und wackeln mit den Tragflächen.

„Die Brüder haben mit uns gespielt! Na, wie dem auch sei, zunächst habe ich die Lust am Baden verloren! Laß uns heimwärts wandern!"

Noch einmal kommen die beiden Flugzeuge zurück. In hundert Metern Höhe umkreisen sie die Wiese mit dem Bach und fliegen dann ab.

Rolf und Horst kümmern sich nicht weiter darum. Sie ziehen sich an und gehen mit ihrem Handwagen ihrem Lager zu.

In der Ferne verklingt das Motorengeräusch.

Eines Morgens, es ist April geworden, werden die jungen Soldaten aus dem Stroh und dem Schlaf gerissen.
Etwas Unbekanntes hatte sie geweckt.
Kein Flugzeug war zu sehen, und trotzdem erklangen Detonationen.
So schnell waren die Jungen noch nie in ihre Uniform gesprungen!
Auf dem Hof versammelten sie sich.
„Der Ami schießt mit Artillerie!"
„Verdammt nahe!"
„Unser Flugplatz wird beharkt!"
„Hört mal! Was ist das für ein Geräusch?"
Angestrengt stellen alle ihre Lauscher auf.
Oberfeldwebel Junge kommt aus dem Bauernhaus, wo er ein Bett bekommen hat. „Panzer", sagt er nur.
Was sollte er auch noch weiter sagen? Alle wußten, was das zu bedeuten hat.
„Jetzt wird es Zeit, daß wir uns absetzen! Die Kompanie soll sowieso verlegt werden. Marschbefehle sind bereits geschrieben, es fehlt nur noch eine Transportgelegenheit."
„Dann wollen wir mal schon die Rucksäcke packen!"
Schnell waren die Sachen gepackt.
Die einzelnen Züge versammelten sich bei ihren Kochstellen.
Der erste Zug stand um Rolfs zerschossenen Kessel herum. Über einem offenen Feuer kochte Wasser für den Kaffee. Unteroffizier Heitmann war mit Rolfs Hilfe dabei, die geringen Bestände an Lebensmitteln aufzuteilen.
„Ausgerechnet heute ist Ausgabetag! Wie ich die Sache sehe, kommt keiner mehr auf den Platz rauf. Verdammter Mist! Immer hatte ich gute Reserven! Obergefreiter Kowalski (wir kennen ihn schon) hat einen LKW mit Lebensmitteln organisiert. Und nun ist nicht heranzukommen!"
Rolf überlegt. „So schlimm ist der Beschuß doch nicht! Nur vereinzelte Einschläge! Die Küche steht am Platzrand. Wenn wir den Zaun umlegen, kann der LKW auf den Feldweg fahren. Mit etwas Glück kann es klappen!"
„Keine schlechte Idee! Könnte von mir sein! Du und Horst kommen mit! Eine Drahtschere habe ich im Werkzeugkasten. Laßt uns gehen!"
Die drei ziehen los.
Es war ein kalter, aber sonniger Frühlingsmorgen. Schön war es, so zu wandern. Die Einschläge der Granaten störten etwas.

„Etwas fürchten und hoffen und sorgen
muß der Mensch für den kommenden Morgen,
daß er die Schwere des Daseins ertrage
und das ermüdende Gleichmaß der Tage."

Friedrich Schiller

Der Zaun war schnell aufgeschnitten und umgelegt. Obergefreiter Kowalski war schon dabei, den LKW, der in einem Schuppen hinter der Küche stand, startklar zu machen. Es klappte alles bestens. Ein vollbeladener Lastkraftwagen mit leckeren Lebensmitteln!

Ein einsames Flugzeug kreist über dem Feldweg. Plötzlich liegen die Einschläge verdächtig nahe. Immer dichter spritzen die Erdfontänen auf. Als die Granate dicht vor dem Wagen einschlägt, wird es für die LKW-Entführer Zeit, in Deckung zu gehen. Hundert Meter in Richtung auf den Wald finden sie eine Mulde, in die sie sich hineinwerfen. Über die Böschung sehen sie auf ihren Wagen, der jetzt verlassen auf dem Feldweg steht. Um ihn herum detonieren die Granaten.

Eine Granate findet ihr Ziel: In einer Feuerlohe zerplatzt der Lastkraftwagen. Die Dosen, das Brot, die Kartoffeln und alles Leckere, was auf der Ladefläche an Köstlichkeiten liebevoll verstaut war, fliegt in die Luft.

„Amen", kommentiert Obergefreiter Kowalski. „Alles Böse rächt sich auf dieser Welt. Unter Lebensgefahr habe ich die Sachen geklaut. Der Schmalspuroffizier (Beamter in Uniform) wird schön dumm aus der Wäsche geschaut haben, als er den Verlust bemerkte. Und nun ist alle Herrlichkeit im Eimer!"

Uffz Heitmann schaut dem abfliegenden Flugzeug nach. „Das war ein Aufklärungsflugzeug. Feigling, auf einen einsamen LKW mit Kanonen zu schießen! Wollen mal sehen, ob noch etwas zu gebrauchen ist!"

Sie klettern auf den Weg. Die Einschläge verstummen.

Es ist nichts mehr zu gebrauchen.

Betrübt trotten sie zum Lager.

„Es bleibt also bei der schmalen Ration."

„Hoffentlich hat Oberfeld Junge die Marschbefehle besorgt!"

„Verlaß dich darauf! Junge ist ein alter Fuchs, der kommt überall durch!"

„Na, Leute, das war eben unsere Abschiedsvorstellung. Machen wir, daß wir diese ungastliche Stätte verlassen! So was Dummes! Meine gesamte Ausrüstung lag auf dem Wagen! Brauche ich eben nicht viel tragen. Hauptsache, wir kommen heil nach Muttern!"

Obergefreiter Kowalski legt einen Zahn zu. „Männer, je zwölf Mann erhalten einen Marschbefehl! Wie Ihr nach Gardelegen kommt, ist mir egal. Wichtig, Ihr landet an eurem Bestimmungsort!"

Oberfeldwebel Junge verteilt die Marschbefehle. „Jungens, ich wünsche euch und mir, daß wir uns heil und munter wiedersehen. Hals und Beinbruch!"

Gruppenweise machen sich die jungen Soldaten auf den Weg. Schon kurz hinter Gütersloh haben sich die Reihen gelichtet. Wie sollte es auch anders sein?

Alfred überlegt: „Günter und Eberhard wohnen in Gütersloh. Glaubt Ihr, die wandern mit uns weiter?"

„Nee, die tauchen unter! Der Ami sitzt uns verdammt nahe auf den Hakken! Sehen wir zu, daß wir Land gewinnen", schlägt Rolf vor.

„Du hast gut reden! Wir sind noch acht Mann. Hast du zufällig einen Marschbefehl bei dir", fragt Ewald.

„Kann ich leider nicht mit dienen. Der Knallkopp von Günter hätte uns den Schein auch geben können, bevor er abhaute! Aber auch so werden wir es schaffen", antwortet Rolf.

„Na klar schaffen wir es, wenn uns die Kettenhunde (Militärpolizei) nicht schnappen", befürchtet Alfred.

„Ich habe Kohldampf! Setzen wir uns ab in die Feldmark! Dort hinten ist ein Bauernhof. Mal sehen, ob wir etwas abstauben können!"

Rolf bleibt mit drei Kameraden auf der Straße. „Da kommt ein Wagen, vielleicht nimmt der uns ein Stück mit", ruft Rolf und winkt.

Der Wagen hält an. Die Jungens dürfen einsteigen. Das Gepäck wird im Kofferraum verstaut. Ab geht die Fahrt!

„Bis Bielefeld kann ich euch mitnehmen. Wo wollt Ihr Krieger denn die Front aufbauen", fragt der Fahrer.

„Bei Gardelegen wollen wir den Russen aufhalten", antwortet Horst.

„Bleibt lieber hier! Beim Ami in die Gefangenschaft zu gehen ist besser als beim Russen", schlägt der Fahrer vor.

„Wieso Gefangenschaft", ist Horst erstaunt, „meinen Sie, daß der Krieg verloren ist?"

„Ja, mein Junge. Deshalb rate ich euch: Versucht, wenn es möglich ist, vom Russen wegzukommen! Sibirien ist weit und kalt, aber schön. In Gardelegen wird der Ami vermutlich früher sein. Ihr seid aber noch zu jung, um in Gefangenschaft zu gelangen. Egal, auf welcher Seite! – So, Jungens, hier setze ich euch ab. Weiter kann ich euch nicht fahren. Meine Reise ist hier beendet. Das Benzin reicht auch nicht weiter. Marschiert in Richtung Bad Salzuflen! Die Werrabrücke ist beschädigt, aber zu Fuß kommt Ihr rüber. Vielleicht fährt noch ein Zug. Macht's gut und haltet die Ohren steif!"

Die Jungens stehen auf der Straße am Ortsausgang von Bielefeld und winken dem Wagen nach.

„Bis hier hat es ja auch geklappt", stellt Horst fest.

„Wer mag das gewesen sein? Und wieso Werra, die fließt doch weiter südlich, oder sehe ich das falsch?"

„Weiß ich nicht. Ist doch auch egal!"

„Sonderbar, wer hat schon einen PKW in dieser Zeit? Na, egal! Wir müssen weiter", kommentiert Rolf.

„Was soll ich noch weiter mitgehen", überlegt Alfred. „Wie Ihr gehört habt, kann der Krieg nicht mehr lange dauern. Ich wohne in Osnabrück und werde mich absetzen. Kommt gut nach Hause, Kumpels!"

„Mach's gut!"

„Mach's besser!"

„In Kanada treffen wir uns beim Bäumefällen wieder!"

Rolf und Horst marschieren weiter.

Weit kommen sie nicht. Auf der Straße stehen zwei Kettenhunde. Abhauen geht nicht.

„So ein Mist! Und schon haben sie uns!"

„Ruhig Blut, Horst! Erst einmal abwarten!"

Inzwischen sind die beiden bis zu den Militärpolizisten herangekommen.

„Wo wollt Ihr müden Krieger denn hin?"

„Die Kleinen haben die Orientierung verloren!"

„Zeigt doch einmal die Marschbefehle!"

Rolf erzählt, warum sie ohne Papiere unterwegs sind.

„Kommt mit, den Fall werden wir in unserem Wachlokal klären! Tapfere Soldaten können wir immer gebrauchen!"

„Der Held hat schon Orden! Sicher will er sich noch einen verdienen!"

So gehen sie zum Wachlokal, das sich in einer Gaststätte befindet.

In einer Ecke des Raumes legen die beiden ihre Rucksäcke ab.

Der Feldwebel der Streife berichtet einem Hauptmann von unseren Freunden. Plötzlich heulen die Sirenen auf. – Fliegeralarm!

„Verschwindet hier und verkrümelt euch in einem Luftschutzkeller! Nach dem Alarm meldet Ihr euch wieder bei mir!"

Horst und Rolf ziehen los.

In einer Nebenstraße stehen vor einem Haus zwei Frauen. Wie sich herausstellte, waren es Mutter und Tochter.

„Uns haben die Kettenhunde erwischt! Wegen Alarm sollen wir einen Luftschutzkeller aufsuchen. Dürfen wir so lange bei Ihnen bleiben", fragt Rolf höflich.

„Natürlich, kommt rein!"

Sie gehen ins Haus.

Von Ferne ertönt Motorengeräusch.

Im gemütlichen Wohnzimmer setzen sie sich um einen Tisch.

Rolf erzählt in kurzen Worten ihre Erlebnisse.

„Ich werde erst einmal Kaffee kochen. Auch wenn es nur Muckefuck ist, wird er euch schmecken! Ein paar Brote mache ich auch."

Die Tochter ist ein hübsches Mädchen und heißt Meike. Sie hat lange blonde Haare und blaue Augen.

Die Flugzeuge waren über die Stadt hinweggedonnert. Sie griffen eine Militärkolonne mit Bordwaffen an.

Die Mutter deckte den Tisch. Mann, schmeckte das gut!

Es wurde viel erzählt.

Meikes Vater war in Rußland gefallen. Rolf machte dem Mädchen schöne Augen. In diesem Alter verliebt man sich schnell. Wer kann das nicht verstehen?

Ein längeres Verbleiben war aber nicht möglich. Vielleicht war die Luft jetzt rein und die Aufpasser saßen auch in einem Keller.

„Ich glaube, wir machen uns auf die Socken und versuchen, ungesehen an unsere Rucksäcke heranzukommen! Und dann nichts wie weg! Es war sehr gemütlich bei Ihnen, und wir würden gerne noch bleiben. Aber wir müssen weiter! Schade!" Rolf erhebt sich.

Horst meint: „Es ist doch noch keine Entwarnung! Laß uns noch bleiben! Wenn die Jabos wiederkommen, und wir sind auf der Landstraße, bieten wir ein gutes Ziel."

„Na, übernachten können wir hier schlecht! Irgendwann müssen wir doch abzittern!"

„Ihr könnt hier übernachten", greift Meike diesen Gedanken auf.

„Platz genug haben wir!"

„Auch ich glaube, es ist besser, die Jungens gehen jetzt. Vielleicht haben sie Glück und kommen weg. Alles Gute, und kommt heil aus dem Krieg nach Hause!"

An der Gartenpforte verabschieden sich die Freunde von den netten Frauen. In der Ferne ist schon wieder Motorengeräusch zu hören.

„Vielen Dank für das Essen! Es war sehr nett bei Ihnen."

„Schade, daß Ihr schon wieder gehen müßt", ist Meike traurig.

„Auch ich würde gerne bleiben. Deine Mutter hat aber recht. Geht Ihr gleich in den Luftschutzkeller! Wer weiß, vielleicht verliert so ein Blödmann von Pilot doch noch seine Bomben", mahnt Rolf.

„Kommst du einmal wieder", fragt Meike.

„Ich komme nach dem Krieg wieder", verspricht Rolf.

Meike sieht den Jungen traurig nach.

Mutter und Tochter stehen am Gartenzaun und winken.

Kurz vor der Gaststätte hören Horst und Rolf, wie in der Nähe etwa fünf Bomben fallen. Rolf will zurücklaufen.

„Bleib hier, du Spinner! Glaubst du, daß gerade dieses Haus getroffen ist? Wir müssen machen, daß wir unser Gepäck bekommen! Hoffentlich ist nur eine Brandwache da!"

Eine Stadt hat viele Häuser. Welches Haus wurde von einer Bombe getroffen? Rolf soll es drei Jahre später erfahren, als er sein Versprechen einlösen kann und er Meike, das hübsche Mädchen, das er nicht vergessen hat, besuchen will...

Sie haben Glück. Das Wachgebäude wird von drei müden Soldaten bewacht. Der im Eingang stehende Soldat sieht die Freunde mißtrauisch an. Bevor er eine Frage stellen kann, sagt Rolf: „Wir sollen unser Gepäck holen und uns vor der Stadt melden. Befehl vom Hauptmann!"

„Ist gut", war alles, was der Soldat sagte.

Schnell das Gepäck geholt, und nichts wie weg!

So schnell sind Horst und Rolf lange nicht gelaufen. Und das mit Gepäck! Weit hinter dem Ortsausgang verschnaufen sie.

„Du bist ganz schön frech", stellt Horst treffend fest. „Einfach sagen, wir sollen uns vor der Stadt melden!"

„Sind wir etwa nicht vor der Stadt", tut Rolf scheinheilig.

„Siehst du hier eine Einheit? Sollten wir uns in der Richtung geirrt haben?"

„Wenn uns jetzt die Feldjäger schnappen, sind wir aber dran!"

„Wenn, Horst, wenn! Jetzt mischen wir uns unauffällig unter das Fußvolk und sehen zu, daß wir weiterkommen!"

Die Straße ist jetzt sehr belebt. Auch andere Leute sind auf dem Marsch: Soldaten, Frauen und Kinder. Die Brücke ist von Bombentreffern durchlöchert. Es bereitet aber keine Schwierigkeiten, über den Fluß zu gelangen.

Langsam trennen sich die Freunde von den anderen Wanderern – besser sagt man wohl 'Flüchtlingen' – und fragen sich zum Bahnhof von Bad Salzuflen durch.

Von einem Bahnübergang können sie den Bahnhof sehen.

„Wir haben Glück, da steht ein Zug", freut sich Horst.

„Los, über die Schienen! Die Lok steht unter Dampf. Wenn wir den Zug verpassen, sehen wir dumm aus der Wäsche", ruft Rolf.

Sie rennen über die Schwellen auf den Zug zu.

Von weitem hören sie schon die Landser rufen:

„Trabt an, Ihr Heinis, wir haben es eilig!"

„Meint Ihr, wir warten auf schöneres Wetter?"

„Immer die Herren von der Luftwaffe, die sich Zeit lassen!"

„Sagt doch eurem Hermann, er soll euch ein Flugzeug schicken!"

Inzwischen sind Horst und Rolf an den Zug herangekommen. Der Bahnhofsvorsteher wartet. „Kommt rein, und dann ab nach Muttern!"

Schwer atmend klettern die Jungens in das letzte Abteil.

Die Kelle des Beamten hebt sich, die Lokomotive stößt einen schrillen Pfiff aus. Der Zug ruckt an und setzt sich in Bewegung. Er wird schneller. Die Stadt entschwindet den Blicken. Die Lok stößt dichte, weiße Dampfwolken aus.

„Hoffentlich erwischen uns keine Jabos!"

Die Fahrt verlief reibungslos. Auch so etwas gab es.

Kurz vor Oebisfelde überlegt Rolf: „Ich steige aus und fahre nach Hause! Nach dem, was wir gehört haben, kann der Krieg nicht mehr lange dauern. Folglich werde ich so lange untertauchen!"

„Du hast gut reden! Was soll ich machen?"

„Wir müssen gleich umsteigen. Du mußt schon über Gardelegen fahren! Steige nicht aus, kannst ja verschlafen! Du wirst es schon schaffen!"

„Da bin ich nicht so sicher! Wir sehen uns bestimmt bald wieder!"

Beide Jungen fanden ihren Zug. Einen Händedruck und jeder fuhr in Richtung Heimat.

Rolf kam gut in seiner Heimatstadt an. Seine Mutter staunte nicht schlecht, als ihr Sohn in voller Kriegsbemalung vor ihr stand. Gab das ein Erzählen! – Jetzt aber erst einmal Zivilklamotten angezogen!

Drei Tage ging alles gut...

„Junge, du mußt schnell abreisen! Irgend jemand hat dich angezeigt. Jeden Augenblick kannst du abgeholt werden. Ich habe dir einen Marschbefehl besorgt. Ein Dienstwagen der LN-Stelle bringt dich auf Schleichwegen nach Oebisfelde. Von dort mußt du sehen, wie du weiterkommst! Der Fahrer hat natürlich auch einen gültigen Fahrbefehl. Mach es gut, mein Junge!"

Am Bahnhof wurde Rolf abgesetzt.

Inzwischen war es dunkel geworden.

„Paß auf dich auf, Kumpel! Lange dauert die Scheiße nicht mehr. Wir Nachrichtenleute hören alles. Setz dich zeitig ab und schlag dich nach Hause durch! Halt dich!"

Und schon verschwindet der Wagen in der Dunkelheit.

Rolf geht in die Bahnhofshalle und erkundigt sich nach seinem Zug.

Wenn es keinen Alarm gibt, soll ein Zug in drei Stunden fahren.

Plötzlich eine Stimme: „Mensch, Rolf, wo willst du denn hin?"

„Hallo, Herbert! Ich habe mich für einen Urlaub gemeldet."

„Komm her! Hier ist ein schönes Plätzchen. Bereiten wir uns auf eine lange Nacht vor! Muttern hat mir genug Verpflegung mitgegeben!"

„Ich habe Zigaretten. Hier, nimm! Ich rauche doch nicht!"

„Behalte sie! Du wirst sie noch zum Tauschen brauchen!"

Herbert ist Rolfs Freund. Als Rolf noch im Nordbockhorn wohnte, hatte er einen Geheimübergang über eine zwei Meter hohe Mauer zum Nachbargrundstück, wo Herberts Eltern wohnten.

Eine Rote-Kreuz-Schwester kam auf die Freunde zu.

„Hallo, Schwester, wie ist es mit einem Schluck Tee", fragt Herbert, der natürlich auch Soldat ist und nach einem Genesungsurlaub wieder zu seiner Einheit muß.

Die Schwester bleibt stehen. Es ist ein junges, hübsches Mädchen.

„Natürlich habe ich für zwei tapfere Soldaten einen Schluck Tee!"

„Ist auch ein Schuß Rum mit drin? Die Nacht ist kalt!"

„Damit kann ich leider nicht dienen. Aber vielleicht hat Ihr Kamerad ein Fläschchen."

„Sie hat es erfaßt! Hier, Mutter steckte mir eine Flasche zu. Wer weiß, wozu sie gut ist, meinte sie."

„Mann, Rolf, das ist knorke! Aber die ganze Flasche brauchen wir nicht."

Inzwischen hat die Schwester zwei Becher mit dampfendem Tee gefüllt.

„Sie auch", fordert Herbert das Mädchen auf, das ganz rote Ohren hat – die Nacht ist Anfang April sehr kalt.
„Ich heiße Herbert, und das ist mein Freund Rolf."
„Ich bin Schwester Gisela."
Herbert gibt einen guten Schuß Rum zum Tee. „Stoßen wir auf eine gesunde Heimkehr an! Vielleicht sehen wir uns später einmal wieder!"
„Wann und wo sollte das sein? Ich gehe gleich weiter, und dann habt Ihr mich vergessen!"
„Ach, bleib noch ein Weilchen! Die Kanne ist gleich leer. Vergessen werden wir ein so schönes Mädchen bestimmt nicht", schwärmt Herbert, der zwei Jahre älter als Rolf ist.
Gisela bleibt tatsächlich.
Die drei jungen Menschen sitzen auf den Rucksäcken und unterhalten sich. Sie erzählen von der Heimat und was nach dem Krieg sein wird.
In der Ferne ertönt Flakfeuer.
Eine andere Rote-Kreuz-Schwester läuft vorbei.
„Gleich kommt ein Zug nach Gardelegen. Er hält hier nicht, sondern fährt langsam durch den Bahnhof."
„Na, die Herren, darf ich einmal die Papiere sehen, oder sind Sie zu beschäftigt?" unterbricht eine Stimme das Gespräch.
Auch das noch: Eine Streife!
Herbert zeigt seine Papiere. Sie werden gründlich geprüft.
„In Ordnung!"
Rolf reicht seinen Marschbefehl.
„Da stimmt doch etwas nicht", ist der Streifenfeldwebel erstaunt.
„Der Zug wurde in Hannover umgeleitet. Mit einem dort eingesetzten kam ich bis hier und warte auf den Anschluß. Wie ich hörte, soll der Zug gleich kommen", versucht Rolf die Situation zu retten.
„Das ist richtig, gleich kommt der Zug", bestätigt der Unteroffizier der Streife.
„Dann ist ja alles klar!"
„Das war knapp", atmet Rolf auf. „Den Zug muß ich erreichen! Aber wie komme ich rein, wenn er nicht hält?"
„Dein Gepäck werfe ich dir nach", sagt Herbert.
Seine Worte werden von Motorenlärm übertönt.
Maschinengewehre rattern los.
Menschen schreien. Es herrscht ein gewaltiges Durcheinander.
Rolf sieht, wie Gisela getroffen wird.
Das Mädchen fällt auf den Bahnsteig.
Rolf ist mit einem Satz bei ihr.
Mit weit aufgerissenen, ängstlichen Augen sieht das Mädchen ihn an.
Der Zug rollt in den Bahnhof.

Eine zweite Welle Flugzeuge überfliegt den Bahnhof. Aufflackernde Brände lassen alles gespenstisch erscheinen. Wieder rattern die Bordwaffen.

„Hau ab!" schreit Herbert.

„Ich kann doch nicht! Gisela ist verletzt!"

Herbert schnappt sich Rolfs Gepäck und wirft es in ein Abteil. Ein Soldat hatte schnell geschaltet und die Tür geöffnet. Das Gepäck wird aufgefangen.

„Hau ab!" schreit Herbert noch einmal seinen Freund an, der noch immer über Gisela gebeugt kniet.

Mit einem Ruck wird Rolf von Herbert und dem Uffz der Streife hochgerissen. Im Laufschritt geht es am Zug entlang. Arme strecken sich heraus. Mit Gewalt wird der Junge in das Abteil gerissen. Die Tür wird zugeschlagen.

Als Rolf sich aus dem Fenster beugt, sieht er, wie Herbert den Kopf des Mädchens in seinen Schoß bettet. In Feuerschein und Rauch verschwinden die Gestalten. Der Zug fährt durch die Dunkelheit.

„Da hast du aber noch einmal Glück gehabt!"

„Wieso Glück", fragt Rolf erstaunt. „Ich konnte das Mädchen doch nicht einfach liegenlassen!"

„Dein Freund ist bei ihr. Wenn dich ein Kettenhund schon in den Zug hebt, ist es wirklich Glück!"

„Sind deine Papiere nicht in Ordnung?" fragt eine andere Stimme.

Ein Landser weiß, wann und wo es brennt.

„So ist es", gibt Rolf zu. „Jedenfalls nicht so ganz, wenn man genau hinsieht."

„Also doppeltes Glück!"

„Die Stimme kenne ich doch?"

„Mach mal Licht!"

Ein Streichholz wird angerissen.

Im flackernden Schein beugt sich ein blonder Kopf vor.

Das Blitzmädchen betrachtet das Jungengesicht.

„Heiliger Strohsack, das ist ja unser kleiner Flieger aus Gütersloh", ruft es aus.

„Sieh an, der Junge scheint ein bewegtes Liebesleben hinter sich zu haben!"

„Kein Wunder! Die Herren von der Luftwaffe werden ja auch gut bewacht von uns alten Kriegern!"

„Ach, laßt doch den Jungen! Er hat uns einmal aus einer brenzligen Situation geholfen", nimmt das andere LN-Mädchen den Jungen in Schutz.

„Wie denn das?" will ein Soldat wissen.

Die beiden LN-Helferinnen erzählen das Fast-Drama mit dem angeschossenen LKW und der zersplitterten Windschutzscheibe.

„Dann seid Ihr ja alte Bekannte! Ich dachte immer, Mädchen und kleine Jungen erleben keine Abenteuer", frotzelt ein Soldat.
„Habt Ihr noch mehr gemeinsame Erlebnisse gehabt?"
„So fragt man Leute aus!"
„Laß die Neidhammel nur reden! – Aber wo willst du hin?"
„Ich muß mich in Gardelegen melden."
„Na fein, wir auch! Da bleiben wir noch eine Weile zusammen."
„Mensch, Meier, hat der Bengel ein Schwein!"
„Und wir erfahrenen Hasen haben das Nachsehen!"

Inzwischen ist der Tag angebrochen. Die Sonne geht strahlend hinter einem Waldstück auf. Die Landschaft sieht so friedlich aus.
„Hoffentlich erwischen uns jetzt keine Jabos!"
„Die Kameraden von der anderen Feldpostnummer haben nun mal die gemeine Angewohnheit, am frühen Morgen friedliche Leute unsanft zu wecken."
„Mal den Teufel nicht an die Wand!"
„Hier müssen wir aussteigen", schließt Rolf das Gespräch.
Nach einem kurzen Abschied stehen die beiden Mädchen und der Junge auf dem Bahnsteig. Der Zug entschwindet ihren Blicken.
„Hier stand ich im Herbst vorigen Jahres schon einmal. Aber da bin ich abgereist."
„Erzähl!"
Und schon hat man ein neues Thema.
Rolf berichtet von seinem Segelfliegerlehrgang und der kurzen Zeit mit Lissi.
Inzwischen haben sie bei der Rote-Kreuz-Station etwas Warmes getrunken und stehen jetzt auf dem Bahnhofsvorplatz. Sie haben Glück und finden einen LKW. Der Fahrer ist nett – wie sollte es auch anders sein – und nimmt die drei mit.

Die Unterkunft, zu der Rolf mußte, lag natürlich am entferntesten Rand des Flugplatzes. Wie sollte es auch anders sein?
Die Kameraden waren inzwischen eingetroffen. Es fehlten etwa zwanzig Mann. Bielefeld war lange von den Amerikanern besetzt.
„Da kommt tatsächlich noch einer!"
„Der ist dem Ami durch die Maschen geschlüpft."
„Oder er hatte gute Beziehungen zur Feldpolizei!"
Rolf meldet sich bei Oberfeldwebel Junge. Er gibt seinen Marschbefehl ab. Die Kameraden sind erstaunt. Der Oberfeldwebel nicht weniger.
„Das ist eine gute Leistung! Marschiert der Kerl ohne Marschpapiere los, und gibt mir einen blitzsauberen Marschbefehl ab!"
„Wie hast du das geschafft?"

Rolf berichtet und schließt mit der Frage: „Habt Ihr was Eßbares zur Hand? Hab ich einen Kohldampf!"

„Na klar, für dich haben wir etwas aufbewahrt!"

„Bring erst dein Gepäck auf die Stube", schlägt der Oberfeld vor.

Horst zieht Rolf in die Baracke: „Ich habe dein Bett schon bezogen. Wußte doch, daß du noch aufkreuzt!"

Die beiden Freunde belegten ein Zimmer. Rolf verstaute seinen Rucksack im Schrank; er nahm nur Waschzeug und den Schlafanzug heraus.

„Wer weiß, das sieht nicht so aus, als würden wir hier auf den Sommer warten!"

Beide gehen vor die Baracke und setzen sich zu den Kameraden.

Rolf bekommt sein Essen. Mann, schmeckt das gut!

Bis in die Nacht hinein wird erzählt. Jeder der Jungen hatte eine abenteuerliche Reise gehabt. Aber alle Erlebnisse wollen wir nicht aufzeichnen. Hier geht es um ein bestimmtes Schicksal.

In der Ferne war vereinzeltes Kanonendonnern zu hören. Die Front rückte näher. Was man so Front nennen kann. Wer wollte jetzt noch viel kämpfen? Es war nur ein Geplänkel. Aber es gab immer noch Opfer.

An eine Ausbildung ist auch hier natürlich nicht zu denken.

In einer Flugzeughalle sind Sprunggerüste zur Ausbildung der Fallschirmspringer aufgestellt. Aus einer Höhe von etwa drei Metern wird hier das Abrollen nach der Landung geübt.

Den jungen Soldaten macht diese Übung viel Spaß. Die „alten" Ausbilder nahmen die Sache nicht so ernst. Wußten sie doch, daß diese Soldaten nicht mehr zum Einsatz kamen.

Jabo-Angriffe zwangen zu Unterbrechungen.

Es waren viele Unterbrechungen.

Natürlich gab es auch ein Kino. Im April 1945 wurde der Film „Münchhausen" gezeigt. Rolf sah den Anfang dieses Films sieben Mal.

Die Jabos störten die Vorführung.

Als wieder einmal die Bordwaffen sprechen, läßt der Filmvorführer den Film weiterlaufen. Die Soldaten bleiben sitzen.

Als die Prinzessin im Film entführt wird, spielen wieder Bordwaffen ihre Melodie. Geschosse fetzen durch den Saal – es wird keiner verletzt.

An einem Morgen gehen Horst und Rolf an einer Baracke vorbei, vor der etwa zehn Soldaten stehen.

„Was gibt es denn hier ohne", fragt Horst. Mit „ohne" sind Bezugsscheine gemeint. Lebensmittel gab es auf Lebensmittelkarten, Bekleidung und andere Gegenstände benötigten einen Bezugsschein.

„Der Schuppen liegt voller Klamotten, und der Schmalspuroffizier will sie nicht herausrücken!"

„Dabei steht der Ami bereits am Stadtrand! Es kann sich nur noch um Stunden handeln, bis er hier ist. Dann wird alles gesprengt!"

„Man sollte sich schnellstens absetzen, solange es noch möglich ist!"

„Wo willst du hin? Im Osten rückt der Iwan an! Da gehe ich schon lieber beim Ami in Gefangenschaft! Da bin ich dann dichter zu Hause."

So die Reden der Soldaten.

Rolf sieht Horst erstaunt an. „Das sind ja schöne Aussichten!"

„Dabei wohnen wir gleich in der Nachbarschaft!"

„Was sollen wir nur machen?"

Inzwischen ist der Beamte zur Seite gedrängt. Er hat wohl eingesehen, daß nichts zu machen ist. Sollen die Landser sich die Sachen nehmen! Heimlich verdrückt er sich. Die Baracke wird gestürmt.

„Mann, sind das klasse Sachen!"

„Jetzt, wo der Krieg zu Ende ist, kommen wir daran!"

„In Rußland fehlten uns gute Ausrüstungsgegenstände!"

„Eine Schande, wenn das hier alles vernichtet wird!"

„Leute bedient euch! Es ist Ausverkauf!"

Auch Horst und Rolf kleiden sich neu ein. War das eine Freude!

Plötzlich war die Baracke gerammelt voll. Die gute Kunde hatte sich herumgesprochen. Die alten Uniformen wurden in die jetzt leeren Regale gestopft.

Voll bepackt trabten die Freunde zu ihrer Kompanie zurück.

Von Weitem sahen sie, daß die Einheit angetreten war.

„Trabt an, Kerle", werden sie empfangen.

„Wir machen eine kleine Wanderung!"

„Es ist nur noch nicht entschieden, ob in Richtung Osten oder in Richtung Westen."

„Wo habt Ihr die neuen Klamotten her?"

Die Freunde berichten.

„Mann, das soll man nun wissen!"

„Ihr Heinis, was wollt Ihr in Gefangenschaft mit neuen Uniformen? Mädchen gibt es da bestimmt nicht!"

„In Sibirien soll es lausig kalt sein!"

„Wir kommen nach Kanada zum Holzhacken!"

„Haltet keine wehrzersetzenden Reden! Ihr Nachzügler, holt eure Sachen! Aber etwas plötzlich", unterbricht Oberfeldwebel Junge den Redeschwall.

Schnell sind die Rucksäcke gepackt. Die Betten waren schon von den Kameraden abgezogen.

„Beeilt euch, der Ami steht bereits am anderen Ende des Platzes!"

Der zweite und dritte Zug waren schon abmarschiert. Oberfeld Junge wartete mit dem ersten Zug auf die beiden Freunde. „Ihr solltet kein Schläfchen halten, sondern eure Klamotten holen!"

„Komm, wir stellen uns hinten an", schlägt Rolf vor.
Der Zug marschiert ab.
„Was wollt Ihr Helden da hinten?" fragt der Oberfeld. „Euer Platz ist am Anfang des Zuges!"
„Wir setzen uns ab und schlagen uns nach Hause durch, ist mir gerade eingefallen", sagt Rolf.
„Wo wohnt Ihr denn?"
„Horst in Bismark; ich habe es etwas weiter bis zu meiner Heimatstadt Salzwedel."
„Bis Bismark könnte es noch klappen. Aber du, Rolf, schaffst es nicht mehr. Der Amerikaner hat das Gebiet schon besetzt. Ich gebe euch ein Zeichen, wenn Ihr euch in den Wald absetzen könnt. Hals und Beinbruch! Kommt gut nach Hause!"
„Der Oberfeld ist klasse", stellt Horst fest.
Nach fünf Kilometern gibt der Oberfeldwebel ein kurzes Handzeichen.
Rolf und Horst tauchen im Wald unter.

Eine abenteuerliche Wanderung beginnt. Zunächst geht der Marsch quer durch den Wald. Die Sonne scheint, die Vögel zwitschern ein Frühlingslied. „Da, ein Reh!"
„Ist das schön, so zu wandern! Alles ist still!"
„Der Rucksack drückt scheußlich! Was wollen wir noch damit? Werfen wir ihn weg!"
„Lieber nicht", überlegt Rolf. „Noch können wir sagen, daß wir bei einem Jabo-Angriff unsere Kompanie verloren haben."
„Du hast recht! Ob wir es schaffen, durch die Front zu schlüpfen?"
„Mit etwas Glück schon! Wir müssen nur darauf achten, nicht von den Kettenhunden erwischt zu werden. Die Front ist nicht sehr dicht. Eine Lücke finden wir schon!"
„Da ist eine Straße! Ich höre Fahrzeuge!"
„Vorsicht! Erst einmal die Lage peilen!"
„Ein Trecker mit Anhänger!"
„Mal sehen, ob wir da mitfahren können! Es sitzen schon Landser drauf."
Die Freunde treten aus dem Wald und stellen sich auf die Straße.
Der Bauer hält an. „Na Jungens, wo soll denn die Reise hingehen?"
„Wir wollen erst einmal nach Bismark", gibt Rolf Auskunft. „Können wir ein Stück mitfahren?"
„Steigt auf!"
Die Rucksäcke werden den beiden abgenommen. Sie klettern auf den Anhänger. Viel geredet wird nicht. Jeder ist mit seinen Gedanken beschäftigt.
Ein Obergefreiter beäugt Rolf. Er scheint etwas im Schilde zu führen. „Kumpel, gib mir dein Gewehr!"
„Warum sollte ich?"

„Als wir uns vom Ami absetzten, habe ich mein Gewehr verloren. In Stendal müssen wir uns bei unserer Einheit melden. Wenn ich ohne Gewehr antanze, gibt das gewaltigen Ärger."

„Wenn man mich ohne Flinte erwischt, dürfte es nicht anders sein."

„Ist das Gewehr im Soldbuch eingetragen?"

„Nee."

„Na, da kann doch nichts schiefgehen!"

„Die Sache gefällt mir nicht! Ganz ohne Waffe fühle ich mich etwas nackt."

„Du bekommst meine 08 (Pistole)."

„Hast sie wohl geklaut, was?"

„Spielt das eine Rolle? Frag nicht lange!"

Der Tausch wird durchgeführt.

Nach zwanzig Kilometern geruhsamer Fahrt sehen sie auf der Straße Fahrzeuge stehen.

„Sauerei, dort ist Endstation! Wenigstens habe ich ein Gewehr und einen Marschbefehl. Kettenhunde kontrollieren die Fahrzeuge!"

„Na, dann werden wir uns besser verabschieden! Werft unsere Rucksäcke runter! Gute Reise!"

Rolf und Horst springen ab, schnappen sich ihre Rucksäcke und tauchen im Wald unter.

„Warum hast du dein Gewehr abgegeben", fragt Horst.

„Zu schwer."

„Und wenn wir erwischt werden?"

„Ach was! Wenn wir im Wald bleiben, sind wir sicher. Der Ami schleicht hier bestimmt nicht herum. Viel zu unübersichtlich!"

„Hoffentlich hast du recht", zweifelt Horst. „Wenn ich meinen Magen frage, ist es Abendbrotzeit."

„Ich habe auch gewaltigen Kohldampf. Wo sollen wir hier etwas zu Futtern finden?"

„Sei einmal still, ich höre etwas!"

„Das sind Stimmen!"

„Anschleichen!"

Vorsichtig, jede Deckung ausnutzend, gehen sie weiter.

Auf einer Lichtung steht ein Forsthaus. Eine Einheit Infanterie hat es sich gemütlich gemacht. Ein herrlicher Duft von Erbsensuppe kitzelt die Nase.

„Was nun", fragt Horst.

„Hast du Hunger oder nicht?"

„Ich habe Hunger!"

„Also ran an den Trog! Die Landser werden uns bestimmt nicht fressen!"

Die beiden Jungen treten aus dem Wald heraus.

„Wir bekommen Besuch!"

„Unsere Wachen haben geschlafen!"

„Verdammt, wenn die Knirpse sich ungesehen anschleichen können, müssen wir die Wachen verstärken!"

Ein Hauptmann gibt entsprechende Befehle.

Rolf und Horst werden begrüßt und erhalten einen kräftigen Schlag Suppe. Sie erzählen, von wo sie kommen und wohin sie wollen.

„Da habt Ihr aber noch einen anstrengenden Weg vor euch! Und das zwischen der deutschen und amerikanischen Linie", ertönt plötzlich hinter den Freunden eine Stimme.

Erschrocken drehen sie die Köpfe und wollen aufspringen.

Vor ihnen steht ein General.

„Bleibt sitzen, Jungens! Habt Ihr eine Karte und einen Kompaß?"

„Nein, Herr General", stottert Rolf.

„Hauptmann, rücken Sie eine Karte von diesem Gebiet und einen Kompaß heraus, damit sich unsere jungen Soldaten nicht verlaufen!"

Nachdem sie in der Nacht in der Scheune des Forsthauses geschlafen hatten, erhielten sie am anderen Morgen etwas Verpflegung und machten sich mit den besten Wünschen des Generals wieder auf die Wanderschaft.

„Jetzt müssen wir erst einmal feststellen, wo wir sind, sonst nützt uns auch die Karte nichts", schlägt Rolf vor.

Sie breiten die Karte auf dem Waldboden aus und norden sie ein.

„Hier ist ein rotes Kreuz. Der Hauptmann hat unseren Standort schon eingetragen."

„Schwer auf Draht, der Bursche!"

„Kompaß anlegen!"

„Welche Marschzahl ist es?"

„Lies doch selber ab!"

„Feine Sache, jetzt können wir uns nicht mehr verlaufen!"

„Wir sind zu weit im Osten."

„Also weiter Richtung Nordwest!"

„Allmählich müssen wir aufpassen, weder einer deutschen Streife, noch dem Amerikaner in die Arme zu laufen!"

„Laß uns gehen, übernachten wollen wir bei meinen Eltern!"

Sie nehmen ihre Rucksäcke auf und ziehen los.

Nach fünf Stunden – vorsichtig nach allen Seiten sichernd, hatten sie einige Felder überwunden und bei einer kurzen Rast etwas gegessen – bleibt Rolf stehen.

„Was ist los?"

„Ich höre etwas!"

„Das ist Motorengeräusch!"

„Ja, und Kettenrasseln! – Panzer!"

„Geschossen wird aber nicht viel!"

„Wer will sich jetzt noch abknallen lassen? Wir stehen fünf Kilometer vor Bismark! Ein schönes Plätzchen!"

„Willst du hier Urlaub machen?"

„Nee, das nicht. Aber einen Teil unserer Klamotten werden wir hier vergraben. Es läuft sich dann besser. Wenn sich die Lage beruhigt hat, kannst du sie dir nach Hause holen."

„Die Idee ist nicht schlecht! Die Stelle kann ich mir gut merken."

„Ich trage den Punkt in die Karte ein. Du kannst ihn auf eine andere Karte zu Hause übertragen."

Sie reißen mit den Händen eine Moosschicht vom Waldboden, legen alle doppelten Sachen in die Mulde. Eine Zeltplane wird darüber ausgebreitet und das Ganze wieder schön mit der Moosschicht abgedeckt.

„Das findet keiner", ist Horst mit der Arbeit zufrieden.

„Hauptsache, du findest den Platz wieder!"

„Na klar, kein Problem!"

„Noch fünfzig Meter bis zur Straße nach Stendal. Laß uns heranschleichen, aber vorsichtig, daß wir nicht gesehen werden! Schön in Deckung bleiben!"

Vorsichtig schleichen sie an die Straße heran. Eine LKW-Kolonne rollt vorbei. Nach einer halben Stunde ist alles ruhig.

„Die schicken zuerst ihre Panzer vor und fahren mit den LKW hinterher."

„Und wir müssen durch die Gegend latschen!"

„Ich glaube, wir können jetzt auf der Straße weitergehen."

„Mensch Rolf, in einer Stunde bin ich zu Hause!"

War das eine Freude, als Horst vor seinen Eltern stand!

Rolf schläft eine ruhige Nacht bei Horsts Eltern, dann geht es weiter. Er schließt sich einer Gruppe Soldaten an: Ein Oberfeldwebel, zwei Unteroffiziere, zwei Obergefreite. Sparen wir uns die namentliche Vorstellung.

Zunächst geht es in Richtung Arendsee. Die Landser wollen nach Hamburg. Kompaß und Karte werden Rolf gleich vom Oberfeldwebel abgenommen.

Es ist Vorsicht geboten. Jeden Moment kann eine amerikanische Einheit auftauchen. Die Kolonne, die Rolf und Horst gesehen haben, war eine Vorausabteilung.

Kurz hinter dem Ort verläßt die Gruppe die Straße und geht wieder querfeldein. Jede Deckung wird ausgenutzt.

Am späten Nachmittag sagt ein Obergefreiter: „Es wird Zeit, daß wir unsere Verpflegung ergänzen! Da vorne ist ein Dorf. Mal sehen, ob wir etwas Eßbares organisieren können!"

„Das Gepäck verstecken wir unter Büschen, und dann pirschen wir uns am Knick entlang bis zum Garten! Die Sträucher geben wieder eine gute Deckung", schlägt der Oberfeldwebel vor.

Rolf hat eine Idee: „Die Gasmasken werfen wir weg und nehmen die Büchsen als Verpflegungsbehälter!"

„Der Kleine hat recht. Weg mit den Gasmasken!"

Ungehindert kommen die sechs Soldaten in das Dorf und bitten beim ersten Bauern um Essen. Sie erfahren, daß der Amerikaner durch das Dorf hindurchgefahren ist. Das Essen, das die Bäuerin den hungrigen Wanderern vorsetzt, ist hervorragend.

„Wenn Ihr wollt, könnt Ihr in der Scheune übernachten", bietet der Bauer an. Die Einladung wird angenommen. Nach einem leckeren Frühstück soll es weitergehen.

Plötzlich wird die Küchentür aufgestoßen und der Nachbar ruft aufgeregt: „Hinten im Feld liegt eine Abteilung Amerikaner!"

„Verdammter Mist! Wir kommen nicht mehr an unsere Klamotten heran!"

„Auf der gegenüberliegenden Straßenseite stößt ein Wald genau an die Scheune meines Nachbarn."

„Wir werden die Straße einzeln überspringen! Im Wald hinter der Scheune sammeln wir uns!"

„Ich gebe euch noch Brot und Wurst mit!"

„Kommt gut nach Hause", wünschen der Bauer und seine Frau.

Ungesehen erreichen sie den schützenden Wald.

Nachdem die neue Richtung auf der Karte festgestellt wurde, marschierten die sechs Soldaten einem neuen Abenteuer entgegen.

„Ohne Gepäck marschiert es sich aber besser!"

„Es hat nur den Nachteil, daß wir nur noch Rasier- und Waschzeug im Brotbeutel haben. Alles andere ist futsch!"

„Wir können froh sein, daß die uns nicht erwischt haben!"

„Der Ami ist verdammt weit vorgeprescht!"

„Widerstand hat er auch kaum zu fürchten!"

„Ob es nicht besser ist, nach Osten auszuweichen?"

„Nee, das bringt auch nichts! Wir bleiben auf diesem Kurs! Äußerste Vorsicht ist geboten! Bevor wir in ein Dorf gehen oder über freies Gelände müssen, genau die Lage peilen! Auf geht's, Kameraden!" beendet der Oberfeldwebel die Debatte.

Zügig, nach allen Seiten sichernd, gehen sie durch Wald und über Felder. Mitunter hören sie Motorengeräusch und sehen auch Panzer und andere Fahrzeuge.

Am Abend erreichen sie eine Scheune am Rande eines Feldes, dicht am Wald. „Hier sind wir richtig! Es duftet herrlich nach Heu!"

„Da können wir ungestört pennen."

„Aber erst einmal etwas essen!"

„Mann, habe ich einen Kohldampf!"

„Leider reicht unsere Verpflegung nur noch für ein kleines Abendessen. Morgen müssen wir sehen, wo wir Nachschub organisieren können!"
„Ich schlage vor, daß wir unseren Kleinen vorschicken."
„Gute Idee, er fällt nicht so auf. Und einen Jüngling werden die bestimmt laufen lassen."
„Jetzt aber erst einmal spachteln (essen)!"
Die letzten Vorräte werden aufgeteilt.

Inzwischen ist es dunkel geworden.
„Wir verkrümeln und auf die Rückseite des Heuhaufens. Nichts liegenlassen! Man kann nie wissen!"
Herrlich liegt es sich im Heu! Nur Rolf fühlt sich nicht wohl. Er hat Heuschnupfen. Nur Leidensgenossen wissen, was das bedeutet. Er schläft aber doch ein. Die Müdigkeit ist zu groß.
Plötzlich wird er angestoßen. Eine Hand legt sich auf seinen Mund, bevor er etwas sagen kann.
Er braucht auch keine Erklärung.
Ein Trupp Amerikaner hat es sich auf der Vorderseite des Heuhaufens gemütlich gemacht! Nach einem ausgiebigen Nachtmahl legen sie sich in das Heu und schlafen. Eine Wache beschützt Deutsche und Amerikaner vor Überraschungen.
War das eine Nacht! An Schlaf war natürlich nicht zu denken.
Rolfs Nase juckte und wollte niesen. Das konnte er aber nicht riskieren. Fest drückte er ein Taschentuch auf das gepeinigte Riechorgan.
Die Nacht nahm und nahm kein Ende.
Kaum wagten die deutschen Soldaten zu atmen.
Aber auch die längste Nacht wird vom Morgen abgelöst.
Die Amerikaner kriechen aus dem Heu, kochen Kaffee und frühstücken. Es dauert dann nicht mehr lange und sie klettern auf ihren LKW und fahren ab.
„Kameraden, diese Nacht werde ich nie vergessen!" Rolf kann jetzt ausgiebig losprusten.
„Was sehen meine entzündeten Augen?"
„Leute, die Unordnung unserer Kameraden von der anderen Feldpostnummer sei gepriesen!"
„Weißbrot, Butter, Wurst, Marmelade und ein Topf Bohnenkaffee!"
„Wie im Schlaraffenland!"
„Denn mal guten Appetit!"

Nach einem guten Frühstück ist die ungemütliche Nacht schnell vergessen. Frisch gestärkt und frohen Mutes wandern sie weiter.
Die Sonne steigt strahlend aus dem Wald auf. Die Vögel zwitschern ein fröhliches Lied. Vereinzelt sah man einen Bauern auf sein Feld fahren.
„Ist der Krieg schon beendet?"

„Es ist kein Schießen zu hören."
„Wer sollte auch? Hast du Lust, jetzt noch ins Gras zu beißen?"
„Nee, aber hier Wurzeln schlagen will ich auch nicht! Muttern wartet!"
„Hast du Nachricht von deiner Frau?"
„Den letzten Brief habe ich vor zwei Monaten erhalten."
„Meine Familie ist ausgebombt, sie ist bei meiner Schwägerin auf dem Lande bei Husum untergekommen."
„Wie mag es in Hamburg aussehen? Ich wohne in Barmbek. Ob ich meine Familie wiederfinde?"
„Die Bombenangriffe auf die Städte haben nicht viel heil gelassen."
„Nur nicht die Hoffnung aufgeben!"
„Den Kleinen schicken wir in das nächste Dorf! Da kann er fragen, wie es steht."
„Es ist besser, wir marschieren erst einmal weiter! In der Abenddämmerung ist es sicherer. Der Junge wird dann nicht so schnell gesehen."
Sie marschieren weiter.
In der Dämmerung stehen sie an einem Waldrand und sehen auf ein Dorf.
„Das sieht sehr friedlich aus."
„Eine gute Anschleichmöglichkeit ist auch gegeben."
„Der dritte Hof liegt günstig."
„Junge, bist du bereit? Es ist freiwillig. Wenn du meinst, es nicht zu schaffen, geht ein anderer!"
„Ich schaffe es! Gebt mir eure Gasmaskenbüchsen, damit ich sie mit Verpflegung füllen kann!"
Rolf hängt sich die Büchsen über die Schulter und schleicht sich an das Haus heran. Durch eine zum Garten führende Tür tritt Rolf in die Küche, wo die Bäuerin mit ihrer jungen Tochter das Abendessen herrichtet.
Mit einem fröhlichen „Guten Abend" grüßt Rolf.
Verdutzt schauen die Frauen den Jungen an.
„Sind Sie verrückt?"
„Kommt der Junge hier herein, als sei er der einzige Mann im Dorf!"
„Was wollen Sie denn hier?"
„Meine Kameraden liegen im Wald. Mich hat man losgeschickt, etwas Eßbares zu besorgen."
„Der Junge hat Nerven! Im Dorf wimmelt es von Amerikanern, und er kommt gemütlich herein und erbittet ein Abendessen!"
„In der Stube sitzen amerikanische Offiziere und warten auf ihr Essen!"
„Können Sie mir nicht schnell etwas geben? Dann verschwinde ich auch gleich wieder!"
„Wenn das nur gutgeht! Komm, ich gebe dir Wurst und Brot! Du bist doch sicher nicht älter als meine Tochter!"
Rolf lächelt das junge Mädchen an. „Das kann stimmen. Schade, daß ich keine Zeit habe, sonst würde ich gerne länger bleiben."

„Wir könnten dich auch gut gebrauchen. Arbeitskräfte fehlen uns. Die meisten Männer sind eingezogen."

„Ist der Krieg schon zu Ende?"

„Noch nicht, mein Junge. Sei vorsichtig, daß du nicht noch im letzten Augenblick zu Schaden kommst!"

Schnell packt die Bäuerin Wurst, Butter und Eier in die Gasmaskenbüchsen. Ein frisches Brot klemmt sie ihm unter den Arm.

„Herzlichen Dank für die leckeren Sachen! Sicher kommen die Männer auch bald in das Dorf zurück! Vielleicht komme ich auch einmal vorbei, wenn die Zeit etwas ruhiger geworden ist."

„Sei vorsichtig und komme gut nach Hause!"

Ein freundliches Kopfnicken und Rolf steht im Garten.

Er blickt sich um. Die Luft ist rein.

Die ersten Büsche des Gartens hat Rolf erreicht, als er ein Geräusch hört. Schnell dreht er den Kopf in diese Richtung. – Ein amerikanischer Soldat biegt um die Hausecke. Erschrocken schaut er zu Rolf herüber. Er kann nicht glauben, was er sieht. Ein deutscher Soldat im besetzten Dorf!

Schnell hat Rolf den Schrecken überwunden und rennt los.

Plötzlich hört er einen Knall. – Der Amerikaner schießt auf ihn!

„Nur keine Bange, nicht jedes Geschoß trifft", denkt Rolf und rennt weiter. Eine Ausweichmöglichkeit gibt es nicht.

Die Kameraden werden den Vorfall bemerkt haben.

Mehrere Schüsse peitschen auf. Die Geschosse pfeifen an dem Jungen vorbei und klatschen in die Bäume des Waldes.

Erschöpft und schwer atmend, aber unverletzt, erreicht er seine Kameraden, die ihn schon erwarten. Ohne große Reden nehmen sie dem Jungen die Verpflegungsbehälter ab.

Nichts wie weg!

Am Waldrand führt ein Weg entlang. In entgegengesetzter Richtung ihrer vorgesehenen Marschrichtung. Diesen Weg rennen sie entlang.

Ein Motor dröhnt auf. Ein Geländewagen nimmt die Verfolgung auf.

Nach einer Weile tauchen die deutschen Soldaten im Wald unter. Jetzt schlagen sie die ursprüngliche Richtung wieder ein. Der Wagen kam vom Dorf herauf.

Eine ganze Weile hörten die Kameraden noch die Schüsse, die ihnen nachgesandt wurden. Aber ihr Ablenkungsmanöver hatte geklappt. Die Amerikaner suchten in der falschen Richtung.

In schneller Gangart entfernten sie sich von der ungastlichen Stätte.

Nach zwei Stunden legen die Soldaten eine Rast ein. Rolf berichtet sein Erlebnis. „Donnerwetter, das hätte ins Auge gehen können!"

Gegen Abend erreichten die Flüchtlinge Arendsee. Westlich der Stadt überquerten sie die Straße nach Salzwedel. In einem Waldstück am See übernachteten die müden Krieger. Nach einem Abendessen schliefen sie tief und fest. Das Rauschen der Bäume und das leise Plätschern des Sees war ihr Nachtgesang.

Im ersten Morgensonnenschein verabschiedete Rolf sich von seinen Kameraden. Die Karte und den Kompaß behielten die in Richtung Hamburg marschierenden Kameraden. Rolf kannte seinen Weg jetzt auch so. Es wurden nicht viel Worte gemacht. Ein herzlicher Händedruck.

„Mach's gut, Kamerad!"

„Mach's besser!"

Rolf geht alleine weiter.

Ohne Zwischenfall erreicht er ein kleines Gehöft an der Straße von seiner Heimatstadt nach Magdeburg. Vorsichtig schleicht sich Rolf an das Gehöft heran. Man kann nie wissen, wo sich der Gegner versteckt!

Durch eine Toreinfahrt geht er in den Hof. Die Bäuerin kommt gerade aus dem Kuhstall. Erschrocken stellt sie die Milchkanne ab.

„Wo kommst du denn so plötzlich her", fragt sie.

„Ich mache eine kleine Wanderung. Vor einer Woche bin ich in Gardelegen abmarschiert und möchte jetzt nach Hause."

„In die Stadt kommst du nicht rein. Panzer sperren alles ab!"

Inzwischen ist ein Mann herbeigehumpelt. „Zuerst braucht der Junge Zivilkleider! So kommt er nicht weit!"

„Wie heißt du denn, und wo wohnst du", fragt die Bäuerin, eine noch junge Frau.

Rolf stellt sich vor.

„Das ist der Holländer, er kommt aus dem Lager."

Vier Kinder haben sich zu der Gruppe gesellt. „Meine Kinder Roselinde, Veronika, Gretel und Wilhelm. Zur Familie gehören auch noch Oma und Opa." – „Und Aro", stellt Wilhelm richtig. Aro ist ein großer Bernhardiner.

Plötzlich ertönt Motorengeräusch.

„Schnell in die Scheune! Verstecke dich unter dem Stroh!"

So schnell kann Rolf gar nicht denken, wie er im Stroh verschwunden ist. Der Holländer wirft noch Strohballen auf ihn.

Ein Lastkraftwagen fährt auf den Hof. Fünf amerikanische Soldaten springen von der Ladefläche. Befehle erschallen.

Der Hof und alle Gebäude werden durchsucht. Auch die Scheune. Mit Forken stechen die Soldaten in das Stroh. Dicht an Rolf vorbei dringen die spitzen Zinken in das Stroh.

„Soll ich schreien, bevor die mich aufspießen", überlegt Rolf.

Er braucht nicht schreien. Die Amerikaner geben die Suche auf und fahren weiter. Rolf krabbelt aus dem Stroh heraus. Bleich und mit schlotternden Knien, aber heil.

„Das ging noch einmal gut! Ob die jemanden gesucht haben? Oder war das eine Routinedurchsuchung", überlegt der Holländer.

„Heute nacht bleibst du erst einmal hier! Morgen sehen wir weiter! Kommt jetzt zum Abendessen! Nachher erzählst du uns deine Erlebnisse", bestimmt die Bäuerin.

Am anderen Morgen, Rolf hat herrlich geschlafen, trifft sich die ganze Familie am Kaffeetisch. Auf diesem Hof gehört jeder nette Mensch gleich zur Familie. So auch der 'Holländer'. Dieser Mann war in einem Konzentrationslager und nach seiner Entlassung auf diesem Hof gelandet. Sparen wir uns die Einzelheiten. Nur so viel: Er war Kommunist aus Holland. Bleiben wir auch bei dem Namen 'Holländer'.

Nach dem Frühstück wird Rolf mit Zivilsachen vom Mann der Bäuerin – sie heißt Elisabeth, bleiben wir auch bei diesem Namen – ausgestattet. Schnell packt die Oma noch etwas Wurst und Eier zusammen. Mit diesem Paket macht sich Rolf auf den Weg.

Am Stadtrand von Salzwedel versperren Panzer, die vor einer Schule stehen, die Straße. Ein amerikanischer Soldat spricht Rolf an: „Wo kommst du her, und wo willst du hin", wird er in gutem Deutsch gefragt.

„Ich komme vom Land und habe mir etwas Eßbares organisiert. Jetzt will ich wieder in das Lager."

„Zeig einmal deine Papiere!"

„Ich habe noch keine. Die werden erst ausgestellt."

„Na gut! Mach, daß du weiterkommst! Laß dich aber nicht noch einmal erwischen!"

Rolf macht, daß er weiterkommt.

An dieser Stelle muß gesagt werden, daß in der Stadt ein Ausländerlager war. Die ehemaligen Insassen zogen jetzt plündernd durch das Land.

Rolf ging also weiter, am Karlsturm vorbei. Über die Jeetze. Ein vertrauter Weg.

Mit starkem Herzklopfen öffnet er die Haustür. Durch den Flur geht er zur Küche. Stimmengewirr läßt ihn zögern, dann macht er die Tür auf. Die Stimmen verstummen. – Ein Aufschrei: „Rolf!"

„Wo kommst du denn so plötzlich her?"

„Die Stadt ist doch gesperrt! Keiner wird durchgelassen!"

„Wo hast du die Zivilsachen her?"

„Wie ist es dir ergangen?"

So schwirren die Fragen durcheinander.

Familie Schramm saß bei Frau Gertrud bei einer Lagebesprechung.

Nachdem Rolf seine Geschichte erzählt hatte, meinte Herr Schramm: „Hier darfst du nicht bleiben! Alle Soldaten müssen sich melden und kommen in ein Gefangenenlager! Gehe wieder zu dem Bauern! Dort fällst du nicht auf!"

„Ein oder zwei Tage kann mein Junge hier bleiben, dann bringe ich ihn aus der Stadt heraus. In meiner Schwesterntracht dürfte ich unbehelligt durch die Straßensperren kommen", schlägt Frau Gertrud vor.

Herr Schramm macht ein betrübtes Gesicht. „Die Amerikaner haben einen Befehl erlassen, daß alle Waffen heute abend auf die Straße gelegt werden müssen. Sie wollen sie vernichten."

„Mein Mann hängt als alter Jäger so an seinen Gewehren! Es fällt ihm unsagbar schwer, sich von seinen Waffen zu trennen," ist Frau Schramm betrübt.

„Wenn sie wollen, bringe ich die Gewehre an die Straße", bietet Rolf seine Hilfe an.

„Das ist lieb von dir! Paß aber auf, daß du nicht von den Amerikanern gesehen wirst!"

Rolf trägt die Gewehre – gute, alte Stücke – zur Straße.

Laut Befehl sollen die Waffen so abgelegt werden, daß der Lauf auf dem Gehweg und der Kolben auf der Fahrbahn liegt.

Schön ausgerichtet legt Rolf die Gewehre vorschriftsmäßig ab.

Er betrachtet sich seine Arbeit.

„So geht das nicht", denkt er, schnappt sich ein Gewehr am Lauf und schmettert es auf die Straße.

Mit einem schaurigen Knirschen zerbricht es.

Mit den anderen Waffen verfährt er auch so. Dann legt er sie wieder schön ausgerichtet an den Gehweg.

So ist es schon besser! Zufrieden geht er ins Haus.

„Gleich kommt ein Panzer und wird meine schönen Jagdwaffen mit seinen Ketten zermalmen; ich mag gar nicht daran denken!"

„Wir werden aus dem Fenster sehen! Deren dummes Gesicht will ich sehen!"

„Ich kann es nicht sehen, wenn die sich freuen, über meine Waffen zu fahren! – Aber wieso dummes Gesicht?"

Bevor Rolf antworten kann, ertönt Kettengerassel.

„Schnell an das Fenster!"

Sie sehen, wie ein Panzer herankommt.

Kurz vor dem Haus bleibt er stehen.

Der Kommandant schaut wirklich recht dumm aus der Panzerluke auf die zerschlagenen Gewehre. Man merkt, daß der Soldat vor Wut zerspringen möchte. Er schaut am Haus herauf und sieht das weiße Haar des alten Herrn. Für einen kleinen Augenblick sehen sie sich in die Augen.

Der Panzer fährt an, macht einen Bogen um die zerschlagenen Waffen. Der amerikanische Offizier legt grüßend die Hand an seine Kopfbedeckung.

„Junge, das hast du großartig gemacht! Ich danke dir", freut sich der alte Herr.

„Ich schlage vor, wir setzen uns gemütlich an den Tisch und unterhalten uns ein wenig", macht Frau Schramm den Vorschlag.

„Eine gute Flasche Wein habe ich auch noch im Keller. Zur Feier deiner wohlbehaltenen Heimkehr aus dem Krieg wollen wir einen Schluck trinken!"

„Sicher wird Ihr Sohn Ernst auch bald zurückkommen!"

„Wenn wir nur erst eine Nachricht hätten! Die Ungewißheit ist schrecklich!"

Eine Kerze flackert auf. Der Wein funkelt in den Pokalen.

„Was wird aus meinen Mädchen geworden sein", überlegt Frau Gertrud.

„Wie oft saßen wir in der schrecklichen Zeit des Krieges hier und bereiteten uns ein paar schöne Stunden."

„Das wird es nie wieder geben."

„Gedenken wir unserer gefallenen Freunde!"

Hell klingen die Gläser aneinander.

„Jetzt müssen wir aber an die Zukunft denken! Wer weiß, was noch alles auf uns zukommt!"

„Ich fürchte, es wird eine schwere Zeit!"

Bis spät in die Nacht wird erzählt. Alte Erinnerungen werden ausgegraben. Wie oft war man in diesem Raum zusammengesessen und lustig gewesen!

Die Zeit geht weiter. Vergessen wir aber nie die Vergangenheit! Die Freunde, die nicht wieder zurückkommen, werden wir nicht vergessen! Dieses Buch soll sie ehren!

Langsam brennt die Kerze nieder und verlöscht.

Der Karlsturm

Es versteht sich, daß unser Freund darauf brennt, seine Freundin zu sehen. Am nächsten Abend schleicht er sich aus dem Haus. Die Straßen sind menschenleer. Es ist eine laue Maiennacht.
„Das geht doch prima", denkt Rolf.
Frohen Mutes geht er auf das Haus seiner Anneliese zu.
Plötzlich erschallen Schritte.
Eine amerikanische Streife erscheint an der Ecke.
Verdammt, auch das noch! Nichts wie weg!

Rolf geht der Streife entgegen und verschwindet in einem schmalen Durchgang zwischen zwei Häusern. Er rennt um die Lorenzkirche herum und gelangt so wieder an seinen Ausgangspunkt. Er will doch Anneliese sprechen! Wieder steht er vor der Haustür.

Schnelle Schritte nähern sich. Die Streife ist ihm auf den Fersen. Das Ablenkungsmanöver hat nicht geklappt. Weiter geht die Jagd!

Diesmal um die Marienkirche herum, durch die Salzstraße. Um die Ecke der Neutorstraße, ein Sprung auf die drei Stufen zur Haustür. Sie ist nicht verschlossen. Bei seinem Weggang hat Rolf sie nicht abgeschlossen, als ob er es geahnt hätte, daß er schnell verschwinden muß.

Schwer atmend schließt Rolf die Tür hinter sich und lehnt sich dagegen. Schritte eilen vorbei. Die Streife hat die Spur verloren.
Nochmal gut gegangen!

Nur mit einem Soldbuch ist man schlecht ausgerüstet in einer Zeit, wo jeder Soldat gesucht wird. Rolf hatte nur sein Soldbuch. Ein bekannter Beamter wußte Rat.

Es fehlte ein Paßbild. Nach langem Suchen fand sich ein Bild. Der Beamte stellte eine Kennkarte aus. „Na, Rolf, dann gib mir dein Bild!"
„Ein anderes habe ich leider nicht."
„Bestens! Eine Kennkarte mit Pleitegeier und Hakenkreuz und einem Paßbild in Flieger-HJ-Uniform!"
„Dann sieht der Ausweis aber echt aus!"
„Da hast du auch wieder recht. Bald gibt es doch andere Ausweise. Sieh zu, daß du bis dahin über die Runden kommst!"
„Schönen Dank für Ihre Hilfe! Mit meinem Soldbuch wäre ich bestimmt noch in einem Gefangenenlager gelandet!"
„Halt die Ohren steif, Junge!"
Es ist Anfang Mai, und Rolf weiß nicht, was ihm noch alles bevorsteht.

Abends bringt Frau Gertrud ihren Sohn durch die Sperre der Amerikaner – in ihrer Schwesterntracht. Frau Gertrud ist wirklich Helferin beim Roten Kreuz, und das war sie schon vor dem Krieg. Rolfs Großvater war lange Jahre Vorsitzender des Roten Kreuzes dieser Stadt.

Am Fliegerhorst will Rolf alleine weitergehen. „Ich danke dir, Mutter! Alleine wäre ich nicht aus der Stadt herausgekommen! Jetzt schaffe ich es aber! Gehe du wieder nach Hause!"

„So wie es ruhiger geworden ist, mußt du in die Stadt zurückkommen! Ich mache mir doch Sorgen um dich!"

„Keine Angst, ich komme schon klar. Zunächst arbeite ich auf dem Bauernhof bei Frau Elisabeth!"

„Das wird das Beste sein! Tschüß, mein Junge!"

Langsam wird es dunkel.

Einen Kilometer vor dem Hof hört Rolf Motorengeräusch. Ein Kraftwagen nähert sich. Die Scheinwerfer erfassen ihn. Weit und breit keine Deckungsmöglichkeit! Was nun? Einfach weitergehen!

Der Wagen hält an. Ein amerikanischer Offizier steigt aus.

„Ausweis", herrscht er den einsamen Wanderer in gutem Deutsch an.

Rolf zeigt seine neue Kennkarte. Der Amerikaner stutzt.

„Du bist ein Hitlerjunge?"

„Na klar!"

„Warum bist du kein Soldat?"

„Zu jung."

„Ja, das stimmt. Wo willst du hin?"

„Ich arbeite beim Bauern. Dort auf dem Hof."

„Wo kommst du her?"

„Aus dem Dorf. Wir brauchen morgen Hilfe. Die Milch soll abgeholt werden. Wir können sie nicht zur Molkerei bringen."

„Das klingt gut. Ich will es dir glauben. Mach, daß du weiterkommst! Laß dich nicht wieder bei Sperrstunde erwischen! Hier hast du eine Tafel Schokolade. Ihr Deutschen habt ja nichts!"

„Kann ich noch drei Tafeln für die Kinder der Bäuerin haben?"

„Du sprichst eine kesse Sprache! Aber das gefällt mir. Bist kein Duckmäuser, was?"

„Nee, ein guter Deutscher kriecht nicht, der ist aufrecht!"

„Stolz ist der Junge auch noch! Trotz verlorenem Krieg! Heil Hitler, kleiner Hitlerjunge!"

Der Wagen braust ab.

Na bitte! Eine aufrechte Art ist immer richtig.

Was gibt es noch zu berichten?

Auf einem Bauernhof gibt es immer viel Arbeit. Besonders, wenn der junge Bauer gefallen ist und die Frau den Hof alleine bewirtschaftet. Rolf lernt melken und alle anderen Arbeiten auf dem Hof. Mit dem Holländer entwickelt sich fast eine Freundschaft.

Es kommt der 8. Mai 1945.
Die Deutsche Wehrmacht kapituliert.
In dem kleinen Dorf geht die Arbeit weiter.
Der Krieg ist beendet.
Ein neuer Lebensabschnitt beginnt.

*„Wollen wir uns nicht freuen des weiten Feldes,
das sich vor uns auftut?
Wollen wir uns nicht freuen, daß wir Kraft in uns fühlen
und daß unsere Aufgabe unendlich ist?"*

Fichte

Hillers Mühle

TEIL 3 – Nachkriegszeit (1945-1948)

Die Sonne lacht vom blauen, wolkenlosen Himmel. Ein Kuckuck ruft vom nahen Wald. Eine Lerche tiriliert über einer bunten Wiese. Alles sieht so friedlich aus. Ein kleiner Wagen steht am Wegesrand. Zwei Kühe, die den Wagen gezogen haben, grasen das saftige Gras.
Unter einer großen Eiche liegen zwei Männer. Der eine von ihnen ist eigentlich noch ein Junge. Über einem Ast hängen zwei Sensen, eine Harke und eine Forke lehnen am dicken Stamm. Der ältere Mann – er ist etwa vierzig Jahre alt, und wenn er geht, werden wir sehen, daß er humpelt – legt die Hände an den Mund und imitiert den Ruf eines Kuckucks. Nach einer Weile erschallt die Antwort. Der Ruf kommt näher. Jetzt ruft es vom Baum, unter dem die beiden Männer liegen.
„Du hast den Kuckuck hierher gelockt!"
„Ist es nicht schön, die Natur zu beobachten?"
„Bis jetzt habe ich noch nicht großartig darüber nachgedacht. Aber du hast recht, es ist wirklich schön!"
„Gestern abend konnte ich deiner Erzählung nicht lauschen. Frau Elisabeth berichtete mir kurz. Ich glaube, wir können uns etwas Zeit lassen. – Erzähle!"
Jetzt sollte man erfahren, daß die beiden Männer auf dem nahen Gehöft der Bäuerin bei der Feld- und Stallarbeit helfen. Der ältere der beiden ist ein Holländer. Nennen wir ihn der Einfachheit halber 'Holländer'. So war es ihm auch lieb.
Der Junge heißt Rolf.
Dies ist seine Geschichte:

„Meine Kindheit erlebte ich in Varel am Jadebusen und in Oldenburg. Nach der Scheidung meiner Eltern zog ich mit Mutter in die kleine Stadt in der Altmark."
„Warum ließen sich deine Eltern scheiden?"
„Mein Vater war Nationalsozialist. Bei 'Kraft durch Freude'. Seine Arbeit machte es erforderlich, daß er viel unterwegs war. Wehrbetreuung. Mit meinem Vater fuhr ich oft zu Veranstaltungen. Zwei Erlebnisse werde ich nicht mehr vergessen. Ich sah die Geschwister Hübner den Kaiserwalzer tanzen. Ein unsagbar schönes Erlebnis!
Auf dem Fliegerhorst Jever lernte ich Oberstleutnant Schumacher kennen, der die ersten Erfolge gegen englische Bomber über der Nordsee zu verzeichnen hatte. Schon damals, es war im Jahre 1940, flogen die Engländer Terrorangriffe gegen die Zivilbevölkerung. Viele Frauen und Kinder in den Städten mußten ihr Leben lassen.
Jedenfalls zogen wir im Oktober 1941 hierher. Ein Jahr ging ich noch zur Schule und machte dann meine Lehre als Metallflugzeugbauer auf dem

Fliegerhorst. Mutter wurde Vorgesetzte der LN-Helferinnen. Wir mußten tüchtig ran, und wir haben viel erlebt.

Nach meiner Gesellenprüfung habe ich mit acht Kameraden auf der Flugzeugwerft gearbeitet. Im Januar 1945 kam ich zum RAD (Reichsarbeitsdienst) und im März zur Wehrmacht. Von Gardelegen habe ich mich durch die amerikanischen Linien durchgeschmuggelt. Es war ganz schön abenteuerlich. Jetzt bleibe ich hier, bis sich die Lage etwas beruhigt hat. Ich muß wieder Arbeit in der Stadt finden."

„Da hast du ja ganz schön was erlebt!"

„Wie ist es dir denn ergangen? Die Bäuerin sagte, du kämst aus einem KZ (Konzentrationslager). Hat es so etwas wirklich gegeben?"

„Es gab diese Lager! Ich werde dir darüber berichten. Vorweg nur so viel: Viele der Insassen in meinem Lager waren Kriminelle. Ich bin Kommunist."

„Dann willst du Deutschland auch vernichten?"

„Nicht Deutschland, sondern den Nationalsozialismus."

„Aber warum? Wir arbeiten und haben unser Vaterland aufgebaut! Jetzt sind alle gegen uns. Ich begreife das nicht!"

„Das kannst du auch noch nicht. Du bist zu jung. In der Hitlerjugend hast du nur über dein Vaterland gehört. Nur Gutes. Es war aber auch vieles dabei, was nicht gut war. Darunter die KZ. Ich habe euch Deutsche auch falsch eingeschätzt. Zuerst dachte ich, Ihr wolltet die ganze Welt beherrschen. Darum ging ich in den Widerstand."

„Denkst du denn jetzt anders?"

„Ja, ich habe meine Meinung geändert. Aber laß mich erzählen!

Mir gefiel nicht, daß Deutschland so mächtig wurde. Als Kommunist hatte ich Schulungen besucht. Auf diesen Schulungen wurde ich gegen Deutschland programmiert. Jeder Staat hat seine Ideologie. Man wächst hinein. Ich wollte, daß es jedem Menschen gutgeht und keiner unterdrückt wird."

„Aber in Deutschland wird doch keiner unterdrückt!"

„Das meinst du. Später, wenn du älter geworden bist und du dich etwas mit der Politik befaßt, wirst du vieles sehen, was du heute noch nicht verstehst. Mir behagte es nicht, daß die deutsche Wehrmacht meine Heimat besetzte. Ich habe im Widerstand gearbeitet. Brücken und Straßen gesprengt. Lastkraftwagen in die Luft gejagt. Waffen und Munition geschmuggelt. Auf deutsche Soldaten geschossen."

„Aber das ist doch Mord! Nach dem Völkerrecht müssen Partisanen bestraft werden! Durch Erschießen!"

„Ich weiß es. Wir hatten aber einen großen Haß auf euch. Er wurde uns eingeredet. Im Lager hatte ich Zeit zum Nachdenken. Die Deutschen haben vieles falsch gemacht. Es hätte alles nicht soweit kommen dürfen. Aber wer weiß das schon vorher? Es war auch falsch, was ich gemacht habe. Aus dem Hinterhalt zu kämpfen, ist nicht die Lösung. Ich war aber von meinem Recht überzeugt.

Die Politiker müssen dafür sorgen, daß gar nicht erst ein Krieg ausbricht. Wir kleinen Leute wollen in Frieden leben. Wenn wir unsere Arbeit haben und zu essen, sind wir zufrieden. Das ist bei euch auch nicht anders. Ich glaube, das Großkapital wollte den Krieg, um noch mehr zu verdienen. Und wir sind darauf hereingefallen. Unser Kampf als Partisanen gegen die Deutschen hat keinen Erfolg gezeigt. Es gab viele Opfer auf beiden Seiten. Sinnlos! Alles sinnlos! Aber das merkt man erst hinterher, wenn es zu spät ist."

„Warum haben wir denn den Krieg geführt, wenn alles sinnlos war?"

„Ich weiß es auch nicht. Anfangs war ich so von meiner Idee überzeugt. Jetzt habe ich große Zweifel. Wir haben viel Arbeit, alles Zerstörte wieder aufzubauen!"

„Wie war es im Lager?"

„Ich will dich damit nicht belasten. Ihr Deutsche werdet noch lange mit diesem Problem zu tun haben. Man wird es euch über Generationen anlasten."

„Aber was habe ich damit zu tun?"

„Du bist Deutscher! Das wirst du später verstehen. Es war eine schreckliche Zeit im Lager. Jetzt habe ich es überstanden. Auch hatte ich Glück. Mein Lagerkommandant pumpte aus Wehrmachtsbeständen Verpflegung in unsere Küche. – Lassen wir das! Ich lebe und werde bald wieder in meine Heimat reisen."

„Auf der Straße ist es so ruhig. Kein Fahrzeug zu hören. Sonderbar!"

„Ob der Amerikaner abgezogen ist?"

„Warum sollte er?"

„Ich höre Singen!"

„Ein Akkordeon spielt!"

„Was soll das nun wieder?"

Die beiden Männer sind aufgestanden und sehen zur Straße hinüber.

„Das darf doch nicht wahr sein: Sowjetische Soldaten!"

Kleine Pferdchen zogen Panjewagen, auf denen die Soldaten saßen. Eine Kolonne von etwa zwanzig Wagen zieht über die Straße. Ein Teil biegt zum Dorf ab, die anderen fahren in Richtung Stadt weiter.

„Rolf, laß uns anspannen und zum Hof fahren! Frau Elisabeth wird Angst haben!"

Die beiden Kühe werden vor den Wagen gespannt, die Sensen darauf gelegt, und ab geht es!

„Der Ami hat sich heimlich über Nacht verzogen. Dafür kommt jetzt der Russe!"

„Warum das denn?" fragt Rolf.

„Wenn ich das nur wüßte! Aber wir werden es noch früh genug erfahren!" – Wie sich später herausstellte, wurde dieses von den Amerikanern besetzte Gebiet gegen Westberlin eingetauscht.

Rolf spannte die Kühe aus und brachte sie in den Stall, dann ging er in die Küche. Die ganze Familie war versammelt. Die neue Situation wurde besprochen.

Wie wir wissen, war in der Stadt ein Lager mit Fremdarbeitern. Diese wurden jetzt freigelassen und zogen plündernd durch die Gegend.

Die Arbeit mußte gemacht werden. Am Morgen nach der sowjetischen Besetzung fuhr der Holländer wieder mit Rolf zur Wiese, um Gras zu mähen. Diesmal legten sie sich nicht gemütlich unter den Baum. Sie machten, daß sie schnell wieder zum Hof kamen.

Als sie vom Feldweg auf die Straße kamen, hörten sie Aro bellen. Ein Akkordeon erklang. Stimmen wurden laut. Als sie näher an den Hof heran kamen, entfernten sich die Leute. Ein wilder Haufen zog auf das Nachbardorf zu.

„Da ist etwas passiert! Hoffentlich ist den Frauen nichts geschehen!"

Frau Elisabeth trat weinend aus dem Haus.

Schnell wurden die Kühe in den Stall gebracht, dann versammelten sich alle um den Küchentisch.

Frau Elisabeth berichtete: „Ihr wart noch nicht lange weg, als die Männer in die Küche stürmten. 'Jetzt befehlen wir', schrieen sie. Sie stopften sich Brot und Wurst in die Taschen und durchwühlten alle Schränke. Meinen ganzen Schmuck und das Geld nahmen sie mit! Rolf, auch dein Akkordeon fanden sie! Einer der Männer sah das Bild meines Mannes in Uniform. 'Du Naziweib', schrie er, zerriß das Bild und schlug mich. Auch den Brotbeutel mit den letzten Andenken an meinen gefallenen Mann nahmen die Plünderer mit!"

„Wir müssen Wachen aufstellen! Aro muß von der Kette los", bestimmt der Holländer.

„Aro kennt Rolf noch nicht gut genug, er wird den Jungen beißen!"

„Lassen Sie mich mal machen! Rolf bringt Aro gleich seinen Futternapf und spricht mit dem Hund!"

So wurde es gemacht. Mit einem Besen schob Rolf den Napf auf den Hund zu. Zunächst knurrte der Hund böse. Rolf sprach mit ihm, und nach einer Weile nahm Aro auch sein Fressen an.

„Na, wer sagt's denn? Das klappt doch großartig!"

„Es ist aber besser, wenn Rolf im Haus ist, wenn wir Aro von der Kette lassen. Die beiden werden sicher schnell Freunde."

In der Nacht wechselten sich Opa, mit einer Axt bewaffnet, der Holländer und Rolf mit der Wache ab. Einige verdächtige Gestalten schlichen zwar um das Haus, aber Aros Knurren verscheuchte sie schnell.

Rolf war infolge der Kriegswirren auf diesem kleinen Hof gelandet. Er fühlte sich sehr wohl hier. Die Bäuerin – Elisabeth – redete Rolf gleich mit 'du' an, er gehörte mit zur Familie.

Zu nennen sind noch Opa und Oma, die Kinder Roselinde, Gretel, Veronika und Wilhelm. Dann war da noch Elfriede. Ein süßes Mädchen! Während des letzten Kriegsjahres machte sie auf diesem Hof ihr Landjahr. Nach dem Krieg blieb sie hier hängen. – Wo sollte sie auch hin? Der Vater war in Kriegsgefangenschaft. Die Mutter irgendwo bei Freunden untergeschlüpft, nachdem ihre Wohnung in Magdeburg durch Bomben vernichtet war.

Die beiden jungen Menschen verstanden sich gleich sehr gut. Wie sollte es auch anders sein? Elfriede war 19 Jahre – ein Jahr älter als Rolf – und verdrehte dem Jungen gewaltig den Kopf. Oft saßen die beiden nach Feierabend im Garten, der hinter der Scheune lag, auf einer Bank und unterhielten sich.

Der Mond schien, und ein lauer Wind raschelte durch die Blätter. Verstohlen fanden sich beider Hände. Elfriede legte ihren Kopf an Rolfs Schulter. Ach, wie schlug das Herz des Jungen; es wollte die Brust zersprengen! Zärtlich fanden sich zwei Lippenpaare.

Frau Elisabeth schmunzelte, wenn sich die beiden heimlich verliebte Blicke zuwarfen. Die Beteiligten glaubten, keiner erkennt den Zustand, in dem sie sich befinden. Dabei ist es beim besten Willen nicht zu übersehen. Ein Blick, ein scheues Streicheln, ein verstohlener Kuß. Es gibt viele Merkmale. – Ach, ist es herrlich, verliebt zu sein! Man vergißt alles um sich herum. Die Welt ist so schön!

Unauffällig richten die beiden Verliebten es so ein, daß sie gemeinsam auf dem Feld arbeiten können. Sie merken gar nicht, daß der Holländer mitunter eine Arbeit verrichtet, die beim besten Willen nicht wichtig ist.

Das Mädchen versucht, den Jungen zu verführen. Wie oft küssen und liebkosen sie einander! Dabei bleibt es aber. Eine unbekannte Angst legt sich um den Jungen. Wer kann das verstehen?

Rolf schläft auf dem Boden in einem dort aufgestellten Bett. Elfriede hat eine kleine Kammer. Oft könnte man nachts ein leises Weinen hören, wenn man die Ohren spitzt. Aber wer lauscht schon heimlich an der Kammertür eines jungen Mädchens? So bleibt die heimliche Sehnsucht eines jungen Mädchens in der kleinen Kammer verborgen. Die Tränen trocknen. Am anderen Morgen strahlen die Augen wieder wie zwei klare Sterne.

Eines Morgens, die Kühe sind gemolken und gefüttert, der Stall ausgemistet, neues Stroh geschüttet. Der Holländer hat die Schweine versorgt.

Die Familie sitzt in der Küche beim Frühstück. Am großen Tisch sitzen die Großeltern, Gretel, Frau Elisabeth – an der einen Stirnseite – Wilhelm, Veronika und Roselinde an der anderen Stirnseite des Tisches Elfriede. Das junge Mädchen kann von hier alle besser bedienen. Der Holländer und Rolf sitzen am Fenster an einem kleinen Tisch, mit Blick auf den Hof. Diese genaue Beschreibung der Tischordnung ist wichtig für die folgende Begebenheit.

Wir wollen der Ordnung halber sagen, daß die Namen der Akteure zum Teil verändert oder erfunden sein könnten. Auch die wörtliche Rede ist nicht historisch belegbar. Dies soll ja ein Roman sein. Die Handlung als solche ist echt.

Rolf sieht drei Männer mit roten Armbinden über den Hof gehen.
Sie sehen sich um. Von der Scheune bellt Aro.
„Wir bekommen Besuch", sagt Rolf, als auch schon die Küchentür aufgestoßen wird.
„Wo ist der Bauer?" brüllt einer der Männer.
„In Rußland gefallen", antwortet Frau Elisabeth.
„Daran hat er selber Schuld! Warum ist er auch Soldat geworden?"
Opa springt von seinem Stuhl auf: „Mein Sohn hat sein Leben geopfert, damit du Fettwanst jetzt große Sprüche klopfen kannst!"
„Werde nicht frech, Alter! Ich habe gegen die Nazis gekämpft und habe im KZ geschmachtet!"
Auch der Holländer ist aufgestanden: „Wenn du im KZ warst, mußt du einen guten Posten gehabt haben! Gutgenährt, wie du bist! Sicher hast du deine Kameraden denunziert! Ich war auch im KZ! Also spucke hier keine großen Töne!"
„Es weht jetzt ein anderer Wind! Alle Werte gehören dem Volk! Es gibt keine herrschende Klasse mehr!"
Mit Blick auf den Holländer und Rolf: „Warum sitzt Ihr nicht mit am Tisch des Bauern? Abhängige gibt es nicht mehr! Setzt euch rüber!"
Jetzt mischt sich Rolf ein, dem die ganze Geschichte wie ein Spuk vorkommt: „Wir beide sitzen hier sehr gut! Am anderen Tisch ist es zu eng, wenn wir uns auch daran zwingen. Hier haben wir gut Platz!"
„Ich befehle dir, dich sofort an den anderen Tisch zu setzen! Auch du gehörst ab jetzt zur Familie!"
„Ich bleibe hier sitzen! Den Grund sagte ich bereits. Zur Familie gehöre ich schon so lange, wie ich hier bin. Die Bäuerin hat mich vor den Amerikanern versteckt. Auch dieser Mann, wie er sagte, war er im KZ, gehört zur Familie! Wir praktizierten schon vor deinem Erscheinen den Sozialismus. Der Holländer klärte mich darüber auf."
„Ihr werdet noch von mir hören!"
Wütend stampfen die drei Männer vom Hof.
„Wenn wir nur keinen Ärger bekommen", ist die Bäuerin besorgt.
„Ich gehe gleich zum sowjetischen Kommandanten auf dem Fliegerhorst! Als ehemaliger KZ-Häftling werde ich angehört. Aber jetzt laßt uns weiter frühstücken! Den Appetit lassen wir uns nicht verderben!"

Der Holländer ging zum Fliegerhorst, die Kinder in die Schule. Die Bäuerin und die Oma machten die Hausarbeit und bereiteten das Mittagessen vor. Opa ging in den Garten. Elfriede und Rolf erledigten die Feldarbeit: Rüben verziehen.

Mittags kam der Holländer mit guter Nachricht zurück. Am nächsten Tag sollte in kurzen Abständen eine sowjetische Militärstreife den Hof für längere Zeit kontrollieren.

Es muß so gegen 4 Uhr sein, als Rolf wach wird. Warum, kann er nicht sagen. Ein unbestimmtes Gefühl.

Da, ein Geräusch! Holz splittert.

Aro beginnt wütend zu bellen.

Schnell in die Sachen und auf den Hof!

Der Holländer, der in einer Kammer der Scheune schläft, kommt gerade aus der Tür. „Die Schweine machen einen gewaltigen Lärm!"

„Da wollen welche ein Schwein klauen!"

„Hinterher! Ich nehme diesen Knüppel mit! Aro soll die Spur aufnehmen!"

„Die Burschen sind gefährlich! Wir müssen vorsichtig sein!"

Es stellte sich heraus, daß die Tür zum Auslauf der Schweine aufgebrochen war.

Aro nahm die Spur auf und lief den Dieben laut bellend hinterher.

Der Holländer humpelte so schnell er konnte. „Warte, Rolf! Alleine kannst du nichts erreichen! Die Burschen schlagen dich zusammen!"

Aro wartete ungeduldig auf die beiden.

Es ging über Gräben und Zäune.

Nach einer halben Stunde hörten sie, wie das Schwein aufquiekte.

„Jetzt haben die Banditen das Schwein abgestochen!"

Inzwischen hatte Aro die Diebe gestellt und verbellt sie.

Schwer atmend kamen die Verfolger um einen Knick herum.

Im Schein der aufgehenden Sonne sahen sie, wie drei Männer sich an dem gestohlenen Schwein zu schaffen machten. Durch den Hund wurden sie in der Arbeit gestört.

Wild den Knüppel schwingend, stürmte Rolf auf den am nächsten stehenden Dieb zu. Dieser hielt ein langes Schlachtermesser abwehrbereit auf den Jungen gerichtet.

„Aro, faß!"

Der Hund springt den Messerhelden an.

Dieser kann sich nicht halten und stürzt.

Inzwischen ist auch der Holländer herangekommen.

Mit Wucht schlägt er einem der Diebe seinen Krückstock um die Ohren.

Zwei der Diebe flüchten.

Aro steht zähnefletschend über dem am Boden Liegenden.

„Sieh an! Wen haben wir denn da? Unser Großmaul von gestern! So sieht es also aus, wenn alles dem Volke gehört! Jeder klaut sich, was er haben will!"

„Nehmt den verdammten Köter von mir! Der zerreißt mir noch die Kehle!"

„Das wäre noch nicht einmal das Schlechteste!"

„Was machen wir nun mit dem Kerl", fragt Rolf.

„Den bringen wir ins Dorf zur sowjetischen Kommandantur! Plündern ist verboten! Sollen die sich mit diesem Kerl herumschlagen! Das Schwein holen wir nachher ab."

Der Gefangene wurde abgeliefert.

Das Schwein kam auf den Hof und wurde bearbeitet.

Der Kommandant – ein junger Oberleutnant – beschlagnahmte einen Teil des Schweines. Jeder will halt leben. Den Rest durfte die Bäuerin behalten. Die zwei Kumpane des gefangenen Diebes wurden von einer sowjetischen Streife eingefangen.

Am Mittag dieses denkwürdigen Tages kam eine sowjetische Militärstreife auf den Hof gefahren. Ein junger Oberleutnant stellte sich vor.

„Ich heiße Gregor Koranowski und soll mich um Sie kümmern und für Ihre Sicherheit sorgen."

Die Überwachung klappte hervorragend.

Gregor Koranowski hatte Germanistik studiert.

Es entwickelt sich eine Freundschaft zwischen Rolf und dem sowjetischen Offizier. Lange Gespräche verkürzten die Zeit. Es waren wertvolle Gespräche. Der deutsche Junge hörte und lernte vieles über Rußland. So manches Glas Wodka wurde geleert.

Es gab aber auch unliebsame Genossen. Wer will das bezweifeln?

In jeder Armee gibt es schwarze Schafe.

Als der Oberleutnant an einem Abend in der Kaserne Dienst hatte, ließ sich ein Soldat vollaufen. In seinem umnebelten Geist redete er dummes Zeug, was noch zu entschuldigen war, und beleidigte Frau Elisabeth. Das ging entschieden zu weit.

Rolf wollte schlichten.

Das war wiederum verkehrt.

Der Soldat zog eine Pistole – eine deutsche 08 – und richtete sie auf den Jungen.

Die anderen Soldaten warnten ihren Kameraden.

Dieser hörte nicht und drückte Rolf den Lauf der Waffe fest auf die Brust.

Rolf nahm die Hand, welche die Waffe hielt, und zog kräftig in seine Richtung. Der Finger am Abzug krümmte sich. Alle waren wie erstarrt. Die Gesichter waren blaß. – Kein Schuß zerriß die Stille!

Ungläubig schaute der sowjetische Soldat auf die Waffe.

Rolf nahm die Pistole, sicherte sie und entfernte das Magazin und die im Patronenlager steckende Patrone. Dann gab er dem Unteroffizier der Streife die Waffe. Die Streife zog ab. Es muß gesagt werden, daß dieser Soldat nicht wieder gesehen wurde.

„Junge, daß du noch lebst, ist ein Wunder!"

„Schnelle Reaktion ist alles. Ein Wunder ist es nicht. Wenn der Lauf der 08 zurückgedrückt wird, ist das wie eine Sicherung. Der Schuß kann nicht brechen – sprich losgehen! Es lohnt sich doch, bei der Ausbildung aufzupassen!"

„Das war deine Lebensrettung!"

„Auf diesen Schrecken nehmen wir noch einen, und dann nichts wie ins Bett!"

Der Holländer sitzt mit Gregor Koranowski vor dem Haus auf der Bank, und beide trinken ihren abendlichen Wodka. Das Gespräch dreht sich um den Sinn oder Unsinn des Krieges und seine Folgen.

Rolf lauscht eine Weile, dann fragt er: „Herr Oberleutnant, darf..." – Weiter kommt er nicht.

„Verdammt, du sollst Gregor sagen! Verstanden?"

„Jawohl, Herr Oberleutnant!"

Ein warnender Blick.

„Gregor, darf ich mit deinem Motorrad fahren?"

„Natürlich! Aber nicht so weit! Ich habe kein Benzin mehr."

Der Junge bedankt sich, schwingt sich auf die Kiste und braust ab.

„Macht das Spaß, wenn der Fahrtwind um die Ohren saust! Eigentlich könnte ich schnell einmal nach Hause fahren. Es wird mich schon keiner schnappen", denkt Rolf.

Deutschen war es natürlich untersagt, Kraftfahrzeuge zu fahren.

Nach einem kurzen Besuch bei seiner Mutter – das Motorrad ließ er natürlich nicht aus den Augen – fuhr er wieder zum Hof zurück.

Es klappte auch alles bestens.

Bis auf eine Kleinigkeit, die große Folgen haben sollte.

Kurz vor dem Hof begann der Motor zu stottern. Kein Benzin mehr! Verdammter Mist! Was gibt es da noch zu sagen? Gregor mußte sein Motorrad zur Kaserne schieben. Fünf Tage Sonderdienst waren die Folge für sein Zuspätkommen.

Rolf hatte ein sehr schlechtes Gewissen. Aber Gregor war nicht nachtragend. Als Rolf sich entschuldigte, meinte er: „Deine Entschuldigung nehme ich an. An deiner Stelle hätte ich sicher auch nicht anders gehandelt. Wir bleiben Freunde. Aber ich bringe eine Nachricht für euren Holländer mit."

„Was für eine Nachricht?"

„Mach es nicht so spannend!"

„Ist es eine schlechte Nachricht?"

„Für den einen eine schlechte, für den anderen eine gute."

„Nun sag es schon!"

„Euer Freund, der Holländer, reist morgen in seine Heimat. Ich bringe ihn mit einem Wagen bis an die Zonengrenze. Dort wird er von den Amerikanern abgeholt und fährt von Uelzen mit der Bahn weiter."

„Das ist eine Nachricht, die mich traurig und glücklich macht. Habe ich doch hier liebe Freunde gefunden. Natürlich habe ich aber auch Sehnsucht nach meiner Frau und den Kindern."

„Wir werden dich sehr vermissen! Ich habe viel von dir gelernt und danke dir dafür", meint Rolf.

Es wird an diesem Abend noch viel geredet. Sparen wir uns die Einzelheiten. Ein Abschied ist immer schwer. Weiß man, ob man sich je wiedersieht? Schämen wir uns nicht der Tränen beim Abschied.

Es machte sich stark bemerkbar, daß der Holländer nicht mehr da war. An allen Ecken und Kanten fehlte er. Und das kurz vor der Erntezeit! Die Arbeit mußte aber gemacht werden.

Wilhelm, der Sohn der Bäuerin, wurde eingespannt, wo es nur möglich war. Mit den Kühen vor dem Pflug oder Wagen war keine einfache Sache. Schon gar nicht für einen Städter.

Man muß wissen, von der Hauptstraße ging ein Weg abschüssig bis in die Feldmark. Nach einigen Metern war rechts die Toreinfahrt. Danach ging es scharf links in die Scheune. – Diesen Weg fahren Sie einmal mit einem beladenen Heuwagen und zwei Kühen davor!

Gehen die Viecher auf der Straße auch so langsam als wollten sie jeden Moment einschlafen, kamen sie auf der abschüssigen Strecke ganz schön in Fahrt. Jetzt die Kurven richtig zu fahren war schon eine Kunst. – Halten Sie das Gespann bei diesem Tempo aber an! Mein lieber Mann, das war schon eine Leistung!

Sonst fuhr der Holländer, jetzt mußte es Rolf machen. Es klappte auch ganz gut, bis zu dem Tag, an dem ein kleines Bienchen einer Kuh einen kleinen Stich verpaßte. Leute, konnten die Kühe plötzlich laufen!

Um die Ecken bekam der Junge sein Gespann auch herum. Aber auf der anderen Seite des Scheunentors war eine Wand: Fachwerk, ausgefüllt mit Lehm und Flechtwerk. Die Kühe kamen noch durch. Der Wagen blieb im Fachwerk hängen. Was soll man sagen, den Kühen war nichts geschehen – also lachte man über dieses Mißgeschick.

Am nächsten Tag war Rolf den ganzen Tag auf dem Feld beschäftigt und kam erst spät am Abend zurück. Die Stallarbeit war bereits erledigt.

Frühmorgens ging es dann wieder mit frischen Kräften an die Arbeit. Rolf sollte anspannen. Er ging zum Kuhstall, ein vertrauter Weg.

„Halt, links in den Stall mußt du gehen!" ruft Opa lachend.

„Was soll der Blödsinn", denkt Rolf und öffnet die Stalltür.

Erstaunt bleibt er stehen. Im Stall stehen zwei herrliche Pferdchen!

„Damit du dich nicht weiter über die dummen Kühe ärgern mußt", schmunzelt Opa.

„Deine Anregung war richtig, auf einen Bauernhof gehören Pferde! Vater hatte sich umgesehen und die Tiere gestern geholt. Es sollte eine Überraschung für dich sein", freute sich die Bäuerin.

„Wie heißen die beiden netten Kerle?"

„Max und Moritz!"

„Hoffentlich benehmen sie sich nicht so wie ihre Namensvettern!"

Stolz spannte Rolf die Pferde vor den Wagen und fuhr auf's Feld.

War das eine Freude!

Inzwischen war die Erntezeit herangekommen. Der Hafer mußte gemäht werden. Große Mähmaschinen gab es noch nicht. Auch mußten die Garben mit der Hand gebunden werden.

Auf diesem Feld standen prächtige, große Disteln. Die Sonne brannte vom Himmel. Die Männer – Hilfskräfte aus dem Dorf waren angerückt – arbeiteten mit freiem Oberkörper. Man soll nicht glauben, wie schnell die Haut von den Stacheln zerschunden wird! Es brannte höllisch!

Rolf hatte – wir wissen es schon – Heuschnupfen. Nur Leidensgenossen wissen, was das bedeutet. Es war eine Qual! Aber, was soll's, die Arbeit mußte erledigt werden. Die kurzen Feierabendstunden entschädigten bei netten und lustigen Gesprächen von der Anstrengung.

Oberleutnant Gregor Koranowski erzählte oft von seiner Heimat am Don. Das Dorf, in dem Gregor aufwuchs, lag südlich von Woronesch, wo der Don, von Norden kommend, einen spitzen Winkel nach Westen bildet und dann fünfzig Kilometer einen Bogen nach Osten schlägt, bevor er dann weiter zum Süden fließt bis in das Asowsche Meer.

„Ich hatte eine schöne Jugend. Mein Vater war Bürgermeister. Meine Eltern waren liebe Menschen. Wie oft saßen wir Jungen am großen Strom und angelten! Wir bauten uns Flöße aus Schilf und trieben ein Stück den Strom abwärts. Das war sehr gefährlich. Man konnte mit der Strömung in die Flußmitte gerissen werden. Dann kam man ohne fremde Hilfe nicht wieder an das Ufer. Später hatte ich ein Mädchen. Tanja heißt sie, hat herrliches blondes Haar und tiefblaue Augen. Ach, war es herrlich, mit ihr im Schilf zu liegen! Der Wind erzählte von der Weite Rußlands. Man konnte träumen und lieben!"

Gregors Augen glänzten bei dieser Schilderung.

„Was ist aus deinen Eltern und Tanja geworden", wollte Rolf wissen.

„Mein Vater wurde Soldat und ist gefallen. Mutter wohnt noch in unserem Häuschen. Von Tanja habe ich lange keine Post erhalten."

„Liebt Ihr euch noch", fragt Elfriede mit strahlenden Augen.

„Ja, wir lieben uns noch. Kurz vor Kriegsausbruch kam ich nach Kiew, der Hauptstadt der Ukraine, zur Militärakademie. Nach meiner Ausbildung kämpfte ich an vielen Frontabschnitten. Auch am Donbogen um Stalingrad."

„Dann bist du sicher nicht gut auf uns Deutsche zu sprechen?"

„Ach Rolf, ein Krieg ist immer schrecklich. Für alle Beteiligten. Sicher habe ich euch sehr gehaßt. Aber das ist nicht mehr. Ich habe euch kennengelernt. Unsere Kommissare haben uns nur Böses über euch erzählt und ein Feindbild aufgebaut. Jetzt kenne ich euch besser."

„Dann haßt du uns nicht mehr?"

„Nein, ich glaube, wir sind gute Freunde geworden."

„Du, Rolf, hast mir viel über Deutschland erzählt, was ich nicht wußte."

„Es ist schön, daß wir Freunde geworden sind. Grüße im nächsten Brief deine Tanja von uns!"

„Das werde ich gerne machen."

Aus Feinden wurden auf diesem kleinen Bauernhof Freunde.

Eine Woche, nachdem der Holländer abgereist war, kam eine Kolonne deutscher Kriegsgefangener von der Stadt. Auf der Straße vor dem Hof wurde eine Rast eingelegt. An der Pumpe auf dem Hof konnten die Soldaten Wasser trinken. Das geschah natürlich unter Aufsicht sowjetischer Wachsoldaten.

Ein junger Soldat setzte sich etwas abseits unter einen Baum und pflegte seinen geschwollenen Fuß.

„Na, Kamerad, die Füße wollen auch nicht mehr, was?" fragte Rolf.

„Ich habe mir Blasen gelaufen. Aber meinen Kameraden geht es nicht besser. Wir waren bei einer motorisierten Einheit und sind das Laufen nicht so gewöhnt wie die Infanterie."

Ein anderer Soldat setzt sich zu den beiden.

„Erich wollte sich noch schnell mit den Amis in den Westen absetzen. Leider hat es nicht geklappt. Jetzt muß er, wie wir anderen, in ein Lager bei Magdeburg."

„Ihr wollt doch nicht die ganze Strecke zu Fuß laufen?"

„Wer weiß, beim Iwan ist alles möglich!"

„Warum wolltest du denn unbedingt in den Westen?"

„Ich wohne in Lüneburg. Vom Ami habe ich es leichter, in meine Heimatstadt entlassen zu werden."

„Junge, kannst du Erich hier verstecken? Wenn wir weg sind, kann er sich vielleicht durchschlagen!"

„Fällt es nicht auf, wenn ein Soldat fehlt?"

„Die nächste Zählung ist bestimmt erst heute abend, und dann weiß keiner mehr, wo Erich abhanden gekommen ist."

„Mal überlegen! Auf der Rückseite des Hauses ist eine Bodenluke. Wenn wir Erich hinausheben, kann er sich dort verstecken."

„Und wenn der Iwan das Haus durchsucht?"

„Der wird schnell wieder verschwinden. Auf dieser Seite des Hauses wohnt eine alte Frau. In ihrer Stube laufen Hühner und Enten herum. Die Tierchen sitzen auf Tisch und Schränken."

„Das muß ja fürchterlich stinken!"

„Das kannst du laut sagen. Die Bäuerin macht zwar jede Woche einmal sauber, aber das hilft nicht viel."

„Verschwinden wir heimlich um die Ecke! Der Posten dreht sich gerade eine Zigarette." – „Los, komm!"

Mit vereinten Kräften wird Erich in die Bodenluke gehoben.

Als Rolf und der Soldat hinter dem Haus hervortreten, bereitet sich die Kolonne gerade zum Abmarsch vor. Der eine Posten schaute mißtrauisch herüber.

Umständlich knöpfte sich der deutsche Soldat seine Hose zu. „Ich war pinkeln", sagte er.

Ganz geheuer kam es dem Posten nicht vor.

Ein Blick um die Hausecke. – Nichts!

Vielleicht hat sich einer im Haus versteckt?

Die Tür wird aufgerissen, der Posten geht in die Wohnung.

Fluchend kommt er wieder heraus.

„Na, sagte ich es nicht? Da hält es keiner aus!"

„Mach's gut, Kamerad!"

„Mach's besser, Kamerad!"

Die Abteilung zieht weiter.

Ein schöner Sommerabend. Die ganze Familie sitzt im Garten um einen Tisch gruppiert. Frau Elisabeth reicht selbstgemachten Obstsaft. Elfriede besucht eine Freundin im nahen Dorf.

Rolf tollt mit Aro herum. Es ist eine Freude, dieses friedliche Bild zu sehen! Der Junge hat sich schnell mit dem Hund angefreundet. Beherzt greift er dem starken Hund mit einer Hand in das Maul, mit der anderen Hand ergreift er ein Bein und wirft den Hund mit einem Schwung auf den Rücken. Knurrend erhebt sich Aro, sieht Rolf an und springt den Jungen an. Die Vorderpfoten stoßen gegen Rolfs Schulter. Der Aufprall wirft ihn um. Breitbeinig steht der große Hund über dem Jungen. Die Zunge hängt aus dem Maul heraus. Der Atem streift Rolfs Gesicht, und er hat die kräftigen Zähne dicht vor Augen. Die Bäuerin muß den Hund von dem Jungen herunterziehen. Es war schon ein spannender Kampf; danach waren beide Kämpfer aber wieder Freunde.

Inzwischen ist es dunkel geworden. Die Sterne funkeln, und der Mond lacht durch die Zweige der Obstbäume auf die fröhlichen Menschen.

„Jetzt wird es aber Zeit, ins Bett zu gehen! Morgen ist wieder ein harter Tag", beendet die Bäuerin diesen Abend.

„Elfriede ist noch nicht zurück", stellt Opa fest.

„Sonderbar, sonst ist das Mädchen immer pünktlich!"

„Ich mache mir Sorgen! Rolf, gehe zum Dorf und hole Elfriede ab", bestimmt Frau Elisabeth.

Froh gelaunt macht sich der Junge auf den Weg.

Die Straße führt etwa einen Kilometer in Richtung Stadt. Dann zweigt eine Straße nach rechts ab. Ein schmaler Feldweg führt durch ein Kartoffelfeld zum Bahndamm und daran entlang zum Bahnhof. Die Straße ist gut einzusehen. Der Mond taucht alles in ein silbernes Licht.

Von dem Mädchen ist nichts zu sehen.

„Da, was ist das?"

Ein unterdrücktes Stöhnen.

„Au, du verdammtes Biest hast mich gebissen!"

„Hilfe!"

Der Schrei verstummt.

Eine schwere Hand legt sich auf den Mund des Mädchens.

Mit kurzen Sprüngen überwindet Rolf den Bahndamm.

Er sieht einen Schatten und hechtet darauf zu.

Durch den Aufprall wird der Junge, der über dem Mädel kniet, zur Seite geschleudert. Nach kurzem Kampf gibt der Bursche aus dem Dorf auf und macht, daß er wegkommt.

„Elfriede, ist dir etwas passiert?"

Jetzt kommen dem Mädchen die Tränen. „Der Junge, ich kenne ihn flüchtig, wollte mich bis zur Hauptstraße bringen. Plötzlich zog er mich am Bahndamm entlang und warf mich auf den Boden! Ich wollte schreien, aber er hielt mir den Mund zu!"

„Als du nicht nach Hause kamst, schickte mich Frau Elisabeth los, um dich abzuholen."

„Du kamst gerade richtig! Lange hätte ich mich nicht mehr wehren können!"

„Jetzt ist ja alles wieder gut! Ich hatte schreckliche Angst um dich!"

„Warum?"

„Ich hab dich doch lieb!"

„Das hast du noch nie gesagt. Sag es noch einmal!"

„Ich traue mich nicht."

Inzwischen sind beide aufgestanden und stehen dicht aneinander gelehnt im hellen Mondenschein.

„Ich möchte es aber noch einmal hören!"

„Laß mir etwas Zeit! Am Sonntagabend, wenn ich aus der Stadt zurück bin, sage ich es dir."

„Ach Rolf, wäre es doch schon Sonntag!"

Das Schicksal geht seltsame Wege.

„Erstens kommt es anders, zweitens, als man denkt", wußte schon Wilhelm Busch zu berichten. Ist es aber gut, vorher schon zu wissen, wie das Leben weitergeht? Man könnte sich darauf einstellen. Viel Kummer könnte man sich ersparen. Aber das Leben schreibt unseren Weg vor. Wir können es nicht ändern – und das ist gut so. Auch unser junger Freund wird noch viel Unangenehmes erfahren.

In der Erntezeit wird natürlich auf dem Lande auch am Sonnabend gearbeitet. Nach dem Abendessen macht sich Rolf auf den Weg zur Stadt.
Er will gerade in die Neutorstraße einbiegen, als er Anneliese sieht.
„Hallo, Anneliese, wie geht es dir?"
„Daß du mich noch erkennst, wundert mich! Über ein halbes Jahr haben wir uns nicht gesehen!"
„Als ich im April von der Wehrmacht zurückkam, war mein erster Weg zu dir. Eine amerikanische Streife hätte mich beinahe vor deiner Haustür erwischt. Jetzt arbeite ich bei einem Bauern."
„Du warst inzwischen doch schon öfter in der Stadt und hast mich auch nicht getroffen! Hast du eine Freundin?"
„Aber Anneliese, das glaubst du doch nicht im Ernst!"
„Wolfgang hat dich mit einem Mädchen gesehen."
„Das war sicher Elfriede, die Magd auf dem Hof, auf dem ich arbeite."
„Hast du jetzt etwas Zeit für mich?"
„Aber sicher! Ich will nur schnell Mutter begrüßen. Komm doch gleich mit! Wir bummeln dann noch etwas durch den Park!"
Rolfs Mutter wechselt einige Worte mit dem jungen Mädchen, dann gehen die beiden Hand in Hand durch den Park. Rolf muß über seine Zeit im RAD und die Erlebnisse bei der Wehrmacht berichten.
„Da hast du aber viel erlebt! Ich bin froh, daß du gesund zurückgekommen bist!"
„Wie ist es dir denn ergangen?"
„Ach, es war schwer, nach dem Krieg einen neuen Anfang zu finden! Das Geschäft meiner Tante mußte praktisch wieder aufgebaut werden. Ich helfe ihr dabei. Mein Onkel ist gefallen."
„Da ist es nicht leicht für euch. Es tut mir leid mit deinem Onkel!"
„Wie hast du dir die Zukunft gedacht?"
„Ich will versuchen, so schnell wie möglich in der Stadt Arbeit zu finden."
„Mit dem anderen Mädchen ist es wirklich keine Freundschaft?"
„Elfriede ist ein liebes Mädel, und ich mag sie sehr gerne. Mit dir ist es aber etwas anderes!"
„Du bist irgendwie verändert!"
„Wie meinst du das?"
„Ich kann es nicht beschreiben. Es ist mehr ein Gefühl."
„Was soll ich darauf antworten? Ich bin so wie immer!"
„Es ist spät geworden. Bringst du mich nach Hause? Meine Eltern warten sicher schon."
„Natürlich, das habe ich doch immer gemacht!"

An dieser Stelle sollte gesagt werden, daß Anneliese und Rolf eine tiefe Freundschaft verbindet.

Inzwischen haben sie das kleine Elternhaus – im Schatten der Lorenzkirche – erreicht. Eine verstohlene, schüchterne Umarmung, ein mehr gehauchter Kuß.

„Gute Nacht, Rolf!"

„Schlaf schön, Anneliese! Morgen hole ich dich nach dem Mittagessen ab. Wir haben noch viel zu erzählen."

Ein kurzes Winken. Die Haustür schließt sich hinter dem Mädchen.

Man kann nicht sehen, daß sich das Mädel an die Tür lehnt und den sich entfernenden Schritten lauscht. Tränen kullern über ihre heißen Wangen. Tränen des Glücks.

„Das wurde aber Zeit! Ich dachte schon, Ihr wolltet hier draußen übernachten." Eine Stimme schreckt Rolf aus seinen Gedanken. Hier Anneliese – dort Elfriede. Eine saublöde Situation.

Rolf hat ein schlechtes Gewissen.

„Mann, Leo, hast du mich erschreckt! Was treibt dich in finsterer Nacht auf meine Spur?"

„Deine Mutter gab mir den Rat, hier auf dich zu warten."

„Jetzt habe ich aber keine Lust zu einem Palaver. Was willst du mit den Klamotten, sprich?"

„Verduften, verstehst du mich?"

„Nee, kein Wort."

„Alle ehemaligen Soldaten müssen sich melden. Das bedeutete Gefangenschaft."

„Verdammt! Es weiß doch keiner, daß wir Soldaten waren!"

„Denkste! Ein so 'n Scheißer hat uns verpfiffen."

„Und was machen wir jetzt?"

„Ab in den Westen! Der Ami hatte dieses Gebiet besetzt, also holen wir uns dort den Entlassungsschein! In Munster wohnt ein Onkel von mir, der wird uns behilflich sein. Beziehungen hat er. Deine Mutter packt schon deine Sachen."

„Ich bin morgen aber mit Anneliese verabredet!"

„Deine Verabredung mußt du verschieben. Komm, es wird Zeit, sonst schnappt uns noch eine sowjetische Streife!"

Nach einem langen Fußmarsch – sechs Stunden sind sie unterwegs – erreichen sie die Grenze. Durch einen Wald pirschen die beiden Jungen sich zwischen den sowjetischen Posten vorbei. Gelernt ist gelernt! In Wittingen melden sie sich erst einmal in einem Auffanglager für 'Wanderer zwischen den Welten'. – Wie wird es weitergehen? Welche Abenteuer warten auf unseren Freund?

Natürlich haben beide Jungen ihre Wehrmachtsuniform an, die so lange im Schrank versteckt hing. Wer einen Entlassungsschein haben will, muß eben den Dienstweg beschreiten. Vorschriften gibt es in jedem Staat und jeder Armee.

In Wittingen bleiben sie nur eine Nacht. Auf dem Fußboden einer Baracke war Stroh ausgestreut. Hier machte man es sich gemütlich. Man kam mit dem Nachbarn ins Gespräch und hörte so viele Schicksale.

Neben Rolf lag ein junges Mädchen. Manuela hieß sie. Blutjung, 16 Jahre und alleine. Vater und Mutter kamen bei einem Bombenangriff ums Leben. Der Vater war gerade nach zwei Jahren an der Front nach einer Verwundung auf Genesungsurlaub.

Manuela suchte Verwandte in Bremen. Sie zeigte Rolf ein Bild ihres 18jährigen Bruders, der in Gefangenschaft sein sollte. Wo, wer weiß es? Das junge Mädchen sollte noch etwa eine Woche im Lager bleiben. Bis dahin hoffte die Lagerleitung auf eine Nachricht aus Bremen.

Nach einer Nacht mit langen Gesprächen und wenig Schlaf fuhren Rolf und Leo nach Munster. Leos Onkel konnte wirklich helfen.

Zunächst kamen die beiden Freunde in das Gefangenenlager. Ordnung muß sein! Über die Unterbringung in den Baracken und die Verpflegung schweigen wir. Es ist auch nicht so wichtig. Nach einem verlorenen Krieg lebt keiner im Überfluß.

Unsere Freunde besichtigten erst einmal das Lager.

Überall englische Streifen – zwei bis drei Mann –, Gewehr im Anschlag, in Hüfthöhe haltend.

„Mensch, müssen die einen Bammel vor uns haben! Dabei kippen wir bald vor Kohldampf aus den Pantinen!"

„Mehr als zwei Mann von uns dürfen auch nicht zusammen sein, außer in der Baracke."

Plötzlich bleibt Rolf stehen. „Leo, kennst du den Jungen?"

„Nee, nie gesehen."

„Der Knabe kommt mir bekannt vor!"

„Blödsinn! Wo willst du den gesehen haben?"

„Keine Ahnung. Laß mich überlegen! Das Gesicht habe ich schon einmal gesehen!"

„Spinner, komm weiter!"

„Ich quatsch ihn an, dann werden wir sehen!"

„Hallo Kumpel, schon lange hier?"

„Ja, ich kann keine Adresse angeben. Meine Eltern sind bei einem Bombenangriff umgekommen. Die Wohnung ist ein Trümmerhaufen."

„Was willst du denn jetzt machen?"

„In Bremen habe ich Verwandte. Die Verwaltung hat zum Einwohnermeldeamt in Bremen geschrieben. Ich warte auf Antwort."

„Mensch, Junge, hast du eine Schwester, die Manuela heißt?"

„Ja, kennst du sie? Ich habe schon lange keine Nachricht von ihr."
„So ein Zufall! Leo, jetzt weiß ich, woher ich den Burschen kenne!"
„Woher willst du mich kennen? Wir haben uns noch nie gesehen!"
„Aber ein Bild habe ich von dir gesehen. Mit deiner Schwester habe ich mich eine Nacht lang unterhalten."
„Wo ist sie, und wie geht es ihr?"
„Ein reizendes Mädel! Es geht ihr gesundheitlich gut. Sie wartet in Wittingen auf eine Nachricht aus Bremen."
„Ich muß sie unbedingt sehen! Heute Nacht haue ich von hier ab! Helft Ihr mir?"
„Junge, du hast einen Knall! Die Kameraden von der anderen Feldpostnummer knallen dich glatt ab", mischt sich Leo in das Gespräch.
„Das drehen wir anders! Mein Onkel hat bekannterweise Beziehungen. Kommt, wir gehen zur Kommandantur! Oberleutnant Irwing muß dir helfen!"
Vor der Verwaltungsbaracke werden sie angehalten. Zwei Wachposten halten den Jungen ihre Gewehre unter die Nase.
„Das ist aber kein freundlicher Empfang", mault Rolf.
„Kann einer englisch?"
„Warum lernen die Heinis nicht deutsch, wenn sie sich schon als Sieger aufspielen?"
„Kann ich den Herren behilflich sein? Ich bin der englischen Sprache mächtig."
„Das ist ja mächtig prächtig", freut sich Rolf.
Ein älterer Feldwebel der Infanterie hat sich zu den drei jungen Soldaten gesellt. „Ich freue mich, der Luftwaffe zu helfen!"
„Besten Dank! Dann ist die Infanterie doch zu etwas nützlich!"
„Typisch Luftwaffe: Immer eine große Klappe!"
Die beiden Posten hatten inzwischen Verstärkung erhalten. Fünf Mann mit Gewehr standen bereit, einen Angriff abzuwehren.
Rolf schildert dem Feldwebel ihre Lage.
„Laß Vattern mal machen!"
Reden wir nicht lange. Oberleutnant Irwing wurde verständigt, eine Verbindung mit dem Lager in Wittingen aufgenommen. Nach drei Tagen kam die Bestätigung aus Bremen. Die Entlassungspapiere wurden ausgestellt.

Am Lagertor verabschiedet sich der junge, entlassene Soldat. Der Schlagbaum öffnet sich. Ein Mädchen kommt angerannt. Die Geschwister fallen sich glücklich in die Arme.
Mit Tränen der Freude in den Augen sehen sie sich nach Rolf und Leo um. Ein kurzes Winken, dann entschwinden sie den Blicken unserer Freunde. Oberleutnant Irwing bringt die Geschwister im Wagen zum Bahnhof.

Auch Rolf und Leo bleiben nicht im Gefangenenlager. Sie werden in das Lager der Dienstgruppe verlegt. Das ist ein Zwischending zwischen Gefangenschaft und halbmilitärischer Einheit.

Die Freunde erhalten eine Art Uniform und werden in einer Baracke untergebracht. In diesem Lager werden sie mit anderen ehemaligen Soldaten beim Bau von Nissenhütten und Kraftfahrzeughallen eingesetzt.

Es gibt Stadturlaub. Die Verpflegung ist auch recht ordentlich.

Leo ist viel unterwegs, von einer Stube zur anderen.

„Die Kameraden basteln schöne Sachen. Einer formt Hüte in eine ansprechende Fasson, ein anderer stellt aus Münzen Fingerringe her."

„Unsere Mützen haben auch eine unmögliche Form! Wir sehen uns an, wie es gemacht wird, dann können wir es auch!"

„Die sind stur und lassen sich nicht in die Karten sehen! Diese Arbeit ist ihr Nebenverdienst."

Die beiden gehen in die Nachbarstube, wo die „Künstler" wohnen.

„Was wollt Ihr Küken hier? Habt Ihr einen Auftrag?"

„Nee, Ringe können wir uns selber machen! In meiner Lehre machten wir sie aus Nirostastahl."

„Willst du damit sagen, daß du auch mit Material und Zange umgehen kannst?"

„Wir haben viele Kunstschmiedearbeiten wie Kerzenleuchter, Brieföffner oder andere Sachen angefertigt."

„Den Kleinen können wir gebrauchen! Das weitet das Geschäft etwas aus. Aber wo bekommen wir Material her?"

„Das besorge ich! Hauptsache, wir werden am Geschäft beteiligt", ist Leo geschäftstüchtig.

„Na klar!"

So wurden Rolf und Leo Geschäftspartner der beiden älteren Soldaten.

Es wurde viel gearbeitet und erzählt. Nach Feierabend natürlich.

„Hier gibt es wenigstens besseres Essen als im Gefangenenlager!"

„Pro Mahlzeit drei Kekse und zum Mittag eine Wassersuppe!"

„Neben dem Lager war ein Kartoffelacker. Leo und ich haben uns ein Loch unter den Zaun gegraben und uns im Dunkeln in das Feld geschlichen."

„Gab es denn keine Wachen?"

„Natürlich! Auch Scheinwerfer, die immer über die Felder huschten mit ihren Lichtfingern. Einer von uns paßte auf, der andere sammelte die Kartoffeln ein. Ein paarmal zischte eine Maschinengewehrsalve über uns hinweg. Ob die was gesehen haben oder nur Spaß am Schießen hatten? Wer weiß es? Aber so haben wir die schmale Kost etwas aufgebessert. – Bis das Loch entdeckt wurde."

„Hat man euch erwischt?"

„Beinahe! Die Tommies standen auf der anderen Seite des Zaunes. Wir wollten uns gerade anschleichen, als sich einer der Posten eine Zigarette anzündete. Da waren wir gewarnt."

„Glück muß der Mensch haben!"

Die Zeit vergeht schnell.

Leo hat in der Stadt eine Freundin gefunden.

Nette Abende verbringen die Freunde bei Leos Onkel, dessen junge Frau bildhübsch ist und in die Rolf sich verliebt hat. Sagen wir es gleich: Die Liebe war einseitig. Zwar spielte die junge Frau etwas mit, aber die Grenzen wurden genau gezogen.

Im November erhielten die Freunde ihre Entlassungspapiere.

Eigentlich sollten sie ja noch ein halbes Jahr in der Dienstgruppe arbeiten. Aber eines Abends, die Freunde waren bei den Eltern von Leos Freundin eingeladen, sagte Leo: „Rolf, wir setzen uns ab! Du übernachtest heute hier! Ich hole unsere Klamotten, und morgen fahren wir nach Lübeck!"

„Was soll ich in Lübeck?"

„Meine Freundin hat durch ihren Vater in Lübeck eine Arbeitsstelle gefunden. Wir werden auch schon etwas finden!"

„Die Sache gefällt mir aber nicht!"

„Stell dich nicht so an! Es wird schon klappen! Ich mache mich auf den Weg. Du bleibst hier!" Weg war Leo.

Was soll man dazu sagen?

Leo kam ohne Klamotten wieder. Viele Reichtümer hatten sich auch nicht angesammelt. Schade war es um die Uniform. Sie war aus gutem Stoff. Man hätte etwas daraus machen können. So blieb nur ein Zivilanzug, den sie sich von ihrem Nebenverdienst gekauft hatten.

Beim Frühstück wurde der Plan noch einmal durchgesprochen.

„Die Sache ist mir zu unsicher! Leo, gib mir deine Adresse von Lübeck, vielleicht tauche ich eines Tages bei dir auf!"

„Was willst du denn machen? Wieder ins Lager zurück? Da könntest du Ärger bekommen!"

„Nee, ich gehe über die Grenze und suche mir zu Hause eine Arbeit."

Leo entschwand mit seiner Freundin nach Lübeck. Rolf fuhr bis Wittingen mit der Bahn und schlich sich im Dunkel der Nacht über die Grenze. Den Weg kannte er ja. Vom nächsten Bahnhof fuhr er mit dem Zug in seine Heimatstadt.

Beim Schlossermeister Haase fand er schnell Arbeit. Die Werkstatt befand sich hinter der Berufsschule in einem Anbau der Turnhalle. Ein Schlager war der Bau von kleinen Herden.

Erinnern wir uns an Rolfs Freundin Anneliese. Eine Aussprache war nicht mehr hinauszuschieben. An einem Abend im Dezember traf er Annelieses Tante und bat sie, eine Nachricht zu übermitteln.

Rolf wurde zum Kaffee am Sonntag, es war der dritte Advent, eingeladen. So leicht wurde es dem Jungen aber nicht gemacht.

In der Burgstraße traf er Wolfgang, einen Freund aus der Lehrzeit.

„Gut, daß ich dich treffe", spricht er Rolf an. „Gehen wir etwas in den Burggarten und setzen uns auf eine Bank! Da redet es sich gemütlicher als hier auf der Straße."

„Was haben wir uns schon Wichtiges zu sagen?"

„Anneliese ist ein liebes Mädchen."

„Halt! Über Anneliese brauchen wir nicht zu reden! Das erledige ich mit dem Mädel schon selber!"

„Es war gemein von dir, sie so lange sitzenzulassen. Einfach abhauen, ohne ein Wort zu sagen!"

„Irrtum! So einfach abgehauen bin ich nicht! Bis vor ein paar Tagen war ich in Gefangenschaft in Munster! Mutter hatte mit Anneliese gesprochen!"

„Trotzdem bist du gemein! Ein anderes Mädchen hast du auch! Ich habe euch gesehen."

„Auch dieses Thema geht dich nichts an!"

„Wieso bist du so plötzlich verschwunden?"

„Ein lieber Freund hatte mich als Soldat bei der sowjetischen Kommandantur gemeldet. Aber ein Vögelchen hat es mir frühzeitig gezwitschert. Jetzt habe ich einen gültigen Entlassungsschein."

„Da hast du aber Glück gehabt! Viele ehemalige Freunde von dir sitzen im GPU-Keller (sowjetischer Geheimdienst)."

„Hättest dich wohl gefreut, wenn ich auch dort gelandet wäre!"

„So etwas traust du mir zu?"

„Bei Anneliese hast du mich ja auch verpfiffen."

„Das ist etwas anderes! Ich mag Anneliese. Sie sollte meine Freundin werden!"

„Ach, so ist das! Eifersüchtig! Ist Anneliese jetzt deine Freundin?"

„Nein, sie hängt an dir. Aber ich glaube, du bist nicht der richtige Mann für Anneliese."

„Wie kommst du auf diese Idee? Ich mag sie sehr gern!"

„Gerne haben ist nicht genug. Ich bitte dich: Gib das Mädchen frei! Das sage ich als Freund."

„Damit du dich an das Mädel heranmachen kannst? Ich denke nicht daran!"

„Überlege es dir! Ich habe keine Absichten. Aber Dieter liebt Anneliese und möchte sie später heiraten. Bei dir liegt die Entscheidung. Zum Spielen ist Anneliese zu schade. Dieter geht zur Polizeischule und hat gute Aufstiegsmöglichkeiten."

„Mir schiebst du den Schwarzen Peter zu? Warum kann Anneliese nicht selber entscheiden, wen sie haben will?"

„Die Erinnerung an die Zeit mit dir sitzt zu tief. Immerhin warst oder bist du ihre erste Liebe! So etwas vergißt kein Mädel."

„Das wird aber eine schwere Entscheidung!"

„Willst du sie heiraten?"

„Nein, dazu bin ich noch zu jung. Daran habe ich auch noch nicht gedacht."

„Das solltest du aber! Denke an Anneliese Zukunft!"

„Verdammt, du kannst einem aber zusetzen! Ich treffe mich morgen mit Anneliese. Wir werden eine Lösung finden. In Freundschaft."

„Du bist doch ein Pfundskerl!"

„Davon habe ich auch nichts. Hauptsache, Anneliese wird glücklich!"

„Gute Nacht, Rolf!"

„Gute Nacht, Wolfgang! Aber so gut wird sie für mich bestimmt nicht werden."

Es wurde wirklich keine angenehme Nacht.

Rolf grübelte über seine Situation nach. Er hatte sich nicht gut dem Mädel gegenüber benommen. Sicher, er mochte Anneliese sehr gern, und der Gedanke, sie aufzugeben, war fast unvorstellbar. Es gab viele schöne Erinnerungen. Aber Wolfgang hatte recht: Er hatte nicht die Absicht, das Mädel zu heiraten. Wer denkt schon an eine feste Bindung im Alter von 17 Jahren? Rolf durfte Annelieses Zukunft nicht verbauen! Es war nicht einfach, eine Entscheidung zu treffen.

Unausgeschlafen erschien der Junge zum Frühstück. Seine Mutter brauchte nicht erst zu fragen, sie wußte Bescheid.

Dann kam der gefürchtete Augenblick. Mit schlechtem Gewissen und klopfendem Herzen klingelte Rolf an der Wohnungstür.

„Komm herein Rolf, wir warten schon auf sich", begrüßte ihn Frau Müller.

Anneliese und Rolf begrüßten sich sehr beklommen.

Auch beim Kaffeetrinken — natürlich kein Bohnenkaffee, wer hatte den schon, sondern Muckefuck — herrschte eine gedrückte Stimmung. Keiner wußte so richtig etwas zu sagen, bis Annelieses Tante den Tisch abräumte und sagte: „Ich beschäftige mich jetzt in der Küche. Sicher habt Ihr euch einiges zu berichten."

Jetzt kam die Stunde der Entscheidung.

Rolf hatte einen gewaltigen Bammel. „Entschuldige, daß ich dir Kummer bereitet habe!"

„Rolf, so einfach ist das nicht! Ich möchte alles genau wissen. Stimmt es, daß du eine neue Freundin hast?"

„Du meinst Elfriede. Es war eine Kameradschaft. Du weißt, ich habe auf einem Bauernhof gearbeitet. Elfriede ist ein liebes Mädel, und ich habe sie, genau wie dich, ohne Abschied verlassen."

„Warum hast du so etwas nur getan? Sicher wird sie auch auf dich gewartet haben!"

„Meine Mutter sagte mir, daß Elfriede Nachricht von ihrer Familie erhalten hat. Sie ist nicht mehr auf dem Hof."

„Wirst du ihr schreiben?"

„Ich habe keine Adresse. Vielleicht ergibt es sich eines Tages. Aber wer weiß, was aus Elfriede wird. Sicherlich hat sie mich schon vergessen."

„Das glaube ich nicht. Ich werde dich auch nicht vergessen! Aber erzähle mir erst einmal, wie es dir ergangen ist!"

Rolf berichtete von seiner Gefangenschaft und dem Gespräch mit Wolfgang.

„Dann habe ich doch richtig gehandelt, als ich zu dir gehalten habe, als deine Freunde sagten, du wolltest nichts mehr von mir wissen!"

„Ich habe dich noch immer lieb! Anneliese, stimmt es, daß Dieter dich später heiraten will?"

„Er hat es mir gesagt. Ich möchte dich aber nicht verlieren! Rolf, ich liebe dich doch!"

„Anneliese, ich bin zu jung zum Heiraten und nicht gut genug für dich. Wie ich hörte, ist Dieter auf der Polizeischule. Er kann dir eine gesicherte Zukunft bieten. Auch wenn es mir schwerfällt, Anneliese, ich gebe dich frei! Laß uns aber Freunde bleiben!"

„Ach, Rolf, es ist so schrecklich schwer, die richtige Entscheidung zu treffen!"

„Anneliese, es war eine sehr schöne Zeit mit dir, ich werde sie nie in meinem Leben vergessen! Werde du glücklich, das wünsche ich dir von ganzem Herzen!"

Muß man den Abschied schildern? – Lassen wir es!

Aber sagen wir es gleich; man sollte es wissen: Zwei Jahre bestand eine feine Kameradschaft zwischen den beiden. Danach sah Rolf seine Anneliese nicht wieder. Nach etwa 25 Jahren erfuhr er, daß Anneliese Dieter geheiratet hat, der inzwischen Polizeibeamter geworden war. Beide zogen nach Magdeburg. Anneliese ist sehr jung gestorben.

Wie ein Hauch ist unser Leben.
Der Atem der Natur.
Erblühend wie die Blumen im ersten Morgentau.
Strahlend wie die Sterne.
Leuchtend wie der Sonnenschein.
Dunkle Wolken werfen ihre Schatten.
Blitz und Donner begleiten unseren Lebensweg.

Bis wieder leuchtende Helle unserem Leben Wärme,
Güte und Frieden schenkt.
Ein leises Rauschen der Blätter in den Bäumen,
wenn der Wind die Wipfel streichelt.
Bis auch dieser Hauch erstirbt.

Rolf Riesebieter

Im Burggarten

Das Jahr 1945 neigte sich seinem Ende entgegen.

Rolf feierte zum ersten Mal die Jahreswende mit geistigen Getränken. Entsprechend war die Stimmung. Gesellschaft leisteten dem angehenden Mann sein Freund Hans Joachim und beider Freundin Käthe. Freundin hat hier nichts mit Sex zu tun. Der Begriff Freundschaft hatte noch seinen Wert. Es wurde eine lustige Nacht. Schenken wir uns die Einzelheiten; wer kann sich schon noch daran erinnern?

Ein Radio ging zu Bruch, als Rolf es in Sicherheit bringen wollte. Es war ein Volksempfänger. Rolf reparierte das Gerät später notdürftig.

Gesagt werden sollte jetzt schon – später vergißt man es möglicherweise –, daß Käthe sechs Jahre später ihr junges Leben aushauchte.

Das Jahr 1946 fing gut an.

Die Freunde waren noch am Feiern, als Rolfs Mutter, die bei Freunden das Neue Jahr begrüßt hatte, plötzlich in der Tür stand. – Aus war es mit der Feierei!

Mit Säge und Beil bewaffnet zogen Mutter und Sohn mit einem Handwagen los in Richtung Schwarze Berge. Der Grund dieses Neujahrsmorgen-Spaziergangs war darin zu sehen, daß die Heizmateriallage äußerst schlecht war. Holz mußte besorgt werden.

Auf halbem Weg zum Wald standen am Wegrand – es war an der Warthe, einem bekannten Ausflugslokal – schöne Birken. Rolf blieb stehen.

„Warum gehst du nicht weiter? Schon müde? Wer die Nacht durchzecht hat, kann am anderen Morgen auch arbeiten!"

„Nichts gegen das Arbeiten, bei der Kälte wird man schon munter! Aber warum in die Ferne schweifen, wenn das Gute so nahe liegt? Oder wie das Sprichwort heißt."

„Was soll der Unsinn?"

„Wir säbeln zwei Birken ab, packen sie kleingeschnitten auf den Wagen und ziehen Leine, bevor andere Leute aufwachen!"

„Das ist aber verboten!"

„Verboten ist so vieles! In dieser beschissenen Zeit muß jeder sehen, wie er über die Runden kommt!"

„Na, meinetwegen! Richtig finde ich es nicht."

„Ob richtig oder nicht, ist hier nicht die Frage. Wichtig ist eine warme Stube!"

Das Holz wärmte dreimal: Beim Organisieren, beim Zerkleinern und beim Heizen.

Ein anderes Mal zog das Gespann Mutter und Sohn in die Buchholz. Ein Wald dicht an der Zonengrenze, die von sowjetischen Soldaten bewacht wurde. Als Kind war Rolf oft mit seinem Großvater in diesem Wald gewesen. Später zeigte Herr Schramm – ein passionierter Jäger – dem Jungen die Tierwelt. Es war eine friedliche Welt, eine schöne Zeit.

Jetzt war es eine schreckliche Zeit.
Der Bevölkerung war es erlaubt, Reisig aufzusammeln.
Aber Wollen und Tun sind zweierlei.
„Mutter, da liegt schönes, aufgestapeltes Holz! Das laden wir auf unseren Handwagen!"
„Junge, überall stehen Posten!"
„Wir decken die Stämme mit Reisig ab, dann haben wir eine gute Tarnung!"
„Mit dir ist es schon aufregend, Holz zu sammeln! Hoffentlich werden wir nicht geschnappt!"
Sie wurden nicht geschnappt.

An einem Abend im Februar – ein lustiges Feuer prasselt in dem kleinen Herd, den Rolf selber gebaut hatte – klopfte es an der Küchentür. Das Wohnzimmer wurde aus Brennstoffmangel nur am Sonntag geheizt.

Rudi Tischke, ein ständiger Student, der aber 1944 noch Soldat wurde, und Freund des Hauses, steht in der Tür. Begleitet von seinem jüngeren Bruder Gerhard, tritt er in das gemütlich warme Zimmer.

„Rudi", ruft Frau Gertrud, „wo kommst du denn her? Du bist doch als gefallen gemeldet!"

„Wenn dem so ist, lebe ich bestimmt noch lange! Nee, ich habe mich frühzeitig abgesetzt. Nach einer Verwundung wurde ich nach Cottbus verschlagen. So nach und nach haben mich Freunde und Studienfreunde bis Magdeburg weitergereicht, wo ich meinen Bruder fand. Gemeinsam reisten wir dann zu dir."

„Hier kannst du aber nicht studieren! Wir haben keine Uni."

„Das hatte ich mir fast gedacht! Aber im Ernst: Wir wollen nach Hause, nach Dortmund. Ich dachte mir, daß dein Sohn die Gegend hier gut kennt und uns über die Grenze bringen kann."

„Na klar kann ich das", ist Rolf begeistert.

Seine Mutter weniger.

An diesem Abend wird noch lange erzählt. Man einigt sich darauf, daß Rolf die beiden Tischkes in zwei Tagen über die Grenze bringen soll. Eine kleine Verschnaufpause wird ihnen gut tun.

Es ist ein kalter Februarmorgen, als die Drei losmarschieren.

In der Morgendämmerung haben sie ungesehen, bis auf die Knochen durchgefroren, den Westen erreicht. Von einer amerikanischen Streife wurden sie bei Gifhorn in ein Lager eingewiesen.

Nachdem die üblichen Formalitäten erledigt waren, ging es erst einmal mit knurrendem Magen in die Kantine. Aufgewärmt und satt sollte es in die Entlausungsbaracke gehen. Als wenn die drei Freunde Läuse gehabt hätten! Aber so waren die Amis nun einmal. Alle, die aus der Ostzone kamen, mußten sich dieser peinlichen Prozedur unterziehen. Mit einer großen Spritze wurde den Leuten Puder unter die Kleidung gespritzt.

„Pfui Deubel, ist das ein Schweinkram!"

„Das stinkt ja fürchterlich! Wir haben ja jetzt schon vom Zusehen alle Gerüche des Orients an uns!"

„Vaters Sohn schlägt vor: Kurve kratzen!"

Unter Berücksichtigung aller Vorsichtsmaßnahmen, guter und freundlicher Reden – mit einem Augenzwinkern bei einem jungen Mädchen, das als Schreibkraft eingesetzt war – ergatterte Rudi ihre Ausweise. Schnell und heimlich verließen sie das Lager und marschierten auf einer Landstraße in Richtung Stadt.

Munter erzählend und lachend ließ es sich gut gehen, bis ein Motorengeräusch das Lachen abbrach.

„Verdammt, eine Militärstreife!"

„Bangemachen gilt nicht!"

„Zum Verdünnisieren ist auch keine Zeit mehr!"

Das Fahrzeug hielt an.

Mit barscher Stimme fragte ein Offizier: „Waren Sie schon im Lager?"

„Jawohl, wir kommen gerade von dort", antwortet Rudi und kramt in seinen Taschen, als suche er nach Papieren.

Der Offizier kannte das Lager, es war ja von seinen Landsleuten eingerichtet. Wer im Lager war, ist auch durch die Bürokratenmühle gedreht worden. Die Leute waren sauber und die Papiere in Ordnung. Anders konnte es nicht sein. So etwas gab es nicht.

„Schon gut, gehen Sie weiter!"

Mit aufheulendem Motor schoß der Wagen davon.

„Da haben wir aber Schwein gehabt! Wenn die uns nach den Papieren gefragt hätten, wäre das aber unangenehm geworden", stellt Rolf fest.

„Wenn! Du hast ja gesehen, daß ich nach den Papieren gesucht habe. Der Ami wußte, daß keiner ohne Ausweis das Lager verlassen darf", kommentiert Rudi.

„Waren wir etwa nicht im Lager?"

„Frechheit siegt! Jetzt aber nichts wie weg!"

Ohne weiteren Zwischenfall erreichten sie Dortmund, wo Rolf einige Tage blieb. Mit Arbeit war hier schlecht etwas zu machen. Die Fabriken waren noch zerstört.

Was sagte Leo doch noch? „Besuch mich mal in Lübeck!"
Wo war doch die Adresse? Richtig, im Notizbuch!
Von Rudis Vater bekam Rolf das Geld für eine Fahrkarte, und ab ging die Fahrt in Richtung Norden! Es wurde eine beschwerliche Reise.

Viele Bahnhöfe waren nur notdürftig vom Schutt befreit. An der Strecke standen Hausruinen und erinnerten an die Bombennächte. Wer hat diese Schrecken schon vergessen? – Jeder, der auch nur eine solche Nacht des Schreckens miterlebt hat, wird sie nie vergessen.

Leo hatte ein möbliertes Zimmer. Seinen Lebensunterhalt bestritt er auf dem blühenden Schwarzmarkt. Man muß sich wundern, was es alles zu tauschen gab! – Leo handelte mit amerikanischen Zigaretten. Wo er die her hatte, sagte er nicht. Wir wollen auch nicht weiter nachforschen! Vielleicht klärt es sich noch auf.

Seine Freundin aus Munster, mit der er nach Lübeck gereist war, hatte er nicht mehr. Dem Mädel war Leos Lebenswandel sicher nicht angenehm.

Bei einer älteren Dame, die ein gemütliches Kellerlokal betrieb, haben die Freunde oft gegessen. Eine Milchsuppe mit irgendwelchen unbestimmbaren Zutaten schmeckte hervorragend.

Rolf mußte natürlich mit auf den Schwarzmarkt. Nach kurzer Anlernzeit verkaufte er auch Ami-Zigaretten. Es wurde zwar versucht, ihn übers Ohr zu hauen, aber so einfach war das nicht.

An einem Abend, es war schon dunkel, entkam Rolf nur durch einen schnellen Sprung in ein Kellerloch einer Hausruine der Festnahme durch die Polizei.

Spät nach Mitternacht landete er auf Schleichwegen wieder bei Leo.

„Ich hatte dich schon abgeschrieben", empfing er seinen Freund.

„Verdammt knapp war es auch!"

„Morgen besorge ich neue Ware, dann geht die Schose weiter!"

„Du spinnst! Auf dem Schwarzmarkt laufen Typen herum, da kommt einem braven Bürger das Grauen! Ich bin jedesmal froh, wenn ich da heil herauskomme."

„Sei kein Frosch! Wir verdienen doch ganz gut!"

„Ja, du! Mir hast du noch kein Geld gegeben!"

„Dafür wohnst du bei mir, und hungern brauchst du auch nicht! Was willst du mehr?"

„Die Sache ist mir zu unsicher!"

„Ach was! Wenn du es geschickt anfaßt, geht alles klar. Du machst das Geschäft schon ganz gut! Bist der Polizei doch geschickt durch die Maschen geschlüpft! Der ganze Stadtteil war abgeriegelt. Mir ist noch schleierhaft, wie du da herausgekommen bist."

„Du machst mir Laune! Leo, ich mache dir einen Vorschlag: Gib mir Fahrgeld, und ich verlasse diese ungastliche Stätte."

„Alte Flasche! Aber meinetwegen. Es wird dir noch leid tun!"

„Bestimmt nicht! Wenn ich Glück habe, nimmt mich Meister Haase wieder als Schlosser an. Da weiß ich, was ich habe."

„Morgen, das heißt nachher, es ist ja schon morgen, hilfst du mir aber noch die Zigaretten holen, ja?"

„Was muß ich dabei machen?"

„Keine Bange! Ich regle alles. Du brauchst nur ein Paket abholen. Die Stelle zeige ich dir. Es ist ganz ungefährlich."

So ungefährlich war die Sache zwar nicht, aber es ging alles klar.

Rolf bekam sein Fahrgeld, eine Stange Ami-Zigaretten und rauschte, auf einem Puffer des Zuges stehend, in Richtung Heimat. Gegen Abend traf Rolf in Brome, einem Ort vor der Grenze, ein. – Fahren Sie einmal einige Stunden auf dem Puffer stehend oder auf dem Dach eines Zuges hockend! Und das im Februar! Glauben Sie, es ist nicht gerade die angenehmste Art zu reisen. Aber man war ja froh, überhaupt einen Zug erwischt zu haben. Es war schon eine bewegte Zeit.

In einem Saal einer Gaststätte fand der Junge einen Platz zum Schlafen. Auf dem Fußboden versteht sich. An ein ruhiges Schlafen war natürlich nicht zu denken. Rolf hatte nur seinen alten Militärmantel zum Zudecken. Es herrschte ein Kommen und Gehen.

Unausgeschlafen und steif stand der Junge in der Morgendämmerung auf und schnallte sich den Rucksack auf den Rücken. Großartige Toilette war nicht drin. Etwas Schnee durch das Gesicht gerieben mußte reichen. Eine Scheibe trockenes Brot war das Frühstück.

Rolf marschierte los. Etwa zehn Personen schlossen sich ihm an. Bei einem Gespräch in der Nacht hatten sie erfahren, daß der Junge die Gegend kannte. Es ist schon gut, einen ortskundigen Führer zu haben. Wie leicht kann man einer sowjetischen Streife in den Weg laufen!

Angeber und Besserwisser gibt es, man soll es nicht für möglich halten! Auch bei dieser Gruppe war einer. Seine geschwollenen Redensarten wollen wir nicht weiter beachten. Sie können aber ganz schön auf den Nerv gehen. Wer kennt solche Leute nicht? Sie kommen überall vor!

Der Weg führte durch einen Wald.

Rolf ermahnte seine Begleiter zur Ruhe. Man braucht die Streife ja nicht gerade auf sich aufmerksam machen! Alle bemühten sich, leise zu sein, nur einer nicht: der Schlaumeier! Er hatte keine Angst, ihm konnte keiner etwas anhaben.

Vor einem Bach blieb die Gruppe stehen. Ein schmales Brett führte ans andere Ufer. Rolf ging auf die andere Seite des Baches und sah sich die Gegend etwas genauer an. Keine Gefahr zu sehen! Also wieder zurück und die Gruppe aufgeteilt!

Der Angeber ging als letzter vor Rolf über das Brett. Als er die Mitte des Baches – er führte nur sehr wenig Wasser – erreicht hatte, rief der Junge: „Stoi!" – Ein Schrei, die Arme hochgerissen und schon lag der 'Mutige' im Bach! Hilfreiche Arme zogen ihn ans Ufer, eine Decke legte sich um seine Schultern. Für den Rest des Weges war er still.

Es ist nun mal im Leben so: Man soll hübsch bescheiden sein!

Die Grenze war überschritten, die meisten hatten es nicht einmal bemerkt. Die Gruppe war im sowjetisch besetzten Teil Deutschlands. Fragen wir nicht, wo jeder einzelne hin wollte. Viele Menschen waren unterwegs – von einem Teil Deutschlands in den anderen –, hin und her. Angehörige wurden gesucht. Der Krieg hatte die Familien auseinandergerissen.

Abgekämpft, müde und hungrig kam Rolf abends zu Hause an. Meister Haase stellte den Grenzgänger wieder ein. Es ist schon gut, eine Arbeit zu haben.

Infolge des Krieges hatte die Jugend einen großen Nachholbedarf im Tanzen. An jedem Sonnabend war in der Stadthalle Tanz. Es spielte eine gute Zehn- bis Fünfzehn-Mann-Kapelle.
Rolfs Freundinnen brachten ihm die ersten Tanzschritte bei. In einer Tanzschule bekam er den letzten Schliff, so daß er bald ein gern gesehener Tanzpartner wurde. Bei Abschlußbällen der Tanzschule wurde er oft eingeladen, wenn Herren fehlten. Es war eine herrliche Zeit! Nach bekannten Melodien, ein nettes Mädel im Arm, über das Parkett zu schweben – Herz, was willst du mehr?
In diesem Jahr wurden auch die ersten Masken- und Kostümbälle durchgeführt. Zu einem dieser Bälle wurde Rolf Anfang März von seinem Freund Heinz – wir kennen ihn von der Lehrzeit her – nach Pretzier eingeladen.
„Na endlich, ich habe schon auf dich gewartet!"
„Fahr du mal bei dem Sauwetter mit dem Fahrrad durch die Gegend! Der Wind ließ mich kaum vorankommen, ich mußte ganz schön strampeln!"
„Dafür hast du den Wind auf der Heimfahrt im Rücken. Aber beeil dich und ziehe dich um!"
„Was heißt hier umziehen? Sehe ich so nicht gut aus?"
„Angeber! Wir gehen auf einen Masken- und Kostümball! Eine dunkle Hose hast du ja an. Das Hemd geht auch. Aber die Jacke!"
„Was ist mit der Jacke? Die hat mein Opa geschneidert!"
„Wir gehen als alte Herren."
„Na, wie alte Herren sehen wir nicht gerade aus!"
„Warte es ab!"
Beide Jungen zogen jeder einen Gehrock an, die Heinz von seinem Opa ausgeliehen hatte. Die Mutter klebte beiden Vollbärte ins Gesicht und puderte die Haare, so daß sie weiß aussahen. Jedem Jungen wurde ein Handstock in die Hand und eine Melone auf den Kopf gedrückt. So zurecht gemacht, erschienen sie an der Kasse zum Saal.
Gebeugt auf seinen Stock gestützt, trat Rolf an den Tisch.
„Wie wüllt ok rin, giff uns mol en Kort", lispelt Rolf.
„Aber Opa, Ihr braucht nicht bezahlen! Wollt Ihr den jungen Mädchen den Kopf verdrehen?" fragte lachend die Kassiererin.
„No klor, wat dachts du denn? Wi wullt kräftig dat Tanzbein schwingen!"
„Denn mal viel Vergnügen!"
Es wurde ein Vergnügen. Die Getränke brauchten beide nicht bezahlen. Es gab auch schon einmal einen Korn für die 'alten Herren'.

Ganz vorsichtig wurden beide Jungen von den Mädchen zum Tanzen geführt. Bei einem Walzer, den Rolf für sein Leben gerne tanzte, rutschte er auf dem blanken Parkett aus und stürzte. War das eine Aufregung!

„Opa, hast du dir weh getan?" „Warum mußt du in deinem Alter auch noch so wild tanzen?" (Rolf und Heinz hatten angeboten, zu ihnen Opa zu sagen.)

Mit Mühe und Gestöhne kam Rolf wieder auf die Beine. Von zwei Mädchen gestützt, humpelte er zu seinem Stuhl. Heinz konnte sich kaum das Lachen verkneifen. Die Musik hatte aufgehört zu spielen. Zur Stärkung gab es erst einmal einen Korn.

Inzwischen war es Mitternacht geworden.

Ein Tisch wurde in die Mitte des Saales gestellt. Auf beiden Seiten ein Stuhl davorgestellt. – Demaskierung!

Schüchtern kamen zwei Mädchen auf die beiden alten Herren zu und baten mit einem Knicks um den Tanz. Beide Mädchen hatten oft mit den Jungens getanzt und Rolf nach seinem Sturz geholfen, auf die Beine zu kommen.

War das anstrengend, auf den Tisch zu klettern!

Unter anfeuernden Rufen schaffte es Rolf dann.

Vorsichtig nahm er seiner Tanzpartnerin die Maske vom Gesicht.

Mann, war das Mädchen hübsch!

„Na, nun nimm mir schon den Bart ab! Oder soll ich den Sauerkohl weiter tragen? Magst wohl ältere Herren?"

Erstaunt zupfte das Mädchen am Bart.

„Du mußt stärker ziehen!" – Der Bart war ab!

Gab das ein Gelache!

Ganz rot im Gesicht wurde das Mädchen.

„Jetzt der Kuß!" – Rolf nahm den Kopf des Mädels in beide Hände und küßte es auf den herrlich roten Mund.

Ein riesiger Applaus ließ den Saal erzittern. Die Kapelle spielte einen Tusch. Heinz und Rolf erhielten den ersten Preis für ihr Kostüm.

So lernte Rolf Brigitte und Heinz seine Marianne kennen.

Brigitte wurde Rolfs feste Freundin. Mit ihr erlebte er auch das erste Liebesspiel. Es war in einer lauen Frühlingsnacht des Jahres 1946 im Birkenwäldchen.

An einem sonnigen Herbsttag verlobte sich Heinz mit seiner Marianne. Brigitte und Rolf waren natürlich bei der Feier dabei.

Mit Marianne war Heinz 1990 noch verheiratet.

Heinz starb im Jahre 1995.

Von Brigitte hörte Rolf Jahre später, daß sie dieses schöne Erdenrund noch sehr jung verlassen hat.

Durch einen Zufall – oder war es Bestimmung? – lernte Rolf Horst Bach kennen, einen ehemaligen Unteroffizier der Wehrmacht.

Horst betrieb mit seiner Frau in der Altperver Straße einen Modesalon. Auf dem Weg nach Hause, er wohnte im Haus gegenüber Rolfs Wohnung, verlor er einen Packen Papiere. Behilflich, wie Rolf einmal ist, hebt er die Papiere auf. Aus dieser Bekanntschaft entwickelt sich eine Nebenbeschäftigung. Zum Pilzesammeln wanderten beide oft in die Schwarzen Berge. Über den Modesalon und die netten Mädchen, die hier arbeiteten, ist später noch zu berichten.

Das Jahr 1946 neigt sich seinem Ende zu.

Wie jedes Jahr, schmückt Rolf im Wohnzimmer den Tannenbaum, während seine Mutter in der Küche einen leckeren Braten zubereitet. Frau Elisabeth, die Bäuerin, mit der die Verbindung nicht abgerissen war, hatte ein schönes Stück Fleisch in die Stadt gebracht.

Das Weihnachtsfest feierte Rolf mit seiner Mutter gemütlich zu Hause. Den Jahreswechsel erlebten sie bei Freunden. Mit der Tochter des Hauses, Waltraud hieß das hübsche Kind, verband Rolf eine gute Kameradschaft. Waltraud hat später einen Polizeibeamten geheiratet und lebt noch in dieser Stadt.

Es ist Frühling geworden.

Die Zeit bleibt nicht stehen. Man muß sich wundern, wie schnell sie verrinnt. Rolf hatte eine schöne Zeit mit Brigitte gehabt. Aber, wie das Leben so spielt: Auch eine ganz große Liebe kann einmal vorübergehen. Sicher war es noch keine richtige Liebe, mehr eine Liebelei. Man ist ja noch so jung!

Unbeweibt steht Rolf bei seinen Freunden in der Stadthalle. Es ist ein Frühlingsball. Zur Zeit ist Uschi seine Tanzpartnerin. – Denken Sie nicht schon wieder sonstwas! Mit Uschi besteht eine Freundschaft ohne jede Verpflichtung oder engere Bindung. Auch dieses Mädchen sollte nur noch wenige Jahre zu leben haben. Aber wer weiß das schon vorher? Würden wir uns dann anders verhalten – besser?

Also, im Moment steht der Junge bei seinen Freunden und schaut den tanzenden Paaren zu. Die Gespräche drehen sich um Belanglosigkeiten. Wir wollen uns nicht weiter darum kümmern.

Es ist Tanzpause.

Plötzlich sieht Rolf ein besonders süßes Mädel. Er kennt es nicht. Muß nicht von hier sein. Die Kleine sitzt einsam an einem Tisch an der Tanzfläche. Dieser Tisch stand an der Saaleingangsseite, gegenüber der Bühne, auf der die Kapelle saß. Über der gesamten Breite dieser Wand war ein großer Spiegel angebracht.

Leute, war das eine Frau! Sie hatte blondes Haar – zu einem Kranz um den Kopf geflochten –, blaue strahlende Augen. Eine Figur, sage ich, einfach toll! Das Mädchen – oder war es eine junge Frau? – trug ein dunkelblaues Samtkleid; eine weiße Perlenkette schmückte ihren makellosen Hals. Ein Traum von Frau, den man nie vergessen wird! Sonja war ihr Name.

Sie tanzte wie eine Elfe. Es war eine Freude, mit ihr über das Parkett zu schweben! – Woher man das weiß? Rolf hat Sonja natürlich zum Tanzen aufgefordert!

Einige Sowjetsoldaten hatten über den Durst getrunken und benahmen sich wie die Axt im Walde. Wenn Sie wissen, was ich meine. Rolf sagte seine Meinung über die „Befreier".

Sonja redet sehr wenig, meistens lächelt sie. Ein Lächeln, welches das Herz schneller schlagen läßt. Was soll man auch viel reden, wenn man einen derartigen Sonnenschein im Arm hält? Man sollte sich der Schönheit erfreuen.

Der Tanz ist beendet. Stolz geleitet Rolf seine Dame zu ihrem Platz. Ein artiger Diener – oder sagt man Verbeugung? – also Dank.

„Jungens, das war der schönste Tanz meines Lebens", gibt Rolf an.

„Gleich wirst du noch einen Tanz erleben!"

„Schau dich einmal um! Ich glaube, dein Typ wird verlangt."

„Konntest wohl wieder nicht deine Klappe halten!"

Sonja war in Begleitung des Stadtkommandanten, Oberleutnant Friedland. Ein schneidiger Kerl! Tadellose Uniform, sicheres Auftreten und höflich. Ein Wink von ihm: Rolf soll an seinen Tisch kommen.

„Kameraden, Ihr seht mich nie wieder!"

Nach einer gegenseitigen Vorstellung soll Rolf seine Beschwerden vorbringen, die er schon der Braut des Offiziers geschildert hatte.

Ein Wodka löst die Zunge. Jetzt ist schon alles egal. Rolf erzählt, was ihm mißfällt: Ein Teil seiner HJ-Kameraden, die später zur Waffen-SS eingezogen waren, schmachteten im Keller der Kommandantur. Viele Mädchen wurden von Soldaten vergewaltigt. Und noch einige Sachen wurden vorgetragen.

Der Oberleutnant sah Rolf nachdenklich an. „Zum Teil haben Sie recht. Ich bin bemüht, gerecht zu sein. Um Ihre Kameraden kümmere ich mich. Sie werden entlassen. Meine Soldaten haben Befehl, sich ordentlich zu verhalten. Viele sind zwei bis drei Jahre von ihrer Heimat und ihren Angehörigen getrennt."

„Es stimmt schon, was Sie sagen. Wir sehen Ihre Soldaten aber als Eindringlinge. Vor einigen Tagen hat einer Ihrer Soldaten, betrunken wie er war, in einem Bus vor unserem Haus einen Mann erschossen!"

„Und was passierte darauf?"

„Ich lief in die Praxis des Zahnarztes im Haus und rief die Kommandantur an. In kurzer Zeit kam eine Streife und nahm den Schützen fest."

„Dieser Soldat wurde sehr hart bestraft. Jeder Übeltäter, der mir gemeldet wird, erhält seine gerechte Strafe."

Es kommt noch vieles zur Sprache.

Zum Schluß fragt Oberleutnant Friedland: „Glauben Sie, daß sich alle deutschen Soldaten so verhalten haben, wie es die Führung wollte?"

„Nein. Aber auch bei uns wurde jeder Soldat, der aus der Reihe tanzte, bestraft."

„Auch das ist richtig. Lassen Sie uns ein angenehmeres Thema wählen! Ich schlage vor, daß wir Freunde werden. Mit meiner Braut haben Sie ja schon Freundschaft geschlossen."

Es wurde noch ein netter Abend.

Oberleutnant Friedland hielt sein Wort. Er brachte Ordnung in seine Truppe. Nach einem Jahr kam ein neuer Stadtkommandant.

Die Pilze, die Rolf gesammelt hatte, müssen eßbar gewesen sein. Wie hätte er sonst bei Horst arbeiten können? Bei dieser Arbeit – er reparierte Nähmaschinen oder machte sich sonst nützlich – lernte der Junge auch die Näherinnen kennen. Es kam, wie es kommen mußte. Nach kurzer Zeit verband ihn mit Rosemarie eine feste Freundschaft.

Wie nicht anders zu erwarten, wurde viel gefrotzelt, gescherzt. Ein Junge zwischen zwölf Mädchen! Kann das gutgehen?

Gerda kannte Rolf schon länger, sie hatten oft zusammen getanzt. Gerda wohnte im Siebeneichenfeld, kurz vor dem ehemaligen Fliegerhorst. Ein weiter Weg. Es lohnte sich meistens nicht mehr, ins Bett zu gehen, wenn am Sonntag in der Stadthalle ein Tanzabend war. Man bedenke: Drei Kilometer bis Gerdas Haus! Dann wurde noch etwas erzählt. Wundern wir uns nicht, was es alles zu reden gibt! Aber wer verabschiedet sich schon so schnell von einem netten Mädel? Na, wer schon? Kennen Sie einen?

Hatte man sich endlich getrennt, ging es wieder in die Stadt, da Rolf am anderen Ende der Stadt wohnte – wie sollte es auch anders sein? –, also weitere zwei Kilometer. Aber nach einer durchgebummelten Nacht gab es kein Schwänzen. Umgezogen und ab zur Arbeit!

Noch ein Wort zum ehemaligen Fliegerhorst: Nach dem Krieg wurde die Lehrwerkstatt abgerissen, die Werkzeugmaschinen verladen, die Flugzeughallen und ein Teil der Kasernen gesprengt.

Schon im Jahre 1946/47 setzten sich ehemalige HJ-Führer, junge Soldaten der Wehrmacht und der Waffen-SS für ein freies Deutschland und gegen die sowjetische Besatzungsmacht ein. Bei der Demontage von Fabriken wurde Sabotage betrieben, Flugblätter verteilt.

Nach und nach wurden Kameraden des Helden dieser Geschichte, der natürlich dabei war, abgeholt. Einige Nächte hörte man sie im KGB-Keller schreien. Dann hat man bis heute nichts mehr von ihnen gehört.

Rolf wurde 1948 zur Zwangsarbeit einberufen, konnte aber drei Stunden bevor er abgeholt werden sollte, in den Westen fliehen. (Dieser Nachtrag erfolgt nach Öffnung der Grenze zur DDR. Der Autor wollte über diesen

Lebensabschnitt nicht berichten, um noch lebende Freunde von diesen Aktionen nicht zu gefährden.)

Wie gesagt, Rolf verknallte sich unsterblich in Rosemarie. – Das war aber auch ein Mädel! Leute, ehrlich, so etwas Hübsches gibt es nicht noch einmal! Goldiges Haar und strahlend blaue Augen! Und die Figur! Man kommt nicht zum Arbeiten! Die Augen wandern immer zu diesem Mädchen! Die anderen jungen Frauen und Mädchen waren aber auch nicht ohne.

Wie wir wissen, kannte Rolf Gerda schon länger. Wen wundert es da, daß es später einmal zu Komplikationen kam? Das Schicksal ist mitunter aber auch sehr hart. Soweit ist es aber noch nicht. Wer macht sich auch schon Gedanken, was einmal sein kann?

Es ist der 1. Mai. Ein herrlicher Tag! So richtig für Verliebte gemacht! Eigentlich sollte Rolf zu einer Gewerkschaftskundgebung, er hatte aber keine Lust. Kurzentschlossen ging er zum Bahnhof und fuhr nach Güssefeld, wo seine Rosi wohnte.

Rosi kam mit ihren Eltern nach dem Krieg aus Berlin in dieses Dorf in der Altmark. Das Haus in Berlin fiel den Bomben zum Opfer. Jetzt hatte die Familie, zu der auch ein kleiner Bruder gehörte, auf einem Bauernhof eine kleine Wohnung. Auch wenn der Junge unangemeldet erschien, wurde er doch gleich freundlich aufgenommen.

Zum Wochenende fuhr Rolf jetzt öfter auf's Land. Neben dem Stall wurde ihm eine kleine Kammer zugewiesen. Waschen konnte er sich gleich auf dem Hof an der Pumpe.

Die beiden jungen Leute gingen zum Tanzen, besuchten eine Freundin von Rosemarie, deren Vater Förster war, oder es wurde sich im gemütlichen Wohnzimmer unterhalten. Sparen wir uns die Gespräche! Man muß nicht alles wissen.

Einen Haken hatte die Sache: Die Jungen aus dem Dorf hatten keine Freude daran, daß einer aus der Stadt ihren Mädchen schöne Augen machte. Wenn Rolf über die Dorfstraße ging, war es fast wie ein Spießrutenlaufen. Eines Nachts weckte ihn lautes Hämmern. Die Dorfjungen vernagelten die Tür und das Fenster der Kammer mit Brettern.

Rolf war hartnäckig und besuchte seine Rosemarie weiter. Bald gehörte er schon zum Dorf, er wurde anerkannt. Gegen so viel Ausdauer war man eben machtlos.

Wochentags fuhr Rolf zwei bis drei Stationen mit dem Zug und begleitete sein Mädel eine kleine Strecke. Zurück ging es dann über die Schwellen zu Fuß in die Stadt. Aus Zeitgründen und der Bequemlichkeit halber blieb Rosi im Herbst und Winter in der Stadt. Bei einer älteren Arbeitskollegin fand sie einen Schlafplatz. In der Wallstraße, wo jetzt Rolfs Freund Helmut noch wohnt. Gingen die beiden jungen Leute zum Tanzen, übernachtete das Mädel bei Rolfs Mutter im Schlafzimmer.

Es war eine unsagbar schöne Zeit.
Herrlich ist es, verliebt zu sein! – Wer kennt diesen Zustand nicht?

Es ist ein schöner, warmer Sommertag. Die Sonne lacht vom wolkenlosen Himmel. Von den Schwarzen Bergen grüßen die Tannen herüber. Der Bismarckturm schaut über die Wipfel der Bäume hinweg.

Hand in Hand wandern zwei junge Menschenkinder durch das schöne Land. Das Mädel trägt ein weißes Kleid – selbst genäht –, rote Schuhe und einen roten Gürtel. Eine rote Korallenkette (ein Geschenk von Rolf) schmückt ihren Hals.

Die Landstraße lassen sie links liegen, als sie den Stadtrand erreicht haben. Über den Radweg, er führt zur Warthe – wir kennen ihn vom Neujahrsmorgen –, geht es sich ruhiger. Birken zu beiden Seiten des Weges spenden etwas Schatten.

„Ist es nicht schön, so durch die Felder zu gehen?" Es ist Rosemarie, die nach langem Schweigen verträumt fragt. Wir haben natürlich gleich gemerkt, wer die beiden Verliebten sind.

„Ja, du hast recht. Während des Krieges bin ich diesen Weg oft mit Mutter und Freunden vom Fliegerhorst gegangen."

„War deine Mutter nicht Leiterin der Luftnachrichtenstelle?"

„Mutter war die Vorgesetzte der Nachrichtenhelferinnen."

„Sicher kanntest du auch Piloten."

„So ist es, Rosemarie! Es sind schöne Erinnerungen an diese wenigen Tage. Wir gingen zu einem bekannten Gastwirt. Lampe heißt er. Ich werde dich mit ihm bekanntmachen! Er hatte immer etwas Leckeres für uns bereit."

„Wer gehörte denn zu euren Freunden, und was ist aus ihnen geworden?"

„Ach, Rosi! Viele Kameraden sind gefallen. Was aus den anderen geworden ist, weiß ich nicht. Wir hatten so schöne Stunden erlebt!"

„Sicher ist es schwer, daran zu denken, daß viele liebe Freunde gefallen sind oder im Bombenhagel umgekommen sind."

„Ich sah viele Flugzeuge abstürzen. Am meisten hat es mich bei Oberstleutnant Müller und Oberleutnant Karsten getroffen."

„Warum gerade bei den beiden?"

„Den Kommandeur sah ich abstürzen. Mit zwei Kameraden aus meiner Lehrwerkstatt war ich als erster an der Absturzstelle. Ich sah den Piloten vor seiner Maschine liegen. Oberleutnant Karsten war der Verlobte einer Luftnachrichtenhelferin. Kurz bevor sie heiraten wollten, stürzte Werner ab. Nachträglich hat er das Eichenlaub zum Ritterkreuz verliehen bekommen."

„Ich kann mir gut vorstellen, wie dir zumute war, Rolf. Auch ich habe liebe Freunde in Berlin verloren. Die Bombennächte waren fürchterlich! Wer das nicht miterlebt hat, kann es sich nicht vorstellen."

„In Magdeburg erlebte ich einen Bombenteppich mit."

„Dann kennst du ja die Schrecken dieser Angriffe. Man lebte nur noch in Angst: Wann war man selber dran...?"

„Ob man den Krieg je vergessen kann?"

„Ich glaube, nach einer gewissen Zeit verblaßt alles. Bei Gesprächen kommen uns sicher wieder viele Erinnerungen. Die Zeit heilt alle Wunden! Und das ist gut so."

„Rosi, es ist ein so schöner Tag! Laß uns von etwas anderem reden!"

„Du hast recht, Rolf. Beim Erzählen ist die Zeit so schnell vergangen, daß ich gar nicht auf den Weg geachtet habe."

„Wir haben die Schwarzen Berge erreicht."

„Ein schöner Wald! Alles ist so ruhig."

„Sieh, dort, ein Reh!"

„Ach Rolf, ist das süß!"

„Genauso süß wie du."

„Du machst mich verlegen."

„Mit dir möchte ich immer so gehen."

„Du kennst doch so viele Mädchen!"

„Sicher, aber bei dir ist es anders. Ich glaube, ich bin gewaltig in dich verliebt."

„Aber Rolf, du willst mir doch nicht etwa einen Heiratsantrag machen?"

„Warum nicht? Der Platz ist hier gerade richtig. Wie denkst du darüber? Es muß ja nicht gleich sein. Noch sind wir auch zu jung zum Heiraten. Aber der Gedanke, immer bei dir zu sein, ist nicht schlecht!"

„Um ehrlich zu sein, daran habe ich auch schon gedacht. Dein Antrag kommt also nicht unvorbereitet."

„Und wie ist deine Antwort?"

„Jetzt wird es schwer! Ich liebe dich wie einen Bruder. Warum, das weiß ich nicht. Es ist ein Gefühl. Wir sind schon so lange befreundet, und ich fühle mich bei dir geborgen. Ein Kuß von dir läßt mich erschaudern – ich fühle mich wie auf Wolken. Dir kann ich alles sagen. Zu dir habe ich Vertrauen. Viele Freunde im Dort habe ich schon verloren. Deshalb bin ich aber nicht traurig. Ich mag nur bei dir sein. Aber ich liebe dich wie einen Bruder. Sonderbar, nicht?"

„Nicht gerade schmeichelhaft für mich! Was nun?"

„Rolf, laß uns gute Freunde sein!"

„So soll es sein, Rosemarie!"

Ein schöner, warmer Sommertag.
Die Sonne lacht vom Firmament.
Grüne Tannen grüßen aus der Ferne.
Ein Hase hoppelt über den Weg.
Rehe äsen auf des Waldes Lichtung.
Am Himmel zieht ein Habicht seine Kreise.
Welt, wie bist du wundervoll!
Das Leben ist voll Wonne und Glück.

Zwei Herzen schlagen im gleichen Takt.
Hell strahlen zwei Augenpaare.
Zärtlich berühren sich die Hände.
Ein Junge und ein Mädchen fühlen das Glück.
Zeit und Raum sind vergessen.
Die Zukunft liegt noch weit.
Dunkle Wolken stehen schon am Horizont.
Kommen sie näher oder ziehen sie vorbei?
Das Schicksal weist uns den Weg.
Auch Verliebte werden nicht verschont.
Hart und grausam kann das Leben sein.
Aber schöne Stunden schenkt es auch.
Suchen nach dem Glück ein Leben lang.
Bis Friede uns umfängt und Ruhe.

Rolf Riesebieter

Man muß nicht glauben, daß Rolf nur mit seiner Rosemarie Händchen hielt. Auch andere Interessen ließen bei ihm keine Langeweile aufkommen. So war er auch in der FDJ (Freie Deutsche Jugend): Sport, Wanderungen und Gespräche standen auf dem Dienstplan.

Bei einem dieser Gespräche fiel das Wort „Laienspielgruppe".

Der Grundstein wurde gelegt.

Zu dieser Laienspielgruppe fanden sich folgende Jugendliche: Lydia, Günter, Waltraud – nicht Rolfs Bekannte –, Kurt, Eva, Gerhard, Ursula – genannt Uschi –, Walter und Rolf. Walter, der Statist am städtischen Theater war, übernahm die Leitung.

Im Haus der Jugend wurde ein Proberaum eingerichtet. Schon nach kurzer Zeit waren einige Stücke einstudiert. Es wurde hart gearbeitet und es fielen auch schon mal harte Worte, und auch Tränen kullerten die Wangen herab.

Aber als Ziel stand ein Wettbewerb in Halle, an dem viele Gruppen aus der gesamten Ostzone, der späteren DDR (Deutsche Demokratische Republik) teilnehmen sollten.

Der Wettkampf wurde an einem herrlichen Sommertag durchgeführt. Schenken wir uns die Aufzählung der einzelnen Stücke. Unsere Gruppe spielte eine Kurzfassung von Goethes „Faust".

Die jungen Leute spielten nicht schlecht, sie gaben sich auch alle Mühe. Sagen wir es gleich: Sie errangen von zwanzig Laienspielgruppen den fünften Platz. – Sagen Sie selbst, ist das keine gute Leistung?

Aber auch die Entspannung kam nicht zu kurz.

Bei einer Bootsfahrt auf der Saale hatte Gerhard eine gute Idee: „Hallo, Leute", rief er von seinem Boot zu den anderen herüber, „ich habe ein Plakat gesehen. Im hiesigen Theater wird die Operette „Die Fledermaus" gespielt! Laßt uns hingehen und unseren Kollegen zusehen!"

„Du spinnst! Wir sollen doch andere Laienspielgruppen sehen", wirft Kurt ein.

„Von richtigen Schauspielern können wir doch nur lernen", ist Uschis Meinung.

„Wenn wir erwischt werden, gibt es Ärger!" Wieder ist es Kurt, der seine Bedenken anmeldet.

„Ach was! Wir gehen hin! Wer nicht mitkommt, hat selber Schuld, wenn er etwas verpaßt." Gerhard ist fest entschlossen, diese Vorstellung zu besuchen.

„Es geht nicht! Wir dürfen uns nicht einfach verkrümeln! Schließlich sind wir von der FDJ hier und müssen deren Veranstaltungen besuchen." Lydia steht auf Kurts Seite.

„Was tun, sprach Zeus", überlegt Rolf.

„Ich schlage vor, daß wir uns teilen. Walter ist sowieso bei der Spielleitung. Dem sage ich bescheid. Wer mit will, schließe sich Gerhard und mir an!"

Die Boote lagen bei diesem Gespräch Seite an Seite.

Uschi und Eva gingen mit zur Fledermaus. Walter hatte nach anfänglichem Murren seine Zustimmung zu diesem Ausflug gegeben.

Die Vorstellung war hervorragend. Gute Schauspieler zeigten ihr Können.

Als die Vier auf dem Rückweg zu ihrer Unterkunft waren – die Gruppen waren bei Privatleuten untergebracht –, schwärmt Eva: „Gerhard, wir müssen dir danken! Ich bin überwältigt!"

„Es war wirklich sehr schön! Dieses Erlebnis werden wir bestimmt nicht so schnell vergessen", stimmt Rolf zu.

„Macht mal halblang, ich hatte doch nur die Idee", bremst Gerhard ab.

„Für uns war die Vorstellung ein Beispiel! Ob wir auch einmal so gute Schauspieler werden? Ich wünsche es mir sehr! Schauspielerin zu werden ist mein größter Wunsch!"

Zu Uschi hatte Rolf ein gutes Verhältnis – etwas mehr als eine Kameradschaft. Aber auch nicht mehr. Wie sagt man es am besten? Aber es soll gesagt werden; das Leben spielt nun einmal so: Uschi wurde keine Schauspielerin. Mit gerade zwanzig Jahren ist das junge Mädchen gestorben.

In Leipzig und Berlin hatten die Bachs je ein kleines Atelier. Horst stammte aus Leipzig, seine Frau aus Berlin. Als Soldat lernte Horst seine Frau während eines Genesungsurlaubs kennen.

Die Umstände machten es erforderlich, daß diese Geschäfte in Abständen aufgesucht werden mußten. Auf eine Reise wurde Rolf von Frau Bach mitgenommen. Als Träger. Ein Stoffballen mußte nach Leipzig gebracht werden. In der Nachkriegszeit konnte man nicht kaufen, was und wo man wollte. Es gab nichts! Ohne Beziehungen war es fast unmöglich.

Horst war schon einige Tage zuvor gereist.

Auf einem Umsteigebahnhof – war es Magdeburg oder Halle; es ist auch nicht so wichtig – schulterte Rolf seinen Stoffballen, den er mit einem Bindfaden zusammengebunden hatte. Jetzt sah es so aus, als trage er ein Gewehr.

Einem sowjetischen Soldaten war die Sache nicht geheuer. Rolf mußte mit zur Wache. Vorsichtshalber nahm der Soldat sein Gewehr in Anschlag. Man kann nie wissen! Mit Hilfe eines Dolmetschers wurde der Fall aufgeklärt.

Im Laufschritt mußte Rolf am anfahrenden Zug entlanglaufen, bis er mit einem gewagten Sprung in das Abteil springen konnte. Frau Bach hatte die Tür aufgehalten. War das eine Aufregung!

In Leipzig hörte Rolf seine erste Oper: „Hoffmanns Erzählungen".

Die Reise ging nach ein paar Tagen weiter nach Berlin. So gemütlich, wie heutzutage eine Reise ist, war es damals nicht. Frau Bach, die gehbehindert war – eine Erinnerung an eine Bombennacht in Berlin –, bekam mit Mühe einen Sitzplatz. Rolf durfte die Fahrt auf dem Trittbrett stehend mitmachen. Aber man war ja Kummer gewohnt! Das Wetter war auch schön. Reden wir nicht weiter darüber!

Die Tage in Berlin waren ein Erlebnis! Auch in der alten Reichshauptstadt gibt es hübsche Mädchen. Eine Holde aus dem Berliner Geschäft wurde für zwei Tage als Rolfs Reisebegleiterin abkommandiert. Auf dem Ku-Damm sahen die beiden Stadtbummler den Film „Der weiße Traum". – Wie sagt man: „Berlin ist eine Reise wert!" So war es, so ist es auch geblieben!

Es ist Winter geworden, eine dicke Schneedecke bedeckt die Erde. Die Kälte dringt bis auf die Knochen. Eine Gruppe Männer stapft über den zugefrorenen Arendsee. Schwere Rucksäcke drücken auf die Schultern. Zusätzlich werden noch Kabelrollen mitgeschleppt. – Ein Telegraphenbautrupp muß auf der anderen Seeseite in einem Dorf an der Zonengrenze Telefone anbringen. Leitungen müssen gezogen werden. Das Dorf liegt im Sperrgebiet und ist mit dem LKW schwer zu erreichen. Die Wege sind nicht vom Schnee geräumt.

Als Erklärung sei gesagt, daß Rolf bei der Post arbeitet. Im Sommer war es eine Freude, auf den Telegraphenmasten herumzuklettern. In der Erntezeit wurden die Rucksäcke mit Kartoffeln, Gemüse oder was es sonst so gab, gefüllt. Obendrauf kamen die Steigeisen. Gut getarnt kam man so unbehelligt mit der gehamsterten Ware durch die am Bahnhof stehende Kontrolle der Polizei und sowjetischen Posten.

Auch Kohlen waren ein gefragtes Schmuggelgut. Um daran zu kommen, war es erforderlich, den fahrenden Zug zu entern, seinen Rucksack zu füllen und wieder abzuspringen. Keine leichte Sache! Aber was macht man nicht alles, damit der Schornstein im Winter rauchen kann?

Jetzt ist Winter, und was für einer!

Die Wolken hängen dick über dem See. Oft geht ein lautes Knarren durch das Eis. Plötzlich entsteht ein Riß. Kleine Spalten im dicken Eis werden übersprungen. Einmal mußte eine große Rinne umgangen werden. Dieser Marsch war schon sehr gefährlich. Und auch leichtsinnig. Aber die Arbeit mußte gemacht werden.

Unbeschadet und durchgefroren kehrten die Männer wieder zurück. Im Postamt gab es einen heißen Tee, dann ging es, auf dem Lastkraftwagen sitzend – was auch nicht sonderlich gemütlich war –, in Richtung Heimat.

Plötzlich hält der LKW an.

Auf der Straße stehen sowjetische Soldaten. Man hört aufgeregtes Sprechen. Der Wagen fährt an und biegt in eine Seitenstraße ein. Nach einer

Weile hält er an. Der Fahrer öffnet die hintere Ladeklappe. „Alles aussteigen, meine Herren!"
„Was soll der Blödsinn?"
„Mach, daß du mit deiner müden Kiste nach Hause kommst! Mir hängt der Magen in den Kniekehlen vor Kohldampf!"
„Geduld, mein Freund, Geduld! Erst wird noch eine Runde gearbeitet! Nicht immer nur ans Futtern denken!"
Die Männer klettern steifgefroren von der Ladefläche. Im Licht der Scheinwerfer – es war inzwischen dunkel geworden – sahen sie die Bescherung: Sowjetische Soldaten hatten Bäume gefällt. Ein Baum zerriß die Telefonleitungen.
„Sauerei, verdammte!"
„Das ist schon ein gewaltiger Schweinestall!"
„Schlimmer konnte es nicht kommen!"
„Und gleich sechs Träger!"
„Warum haben die gerade uns angehalten?"
„Die Polizei bekam telefonisch vom Postamt in Arendsee Bescheid, daß wir unterwegs sind."
„Ausgerechnet jetzt fängt es an zu schneien!"
„Na, Leute, dann mal ran!"
Der LKW wurde so hingestellt, daß seine Scheinwerfer die Baustelle beleuchteten. Mit steifen Knochen kletterten je zwei Mann auf die Masten. Wie Beton waren diese Masten. Knackig hart gefroren. Wahrlich keine leichte Arbeit! Im dichten Schneetreiben wurden die Leitungen gezogen. Es war ein gespenstisches Bild.
„Den Weg nach Hause können wir uns sparen! Fahren wir doch gleich zurück nach Arendsee!"
„Die Nacht haben wir uns im schönsten Schneetreiben um die Ohren geschlagen!"
„Es lohnt sich wirklich nicht, noch ins Bett zu gehen!"
„Die Sache hat einen kleinen Haken: Morgen müssen wir nach Diesdorf!"
„Du meinst heute!"
„Genau in entgegengesetzter Richtung!"
„Na, denn man gute Nacht!"
„Witzbold!"
„Schmeiß die Kiste an! Vielleicht reicht es noch für eine Tasse guten Muckefuck und eine Scheibe Brot."
„Ein tolles Frühstück!"
„Weißt du etwas besseres?"
„Na also! Dann ab zu Muttern!"

Rosemaries Vater war Oberstleutnant bei der ehemaligen deutschen Wehrmacht. Arbeit gab es nicht für einen gelernten Soldaten. Er hatte aber Verbindung zu einem Kameraden in Westdeutschland aufgenommen.

Im Frühjahr 1948 sollte er eine gute Stellung antreten. Die Zwischenzeit mußte überbrückt werden. Das kleine Vermögen, das noch gerettet werden konnte, war aufgebraucht. Vermögen hört sich so großartig an. Dieses „Vermögen" war etwas Silber und einige Scheine Bargeld.

Ein Militär-Ledermantel hing noch im Schrank. Der konnte noch etwas bringen. Wer sollte ihn an den Mann bringen? Natürlich Rolf! Eine Woche spazierte der Junge stolz mit dem Ledermantel, natürlich ohne Dienstgradabzeichen, durch die Stadt.

„Junge, sei nicht so leichtsinnig! Wie schnell kann dir der Mantel geklaut werden!" Rolfs Mutter war besorgt.

Es war wirklich ein Wunder, aber der Mantel konnte zu einem sehr guten Preis verkauft werden. Verfolgen wir nicht die dunklen und verschlungenen Wege, die zum Verkauf erforderlich waren! Wer diese Zeit nicht mitgemacht hat, kann sich keine Vorstellung davon machen. Die Jugend wollen wir nicht damit belasten. Gesagt werden sollte, daß keine Verbrechen bei derartigen Aktionen begangen wurden – außer bei zwielichtigen Gestalten. Aber die gibt es zu jeder Zeit.

Es ist ein kalter, sonniger Tag im Februar 1948.
Der Schnee knirscht bei jedem Schritt.
Drei Personen treten aus der Deckung eines Waldes heraus.
„Es ist besser, wenn Rosi nicht weiter mitgeht!"
„Du hast recht, Rolf! Aber alleine hier stehen kann das Mädchen auch nicht."
„Warten Sie hier, ich bringe Rosi in das Dorf! In der Gaststube kann sie sich etwas aufwärmen. Den Wirt kenne ich. Als der Schnaps bei uns sehr billig war, habe ich für ihn im Westen Verkäufe getätigt. 150 Mark Gewinn sprang dabei heraus. Pro Flasche versteht sich! In einer halben Stunde bin ich zurück!"
Ein kurzer Abschied zwischen Vater und Tochter.
„Wir sehen uns bald wieder!"
Das Gepäck von Rosemaries Vater – es war nur ein Koffer – war schon am Vorabend in Frau Gertruds Wohnung auf den Schlitten verzurrt worden. Was zu sagen war, wurde am Abend gesagt. Im Morgengrauen hatten sich Vater und Tochter Rolfs Führung anvertraut.
Pünktlich erschien Rolf wieder am Waldrand. „Jetzt kann es losgehen!"
„Eben wurden fünf Personen von einer Streife festgenommen!"
„Verdammt, die Streife war doch für später zu erwarten! Die Burschen haben ihre Zeiten geändert!"
„Was machen wir jetzt?"
„Die Gegenstreife kann eigentlich erst in einer halben Stunde hier sein."

„Und wenn sie früher kommt, haben sie uns!"
„Lange warten hat auch wenig Zweck. Pirschen wir uns am Wald entlang bis zu der Buschgruppe! Dort, in zweihundert Metern Entfernung!"
„Du hättest einen guten Ausbilder abgegeben! Leider saß ich die meiste Zeit hinter einem Schreibtisch. Ich vertraue mich dir an."
„Dann ab dafür!"
Vorsichtig, nach allen Seiten sichernd, stapften beide durch den Schnee. Trotz der Kälte kamen sie ganz schön ins Schwitzen.
Die Buschgruppe war erreicht.
„Verdammt dicht, das Gestrüpp!"
„Das hat den Vorteil, daß keiner durch die Zweige sehen kann."
„Zunächst einmal eine gute Deckung."
„Scheiße – oh, Verzeihung – die Streife kommt!"
„Machen wir uns klein!"
„Nur gut, daß die Genossen keine Hunde dabei haben!"
„Leise, damit sie uns nicht hören!"
Dicht an den beiden gehen zwei sowjetische Soldaten mit vor der Brust hängenden Maschinenpistolen vorbei. Hundert Meter weiter bleiben die Soldaten stehen, reißen ihre Maschinenpistolen herunter und schießen aus der Hüfte. Eine Gruppe Grenzgänger ist gestellt.
„Jetzt wird es Zeit! Im Laufschritt bis zum Knick in dreihundert Metern Entfernung!"
Total aus der Puste erreichen sie ihr Ziel.
Hinter dem Wall werfen sie sich in den Schnee.
Eine Geschoßgarbe zischt über sie hinweg.
„Das war sehr knapp! Wie geht es jetzt weiter?"
„Wir sind bereits im Westen! Die Baumreihe bildet die Grenze. Jetzt können wir den Weg benutzen. Eine Stunde Marsch, und wir sind am Bahnhof!"
„Das schaffe ich alleine! Gehe du wieder zurück! Rosemarie wird warten."
„Der Koffer ist zu schwer! Auf dem Schlitten ist er leichter zu transportieren. Ich bringe Sie schnell zum Bahnhof! Rosi weiß, daß es etwas dauert. Der Wirt paßt auf, daß ihr nichts passiert."
Ohne Zwischenfall wird der Bahnhof erreicht.
Wie der Zufall es will, steht ein Zug abfahrbereit.
„Junge, ich danke dir! Alleine hätte ich es nicht geschafft. Ich werde es dir nie vergessen! Wenn ich hier im Westen eine neue Existenz aufbauen kann, habe ich es dir zu danken. Grüße bitte meine Familie, die ich hoffentlich bald nachholen kann!"
„Gute Reise und für die Zukunft viel Glück!"
„Vielleicht sehe ich dich bald als meinen Sohn wieder!"

Spätabends kam Rolf mit seiner Rosemarie zu Hause an.
„Lange Zeit zum Erzählen bleibt nicht."
„Warum denn das nicht?" fragt Frau Gertrud.
„Wir wollen doch zum Ball!"
„Ach Rolf, ich bin todmüde und kann im Stehen einschlafen!"
„Junge, ich glaube, Ihr solltet euch ins Bett legen. Die Anstrengung war zu groß!"
Rosi fielen die Augen zu, kaum daß sie im Bett lag. Rolf erstattete seiner Mutter noch ausführlich Bericht und legte sich auch ins Bett.
Etwas sauer war er ja. Hatte er sich doch auf den Tanzabend mit seinem Mädel gefreut! Na ja, der Tag war sehr anstrengend gewesen. Reden wir nicht weiter darüber! Es gibt noch oft Gelegenheit zum Tanzen.
In Gedanken geht der Junge noch einmal die Ereignisse durch. Wie war das noch? Was sagte Rosis Vater beim Abschied? – „Vielleicht sehe ich dich bald als Sohn wieder." Was war damit gemeint? Doch nicht etwa...?
Rolfs Gedanken gingen eigene Wege.
Die Müdigkeit tauchte ihn in das Land der Träume.

Mit seiner Rosi tanzte Rolf in seinen Geburtstag hinein. Es war herrlich mit dem süßen Mädel über das Parkett des „Odeon" zu schweben! Leute, glauben Sie mir, es ist schon etwas Schönes, verliebt zu sein! Aber das hörten wir ja schon.
Was soll man sagen; halten wir es mit Wilhelm Busch, der schon weise sagte: „Erstens kommt es anders, zweitens als man denkt!" – Wir kennen das ja. Wem geht es nicht auch mal so? Es wiederholt sich.
Wie wir wissen, ging Rolf auch ein wenig mit Gerda. Darüber freute sich Rosi aber überhaupt nicht. Rosemarie stellte Rolf zur Rede. Sie war schon ein wenig eifersüchtig. Wer versteht das nicht?
Aber wie kann ein Mann auch so dumm sein, eine Freundschaft für eine kleine Liebelei aufs Spiel zu setzen? Was soll Rosemarie machen? Es bleibt ihr keine Wahl. Eine Freundschaft, die schon mehr war, bricht auseinander.
Der Junge hatte ein Verlangen nach dem Mädchen. – Seien Sie ehrlich, kann man es ihm verdenken? – Zwar legte sich Rosi nach dem Tanzen neben den Jungen ins Bett, aber beide behielten ihre Kleidung an.
Reden wir nicht lange darüber! Es ist schon peinlich.
Ein Kuß. Zwei Hände berühren sich. Mit brennenden Augen starren die beiden jungen Menschen in die Dunkelheit. „Ach Rolf, ich fühle mich bei dir geborgen. Wie bei einem Bruder – ich sagte es dir schon. Sei mir bitte nicht böse, aber ich kann nicht!"

Eine Liebe entflammt.
Sie flackert hell und klar.
Ein Regenschauer löscht das Feuer.
Es bleibt die Asche.
Die Erinnerung an schöne Stunden

Rolf Riesebieter

Alle Wunden heilt die Zeit, heißt es. Lange hatte Rolf auch keinen Liebeskummer. Das soll aber nicht heißen, daß er Rosemarie je vergessen hat. Was aus dem Mädel geworden ist, konnte nicht in Erfahrung gebracht werden. Aber, wie bekannt, haben andere Mütter auch hübsche Töchter. Und wenn man jung ist, nimmt man einen Liebeskummer nicht lange tragisch.

Steintor

Die kleine Stadt in der Altmark hatte auch ein Theater: das „ATS" = Altmärkisches Theater Salzwedel.

Anfang des Jahres 1948 wurden Choristen gesucht. Lothar, Rolfs Freund, machte darauf aufmerksam. „Was hältst du davon, wenn wir uns melden?"

„Nicht viel! Ich habe keine Ahnung von der Singerei. Jedenfalls reicht es nicht für's Theater."

„In der FDJ bist du doch in der Laienspielgruppe! Also schon fast ein Schauspieler, und gesungen wird auch! Es ist stadtbekannt, daß Ihr bei Wanderungen kräftig einen schmettert!"

„Richtig! Lust hätte ich schon, aber ob das reicht?"

„Na, worauf warten wir noch? Melden wir uns gleich an!"

„Wo willst du dich anmelden?"

„Im Theaterbüro natürlich! Du kannst vielleicht blöd fragen!"

„Und wo, um nochmal blöd zu fragen, ist dieses Büro?"

„Am Paradeplatz."

„Worauf warten wir noch? Oder willst du warten, bis die Stellen besetzt sind?"

„Oh je, mit dir kann man schon etwas erleben! Also ab zu den großen Brettern!"

Beide Jungen werden erst einmal zum Probesingen bestellt. Sie studieren sich Lieder ein. Mit klopfenden Herzen singen sie vor. Es klappt nicht gerade hervorragend. Aber wer hätte erwartet, daß gleich ein Vertrag als Startenor dabei herauskommt? Die Proben sind hart. Obermusikmeister Max Langer läßt keinen falschen Ton durchgehen.

Aber bevor es auf die große Bühne ging, kamen erst für den Chor die Proben. In einem kleinen Saal der „Bauern-Stuben" wurde jeder Ton einstudiert. Für den Chorleiter, nennen wir ihn Herrn Müller, keine leichte Aufgabe. Jedes einzelne Chormitglied mußte seinen Part vorsingen. Bis alles klappte.

Herr Müller raufte sich die Haare. „Der einzige, der Noten lesen kann, ist Rolf!" – Dabei war Rolf der einzige, der keine Noten kannte.

Dafür hatte er ein feines Musikgefühl. Jeder Anschlag auf dem Klavier prägte sich in seinem Gehirn ein. Rolf sang nach Gehör, und es klappte bestens.

Nach diesen Proben kam die Stellprobe auf der Bühne.

Mann, war das ein Gefühl, auf einer richtigen Bühne zu stehen!

Mit den Schauspielern verband Rolf schnell eine gute Kameradschaft.

Leiter des Theaters war Claus Holm, verheiratet mit Dagmar. Später übernahm Gerd mit seiner Frau die Leitung. – Erinnern wir uns, daß die Namen zum Teil geändert sind. Hier stimmen die Vornamen. Die Nachnamen sind auch unwichtig. Wer dabei war, erkennt sich schon!

Claus und Dagmar wagten den Sprung zu größeren Bühnen. Claus auch zum Film.

Weiter war da Erika, die eine großartige Sängerin an der Magdeburger Bühne wurde. Erich, der tiefe Baß, ist inzwischen verstorben, genauso wie Rolf Härricht, der ein bekannter Kabarettist in der DDR wurde.

Es war schon eine schöne Zeit!

In der Pause eines bunten Abends im großen Saal der Stadthalle wurde Rolf hinter die Bühne gerufen. Direktor Gerd war, entgegen seiner sonstigen Art, gewaltig aufgeregt. „Rolf, du mußt die Rolle des Kammerdieners in 'Kabale und Liebe' übernehmen! Günter ist krank!"

„Aber ich kenne die Rolle doch gar nicht!"

„Nach dem Konzert machen wir eine Stellprobe. Du liest deine Rolle!"

„Morgen ist doch vor den Gymnasiasten die Generalprobe! Günter wird dann doch sicher seine Rolle spielen!"

„Keine Ahnung! Wie es aussieht, mußt du einspringen! Eine Nacht hast du Zeit zum Lernen."

„Au Backe, wenn das nur gutgeht!"

Es ging gut. Zwar mit einem etwas anderen Text als dem von Friedrich Schiller, aber die Kollegen gingen auf Rolfs Dialog ein. Kein Zuschauer hat etwas bemerkt.

Kommentar von Direktor Gerd, der herzhaft lachte: „Junge, was hast du für einen Blödsinn geredet! In meinem Textbuch steht deine Rolle ganz anders! Aber der Schiller hätte es auch so schreiben können. Wichtig ist für einen guten Schauspieler, nicht steckenzubleiben. Der Partner muß mitspielen. Improvisation ist eine Kunst, die ein Schauspieler beherrschen muß. Du hast deine Sache gut gemacht! Wenn wir auf die Dörfer fahren, gebe ich dir kleine Rollen. Nächste Woche spielst du den Domprobst im 'Schwarzwaldmädel'."

„Kannst du pfeifen", fragte die Frau Direktor.

„Es geht so."

„Pfeif einmal den Schattentanz der Bärbel!"

Rolf spitzte die Lippen und pfiff.

„Bestens! Wenn Bärbel tanzt, stehst du in der Dekoration und pfeifst! Sprich diese Stelle mit Erika ab!"

Was soll man sagen, die Sache klappte prima.

Nach der Vorstellung fragte Rolfs Mutter: „Ich dachte, du spielst außer im Chor eine Rolle?"

„Habe ich doch! Ich war der Domprobst!"

„Junge, deine Mutter hat dich nicht erkannt!"

Da kann man einmal sehen, was ein Maskenbildner alles zuwege bringt: Aus einem jungen Burschen zaubert er einen alten Herrn!

Wie man weiß – oder wissen sollte – herrscht nach einem Krieg nicht gerade großer Wohlstand. Auch die Bekleidung ist knapp. Die Kostüme werden meistens von den Schauspielern selbst besorgt oder genäht. Welches kleine Theater hat schon einen großen Fundus?

Im „Schwarzwaldmädel" – einer Operette von Leon Jessel – verliebt sich der Hans in Bärbel. In diesem Fall spielt Rolf Härricht den Hans. Erika spielt die Bärbel.

Was soll man sagen, Rolf hatte ein Auge auf Erika geworfen. In den Pausen saßen sie oft beieinander und hielten einen Plausch – sie unterhielten sich. Daß dabei ihre Hände ineinander gerieten oder die Blicke tief in die Augen des Gegenübers versanken, rein zufällig versteht sich, wer will das verurteilen?

Zeit und Raum können dabei vergessen werden – und der Auftritt!

Die Partner auf der Bühne dehnten ihre Dialoge aus. Es kamen lustige Reden dabei heraus. So etwas darf natürlich nicht vorkommen!

In diesem Stück kommt es zu einer Prügelszene. Natürlich um Bärbel. Wie soll es anders sein, Rolf und Rolf prügeln sich nicht nur theatralisch! Der den Hans spielende Rolf bearbeitet den anderen Rolf so, daß sein neues weißes Hemd in Fetzen geht.

„Du blöder Hammel, kannst du dich nicht vorsehen? Mein Hemd ist im Eimer!"

„Die Prügelei sah aber wie echt aus", schmunzelt Direktor Gerd.

„War sie auch", kontert Rolf, der Hans.

„Die ewige Poussiererei mit Erika ging mir auf den Geist!"

„Kein Grund, mich auseinanderzunehmen!"

„Vertragt euch wieder! Ein Hemd besorge ich schon", schlichtet Frau Direktor den Streit.

Natürlich war die Angelegenheit schnell vergessen. Ein Händedruck, ein Lachen und alles hatte seine Ordnung. Eine so schöne und echte Prügelszene hat es aber nicht wieder gegeben.

Es wird natürlich nicht immer geprobt. An einem freien Tag kommt Lothar auf die ausgefallene Idee, einen Ausflug in den Westen zu unternehmen. Nur so zum Spaß.

Beide Jungen marschieren an der Jeetze entlang.

Ohne Schwierigkeiten erreichen sie Lübbow, wo Rolf Bekannte kennt.

Mit seiner Mutter hatte er diese während des Krieges öfter besucht.

Auf dem Rückweg, die beiden Grenzgänger aus Neugier sind sehr unbekümmert, werden sie von einer sowjetischen Streife geschnappt und zur Grenzkommandantur gebracht.

Nach einem kurzen Verhör werden sie in einen Kellerraum gesperrt.

Etwa zwanzig Personen sitzen hier schon auf ihren Koffern herum.

Nur Männer. Die Frauen sind in einem anderen Raum untergebracht.

Es mag so gegen 20 Uhr sein, als ein Soldat Rolf und Lothar herausholt. „Theaterleute jetzt arbeiten!"

Ein Pastor meldet sich: „Ich möchte auch arbeiten!"

„Nix gut Arbeit für dich! Du gehen zu Fraulein und machen kleine Englein!"

Der wachhabende Offizier und seine Kameraden hatten Langeweile. Rolf und Lothar erhielten Wodka und Pappyroß. Sie mußten über die Arbeit beim Theater berichten. Lothar bekam ein Akkordeon umgehängt und mußte spielen. Rolf sang. Volkslieder und Lieder aus Operetten brachten die Freunde zu Gehör. Um Mitternacht waren die Soldaten besoffen, und die beiden Musikanten kamen wieder in den Keller.

Am frühen Morgen wurden sie wieder herausgeholt und in den Garten geführt. Sie standen vor einer Pumpe. Ein Soldat erklärte: „Ihr pumpen Brunnen leer! Wenn leer, Ihr können gehen!"

„Karrascho", murmelt Rolf.

„Was soll der Quatsch? Wenn wir pumpen, fließt das Wasser in die Rinne, die aus dem Garten kommt, und zurück in den Brunnen!"

„Da sind wir ja Weihnachten noch am Pumpen!"

„Wer weiß, was die mit uns vorhaben! Machen wir uns an die Arbeit!"

Der Soldat lehnt sich an einen Baum und schaut grinsend zu. Inzwischen werden die anderen Grenzgänger zur deutschen Polizei transportiert. Diese Station liegt am anderen Ende der Stadt. An der Straße nach Bergen. Die Leute müssen natürlich laufen.

Nach zwei Stunden harter Arbeit, die aber verständlicherweise sehr unproduktiv war, kommt ein Offizier. „Genug gearbeitet! Ihr gehen jetzt durch den Garten! Wenn am Fluß, nach links weitergehen bis zur Stadt! Auf Wiedersehen!"

„Lieber nicht", murmelt Rolf, lächelt freundlich und wandert, gefolgt von Lothar, durch den Garten.

„Da haben wir aber Schwein gehabt!"

„So wie wir gebaut sind! Künstler wie wir haben schließlich ein gewisses Ansehen", gibt Rolf an.

„Spinner! Latsch etwas schneller, dann kommen wir noch pünktlich zur Probe!"

Mit der Operette „Die Csardasfürstin" von Emmerich Kalman ging das Theater dreißigmal auf die umliegenden Orte. Wie versprochen, erhielt Rolf hier kleine Rollen. In dieser Operette übernahm er eine größere Rolle. Er spielte den alten Fern Batschi. Wie gesagt, es war eine schöne Zeit.

An einem Herbsttag fuhren die Schauspieler nach Gardelegen. – Nicht in einem gemütlichen Bus! Wo denken sie hin? Auf der Ladefläche eines LKW, auf harten Bänken, zwischen Dekorationsteilen!
Plötzlich kam vom nachfolgenden LKW das rechte Vorderrad angerollt. Es sprang über einen Graben und blieb auf dem Acker liegen. Der Fahrer konnte den Wagen abfangen und zum Stehen bringen. Was nun?
Die sonst lustige Gesellschaft machte bedepperte Gesichter.
„Das fehlte uns noch! Die Proben zur „Martha" waren schon beschissen! Helmut Grell ist krank! Arno Görke spielt mit verbundener Hand, und die Wagen kommen eine Stunde zu spät!" Der Direktor ist verzweifelt.
Rolf Härricht hat eine Idee: „Ein Teil der Mannschaft fährt mit dem einen Lastwagen voraus!"
„Die Dekoration muß auch mit! Es muß aufgebaut sein, wenn der Rest nachkommt!"
„Aber wie sollen wir nachkommen?"
„Ist doch einfach! Ihr haltet einen LKW an und kommt nach", frotzelt Härricht.
Die Dekoration wird umgeladen, und der Wagen fährt ab.
„Da steh ich nun, ich armer Tor, und weiß nicht hin noch her", deklariert Rolf.
„Den Text hast du aber nicht aus unserer Schatztruhe", meint Lothar.
„Nee, der stammt noch aus meiner Zeit bei der Laienspielgruppe der FDJ."
„Aber bestimmt nicht in deinem Dialog!"
„Goethe hatte etwas anders formuliert, aber so paßt es gut in die Szene."
„Jetzt warten wir schon gut zwei Stunden, und kein Fahrzeug ist zu sehen!" Lydia ist verzweifelt und den Tränen nahe. „Die Vorstellung sollte jetzt beginnen!"
„Der Härricht mit Görke werden schon Stimmung in den Saal zaubern", kann Rolf trösten.
„Da kommt ein Wagen!"
„Ein Russe!"
„Aber ein LKW! Der muß uns mitnehmen!"
„Los, anhalten!"
Rolf und Lothar stellen sich auf die Straße und winken.
Der Wagen hält an. Schnell ist die Lage erklärt.
Mit drei Stunden Verspätung beginnt die Vorstellung.
Das Publikum war von dem Gespann Görke–Härricht gewaltig angeheizt. Langeweile kam nicht auf. Die Stimmung war großartig! Mit viel Beifall wurden die Nachzügler empfangen. Leute, ich sage euch, eine so bombige Vorstellung hat es nicht wieder gegeben! Und das will was heißen! Mit eigenen Zusatztexten ging der Spaß bis weit nach Mitternacht. Das Publikum war eine Wucht!

Wenn die Truppe am Sonnabend von einer auswärtigen Vorstellung zurückkam und es war Tanz in der Stadthalle – vor dem Vorhang spielte eine kleine Kapelle –, baute sich das Theaterorchester hinter dem Vorhang auf.

Mit einer bestimmten Erkennungsmelodie – ein Trompeter steckte seine Trompete durch den Vorhang – begrüßten die Musiker ihr Publikum.

Ein gewaltiger Beifall rauschte auf. Wußte man doch, daß jetzt eine bombige Stimmung aufkam!

Langsam öffnet sich der Vorhang.

Die Leute konnten auch spielen! Es war immer ein tolles Erlebnis, das Theaterorchester zu hören!

Altmärkisches Theater Salzwedel (1948)
Premiere der Oper „Martha" von Flotow

Von links oben nach rechts unten:
Rolf Riesebieter, Joachim Niebert, Erich Mathias,
Dieter Eigenfeld, Walter Lingemann, Lothar Kellermann,
Margit Falkenhagen, Horst Dölz, Bobby Middendorf

Im April 1948 kreuzte Leo plötzlich wieder auf.
Woher er kam und was er wollte, wer soll das wissen? Er sagte es nicht.
Sehr eilig hatte er es und übergab Rolf ein junges Mädchen.
Stören wir uns nicht an dem „übergab"!
Es war wirklich so. Eben Leos Art.
Eine kurze Vorstellung – „Das ist Rolf, das ist Inge." – und schon ist Leo verschwunden und wurde auch vorerst nicht wieder gesehen.
Was jetzt mit dem Mädel anfangen?
Sie war übrigens ausnehmend hübsch. Das muß gesagt werden. Ein wirklich reizendes, süßes Geschöpf!
Inge wohnte in Magdeburg und hatte Leo dort kennengelernt.
Der Knabe schleifte sie mit in Rolfs Heimatstadt.
Jetzt war er verschwunden, der Leo.
Eigentlich ganz gut! So hatte Rolf Gelegenheit, Inge zu trösten.
Die beiden jungen Menschen kamen sich näher.
Inge war jetzt oft in der Stadt und besuchte offiziell Verwandte.
Natürlich kam sie zu Rolf, der sie auch seiner Mutter vorstellte.
Ist es verwunderlich, daß sich enge Bande knüpften?
Eines Abends im Oktober saßen sie wieder einmal gemütlich im Wohnzimmer. Im Ofen bullerte ein lustiges Feuer. Die beiden schmiedeten Zukunftspläne.

„Wie ich hörte, sollst du auf eine Schauspielschule. Weißt du schon wohin?"

„Ja, mein Direktor hat einen Freund, der leitet in Magdeburg eine Schauspielschule. Ich bin dort angemeldet."

„Kannst du die Schule denn bezahlen?"

„Natürlich nicht! Aber ich arbeite am dortigen Theater als Chorist und soll auch kleine Rollen erhalten. Damit werde ich mich eben über Wasser halten!"

„Prima, dann sehen wir uns ja öfter, auch wenn du viel lernen mußt!"

„Du kannst mich abhören, wenn ich eine Rolle einstudiere!"

„Au fein! Dann wirst du also Schauspieler?"

„Wenn alles klappt, ja!"

„Wo wirst du wohnen?"

„In der Nähe der Schule soll ich bei netten älteren Herrschaften ein Zimmer erhalten. – Inge, könnten wir später, wenn ich gut verdiene, nicht für immer beisammen sein?"

„Rolf, soll das ein Heiratsantrag sein?"

„Nicht direkt, aber die Idee ist nicht schlecht!"

„Ach Rolf, was soll ich dazu sagen? Damit habe ich wirklich nicht gerechnet. Ich liebe dich wie einen Bruder, weiter habe ich noch nicht gedacht. Es könnte schön sein. – Willst du mein Bruder sein?"

Sonderbar, genau dasselbe sagte Rosemarie auch! Was soll man davon halten? Wie kommt es, daß alle Mädchen den Jungen mögen? Sie fühlen sich ihm verbunden. Aber eben nur als Vertrauten. Wirklich sonderbar! Man kann das nicht verstehen!

„Wie soll ich das verstehen? Wie ich zu dir stehe, weißt du doch! Ich mag dich! Ob es Liebe ist, kann ich nicht sagen. Wir sind auch noch etwas zu jung zum Heiraten. Das sehe ich ein. Aber als dein Bruder, ich weiß nicht so recht!"

„Wie soll ich es dir nur erklären? Ich kann es nicht! Es ist ein Gefühl. Bei dir fühle ich mich geborgen. Dir kann ich alles sagen. Ich fühle mich nicht als deine Geliebte, so weit ist es ja auch noch nicht gekommen. Daß du mich nicht bedrängt hast, ist so schön, und ich danke dir dafür. Du bist mein Vertrauter. Du hörst dir meine Sorgen an und gibst mir einen Rat."

„Ich bin doch nicht dein Beichtvater, es soll doch mehr sein! Dein Bruder! Sonderbarer Gedanke!"

„Es ist Blödsinn, aber ich fühle, daß du mich bald verlassen wirst."

„Das ist wirklich Blödsinn! Freiwillig verlasse ich dich nicht! Es sei denn, du willst mich nicht mehr."

„Ich schicke dich nicht weg, und wenn du gehst, werde ich dich nie im Leben vergessen! Schöne Tage wurden uns geschenkt, wie es nicht so viele geben wird. Es ist alles so mit Harmonie und Freude ausgefüllt! Für uns wird diese Zeit zu zweit immer eine schöne Erinnerung bleiben."

Inge fuhr zurück nach Magdeburg.

Das Theater wurde aufgelöst.

Rolf bekam eine Einberufung zur Zwangsarbeit in das Erzbergwerk Aue.

Drei Tage nach Inges und Rolfs Gespräch wurde das Gefühl des Mädchens Wirklichkeit.

Rolfs Mutter meldete ihn später polizeilich in seiner Heimatstadt ab, und er ging in den Westen.

Inge und Rolf sahen sich nicht wieder.

Schön war die Zeit,
nun ist sie vorbei.
Sie war wie ein Märchen,
mit Kameraden und Freunden.

Eine Zeit des Lernens,
mit Krieg und Bombenschrecken.
Es kam ein Neubeginn,
mit Arbeit, Hunger und einem Ziel.

Die erste Liebe war so schön,
mit ihrem Leid und Glück.
Freude gab's und Zuneigung,
Vertrauen nicht zu vergessen.

Plötzlich ist alles verloren,
ohne Abschied muß ich fort.
Eine neue Zeit beginnt,
die Zukunft ist meist unbekannt.

Die Heimat bleibt zurück,
die Erinnerung läßt mich nicht los.
Die Sehnsucht auf ein Wiedersehn,
mit Freunden aus der schönen Zeit!

Rolf Riesebieter

www.ingramcontent.com/pod-product-compliance
Lightning Source LLC
Chambersburg PA
CBHW030825230426
43667CB00008B/1379